ABITUR-TRAINING

Deutsch

Informieren und Argumentieren

Materialgestütztes Schreiben

Texterörterung

STARK

Bildnachweis
Umschlagbild: © Jacob Lund/Alamy Stock Foto

www.stark-verlag.de
1. Auflage 2021

Inhaltsverzeichnis

Autorinnen und Autoren:

- Textgebundenes Erörtern
  Sonja Wunderlich
- Materialgestütztes Schreiben
  Rainer Koch (Hrsg.)
  Lothar Adam
  Frank Lunkenheimer

Im Hinblick auf eine eventuelle Begrenzung des Datenvolumens wird empfohlen, dass Sie sich beim Ansehen der Videos im WLAN befinden. Haben Sie keine Möglichkeit, den QR-Code zu scannen, finden Sie die Lernvideos auch unter:
https://qrcode.stark-verlag.de/1044001_lernvideos

Vorwort

> Oft ist das Denken schwer, indes
> das Schreiben geht auch ohne es.
> **Wilhelm Busch**

Liebe Schülerin, lieber Schüler,

in Klausuren oder in der Abiturprüfung ist es nicht ratsam, sich dieses Motto von Wilhelm Busch zu eigen zu machen. Aufsatzformen wie die **textgebundene Erörterung** oder das **materialgestützte Schreiben** erfordern eine sorgfältige Planung und intensives Nachdenken, bevor man mit dem Verfassen des eigenen Textes loslegt. Dieser Trainingsband soll Ihnen dabei helfen, sich mit den genannten Aufsatzformen vertraut zu machen, um für Klausuren in der Oberstufe und für die Abiturprüfung gut gerüstet zu sein.

Im ersten Teil des Buches erfahren Sie, was Sie beim Verfassen einer **Texterörterung** beachten müssen. Eingangs erhalten Sie **Grundinformationen** zum textgebundenen Erörtern, unter anderem zu verschiedenen **Varianten dieser Aufsatzform**.

Im Anschluss können Sie im Rahmen zweier **Übungsaufgaben** trainieren, wie Sie beim textgebundenen Erörtern am besten vorgehen. Schritt für Schritt werden Sie durch verschiedene Phasen der Bearbeitung geführt und durch gezielte Übungen erlangen Sie Sicherheit bei dieser Form des Erörterns. Dabei wird nicht nur das **Argumentieren**, sondern auch das **Analysieren von Texten** trainiert. Mithilfe zweier **Prüfungsaufgaben** können Sie einen Test simulieren, um Ihre Kompetenzen zu überprüfen.

Im zweiten Teil des Buches wird das **materialgestützte Schreiben** behandelt. Auf der Grundlage von unterschiedlichen Materialien trainieren Sie, einen **informierenden bzw. einen argumentierenden Text** zu verfassen. Auch hierbei werden Sie zielgerichtet durch verschiedene Arbeitsstufen geführt – von der Analyse der Aufgabenstellung bis zur Endkorrektur.

Nach der Erläuterung dieser Aufgabenart zu Beginn wird anschaulich erklärt, wie Sie Schritt für Schritt beim Bearbeiten der Aufgabenstellung vorgehen.

Anschließend werden Sie mithilfe jeweils einer **Beispielaufgabe** auf das materialgestützte Verfassen informierender bzw. argumentierender Texte vorbereitet. Im Verlauf eines abgestuften Übungsprozesses lernen Sie die Abfolge und die Eigenarten der einzelnen Bearbeitungsschritte kennen. Anhand einer abschließenden **Prüfungsaufgabe** können Sie Ihre neu erworbenen Kompetenzen anwenden.

Folgendes bietet Ihnen das Buch:

- In übersichtlichen **Wissenskästen** und **Grafiken** werden zentrale Lerninhalte und Strategien vorgestellt.
- Konkrete **Beispiele** helfen, sich auf spezifische Anforderungen der jeweiligen Aufsatzform einzustellen.
- Mithilfe einprägsamer **Tipps** stärken Sie Ihre Kompetenzen. Durch zusätzliche **Hinweise** vertiefen Sie Ihr Grundlagenwissen zu beiden Aufsatzformen.
- Motivierende **Lernvideos** tragen dazu bei, wichtige Arbeitsschritte bei der Texterörterung und beim materialgestützten Schreiben besser nachvollziehen zu können.
- Informieren, Analysieren, Argumentieren: Durch abwechslungsreiche **Übungen** erlangen Sie Sicherheit bei diesen Grundformen des Schreibens.
- Am Ende des Buches finden Sie **ausführliche Lösungsvorschläge** zu allen Übungen und Tests. Sie können diese zur Selbstkontrolle, aber auch als Anregung für künftige Aufsätze nutzen.

Der Verlag und das Autorenteam wünschen Ihnen Freude und viel Erfolg beim Üben mit diesem Buch!

Textgebundenes Erörtern – Wie geht das?

Allgemeines

1 Die Aufgabenart

Laut Platon, einem der Stammväter der antiken Philosophie, ist das Schreiben „ganz eigentlich der Malerei ähnlich; denn auch diese stellt ihre Ausgeburten hin als lebend, wenn man sie aber etwas fragt, so schweigen sie ehrwürdig still“[1]. Ein lebendiger Dialog, der der Wahrheitsfindung dient, kann dem Philosophen zufolge durch das geschriebene Wort nicht stattfinden.

HINWEIS

Pragmatische Texte sind für einen bestimmten Gebrauch bestimmt. Im allgemeinen Sprachgebrauch werden sie als Sachtexte bezeichnet.

Sich mit dem zu beschäftigen, was andere in schriftlicher Form dargelegt haben, muss aber nicht als kommunikative Einbahnstraße verstanden werden. So besteht eines der wesentlichen Ziele des Deutschunterrichts darin, Texte kritisch zu hinterfragen und in einen **(schriftlichen) Dialog mit der eigenen Weltsicht** zu bringen. Dies geschieht beispielsweise bei der **Erörterung pragmatischer Texte**. Diese Form des Schreibens gehört zu einem der zentralen Bildungsstandards im Fach Deutsch und hat zum Ziel, Auffassungen, Meinungen und Argumentationsweisen, die in einem Sachtext vorgebracht werden, zu erörtern. Die Bewertung eines Sachverhalts setzt dessen inhaltliche Durchdringung voraus. Dabei hilft die Beschäftigung mit dem Ausgangstext. Aufgabenstellungen zur Erörterung pragmatischer Texte sind daher in der Regel zweigliedrig. Bei der ersten Teilaufgabe sollen die **Inhalte des gegebenen Textes erschlossen** werden (ggf. mit weiterführender Analyse), bei der zweiten erfolgt eine **argumentative Auseinandersetzung** mit der Position eines Autors bzw. einer Autorin oder mit einer weiterführenden Ausgangsfrage.

Als Textgrundlage für die Erörterung werden meist Artikel aus Zeitungen oder Zeitschriften herangezogen. Es ist aber auch denkbar, dass Ihnen Textauszüge aus einem größeren Werk, z. B. einer philosophischen oder wissenschaftlichen Abhandlung, bei einer Prüfung vorgelegt werden. Es können Ihnen nicht nur ganz **verschiedene Arten von Sachtexten** beim textgebundenen Erörtern begegnen, auch das Themenspektrum ist bei dieser Aufsatzform weit gefächert. Neben **deutschspezifischen Themen**, die die Bereiche Sprache, Literatur oder Medien betreffen, können auch **aktuelle gesellschaftliche Fragen** behandelt werden.

1 *Quelle: Platon, Phaidros, entstanden um 360 v. Chr. 275d-276a. Übersetzt von Friedrich Schleiermacher*

2 Formen des textgebundenen Erörterns

Grundsätzlich zielt die Texterörterung auf eine Beschäftigung mit dem Ausgangstext ab, um im Anschluss eine im Text formulierte Position oder auch eine einzelne These kritisch zu diskutieren. Da der Schwerpunkt entweder auf dem ersten oder dem zweiten Aufgabenteil liegt, unterscheidet man bei der Erörterung pragmatischer Texte **zwei Varianten**. Liegt **der Fokus auf der Auseinandersetzung mit dem gegebenen Sachtext**, soll nicht nur dessen **Inhalt** zusammengefasst, sondern in Form einer **ausführlichen Analyse** in der Regel auch der argumentative Aufbau des Textes sowie dessen sprachlich-stilistische Gestaltung untersucht werden. Die darauffolgende Erörterung einer Position oder eines bestimmten Sachverhalts nimmt in diesem Fall einen im Vergleich zur Analyse geringeren Umfang ein und beschränkt sich häufig auf eine **begründete Stellungnahme**.
Eine typische Aufgabenstellung für diese Variante des textgebundenen Erörterns könnte folgendermaßen lauten: *Arbeiten Sie die Kerngedanken des Textes heraus und untersuchen Sie seine Struktur und sprachliche Gestaltung. Nehmen Sie im Anschluss kritisch Stellung zur Position der Autorin.*

1. Textzusammenfassung und Analyse (Schwerpunkt)

- Inhalt
- Gang der Argumentation/Gedankenführung
- ggf. sprachliche Gestaltung

Argumentation im Anschluss an die Analyse

2. Erörterung

- begründete Stellungnahme zu einer These oder zur Position des Autors/der Autorin

Steht dagegen die **Erörterung im zweiten Aufgabenteil im Vordergrund**, kommt es darauf an, die Inhalte des Ausgangstextes in Form einer strukturierenden **Textwiedergabe** prägnant zusammenzufassen, um sich im Anschluss **intensiv mit dem Standpunkt eines Autors bzw. einer Autorin oder einer bestimmten Problemstellung auseinanderzusetzen**. Bei der Abwägung von Vor- und Nachteilen oder dem Aufzeigen von Chancen und Gefahren sollen die im Text genannten Argrumente aufgegriffen werden. Um zu einem eigenständigen Urteil zu gelangen, müssen jedoch die gegebenen **Argumente auf der Grundlage eigener Kenntnisse und Überlegungen vertieft oder ausgeweitet** werden. Im Sinne eines kritischen Dialogs mit dem Text kann auch auf Schwachpunkte **im Gedankengang oder in der Argumentationsweise** eines Autors bzw. einer Autorin hingewiesen werden. Nicht zuletzt kann man durch **Einbringen ganz neuer Aspekte** zeigen, dass man in der Lage ist, sich vom Ausgangstext zu lösen und die Erörterung durch eigene Überlegungen zu vertiefen.

Eine typische Aufgabenstellung für diese Variante des textbezogenen Erörterns könnte so lauten: *Geben Sie die Kernaussagen des Textes wieder und setzen Sie sich im Anschluss mit der Position des Autors auseinander.*

1. Textzusammenfassung

- Inhalt
- ggf. Gang der Argumentation/Gedankenführung

Grundlage für die Argumentation

2. Erörterung (Schwerpunkt)

- Aufgreifen relevanter Aspekte (ggf. Kritik)
- Entwickeln einer eigenständigen Argumentation

Es gibt auch Aufgabenstellungen, bei denen beide Formen des textgebundenen Erörterns kombiniert werden. In diesen Fällen müssen Sie eine Textanalyse unter vorgegebenen Aspekten verfassen, um im Anschluss einen Sachverhalt eingehend zu erörtern. Sie können aber davon ausgehen, dass ein Hinweis in der Aufgabenstellung darüber Aufschluss gibt, welche Teilaufgabe schwerpunktmäßig zu bearbeiten ist.

HINWEIS

Planen Sie für die Aufgabe, auf der der Schwerpunkt liegt, mehr Zeit für die Bearbeitung ein.

Textgebundenes Erörtern – Schritt für Schritt

1 Die Aufgabenstellung erfassen

Die Aufgabenstellung ist wie eine Wegbeschreibung zu verstehen. Die Teilaufgaben geben vor, welche Etappen bei der Ausformulierung eines Aufsatzes zurückzulegen sind (z. B. Analyse des Ausgangstextes und Erörterung der Position eines Autors). Spezielle Formulierungen in der Aufgabenstellung signalisieren wie Hinweisschilder, was bei der Bearbeitung der Aufgabe zu beachten ist. In der Regel gibt die Aufgabenstellung beispielsweise darüber Aufschluss, welche Teilaufgabe stärker gewichtet wird und ob über die Zusammenfassung des Inhalts hinaus eine vertiefende Analyse verlangt wird.

2 Den Text erschließen

2.1 Inhalt und Aufbau erfassen

Unabhängig von der Variante des textgebundenen Erörterns gilt: A und O ist es, den Ausgangstext zu verstehen, indem Sie die darin enthaltenen Kernaussagen und die inhaltlichen Zusammenhänge erfassen. Grundsätzlich gehen Sie bei diesem Arbeitsschritt so vor:

Video zur Inhaltsanalyse

- Lesen Sie den Text aufmerksam und teilen Sie ihn durch Querstriche in Sinnabschnitte.
- Unterstreichen Sie die wichtigsten Aussagen bzw. Informationen.
- Bei einer weiterführenden Analyse: Untersuchen Sie, wie zwischen den einzelnen Textpassagen ein funktionaler Zusammenhang entsteht. Es ist hilfreich, wenn Sie hierzu beispielsweise folgende Kategorien berücksichtigen: *Hinführung, Feststellung, Begriffseinführung, Beschreibung, Verdeutlichung, Erklärung, Bekräftigung, Erweiterung, Ergänzung, Fortführung, Spezifizierung, Schlussfolgerung, Abschwächung, Infragestellung, Kritik, Entgegensetzung, Gegenüberstellung, Zurückweisung, Fazit.*
- Formulieren Sie zu jedem Abschnitt Überschriften.

Video zur Analyse der Argumentation

TIPP

Finden Sie für die einzelnen Sinneinheiten nicht nur Überschriften, halten Sie in Stichpunkten auch die Funktion des jeweiligen Abschnitts in Bezug auf den gesamten Text fest.

Bei der Gliederung des Textes in Sinnabschnitte sind die einzelnen Absätze hilfreich, die im Druckbild kenntlich machen, dass eine Einheit endet und eine neue beginnt. Jedoch können auch innerhalb eines Absatzes mehrere Sinneinheiten vorliegen. Daher sollten neben grafischen Einschnitten auch **inhaltliche Zäsuren** in den Blick rücken. Diese entstehen u. a. dadurch, dass ein Autor bzw. eine Autorin einen **neuen Gedanken** einbringt oder sich die **zeitliche Perspektive** des Textes ändert, wenn beispielsweise ein historischer Rückblick gegeben wird. Sinneinheiten ergeben sich auch in Abhängigkeit von der **Autorintention**. So sind informierende Passagen, in denen ein Autor bzw. eine Autorin beispielsweise Hintergrundinformationen zu einem Sachverhalt geben möchte, zu unterscheiden von argumentativen Textstellen, in denen eine Bewertung erfolgt.

Haben Sie sich einen Überblick über den Aufbau des Textes verschafft, wird es Ihnen auch nicht schwerfallen, auf **spezifische Aspekte bei der Strukturierung** des Ausgangstextes zu achten. Bei einer vertiefenden Analyse kann beispielsweise der Fokus auf die Leserlenkung oder die Gedankenführung im Text gelegt werden.

2.2 Die sprachlich-stilistische Gestaltung untersuchen

Video zur Sprachanalyse

Falls die Aufgabenstellung auf eine Untersuchung der sprachlich-stilistischen Gestaltung des Textes abzielt, ist es hilfreich, folgende drei Bereiche in den Blick zu nehmen: Stilmittel, Wortwahl und Satzbau.

Stilmittel
- Mittel, die auf besonderer Anordnung beruhen:
  z. B. Aufzählung (Asyndeton, Polysyndeton), Alliteration, Anapher, Chiasmus, Parallelismus, Klimax
- Mittel, die auf Bildlichkeit und Bedeutungsverschiebung beruhen:
  z. B. Ironie, Metapher, Personifikation, Symbol, Umschreibung

Sprachanalyse

Wortwahl
- Sprachebene:
  z. B. Standardsprache, Jugendsprache, Fachsprache, Soziolekt, Dialekt etc.
- Wortarten:
  z. B. Häufung von Adjektiven oder Verben
- Sonstiges:
  z. B. Neologismen, wertende Konnotationen, Schlüsselworte

Satzbau
- Satzarten:
  z. B. Häufung von Frage- oder Befehlssätzen (Imperative)
- Komplexität von Sätzen:
  z. B. hypotaktischer Satzbau (Satzgefüge), parataktischer Satzbau (Satzreihe), Ellipsen (unvollständige Sätze), Parenthesen (Einschübe), Aposiopese (Abbruch eines Satzes)

Ihre Ergebnisse zur Analyse der sprachlichen Mittel notieren Sie am besten direkt auf dem Textblatt. Farbliche Markierungen, Unterstreichungen und das Eintragen von Verbindungslinien helfen Ihnen, auffällige Stellen hervorzuheben und die sprachliche Gestaltung des Textes Stück für Stück zu durchdringen. Wie dieser Bearbeitungsschritt aussehen kann, entnehmen Sie der Abbildung auf Seite 25.

Die Analyse der sprachlichen Mittel erfolgt nicht um ihrer selbst willen. Sie soll offenlegen, auf welche Weise ein Text eine bestimmte **Wirkung** entfaltet. Es geht darum, zu erklären, warum ein Text wirkt, wie er wirkt. Im Mittelpunkt stehen dabei die sprachlichen Gestaltungsmittel, da die Sprache das entscheidende Werkzeug eines Autors bzw. einer Autorin ist.

Es ist so ähnlich wie beim Flirten: Wichtig ist nicht nur, was gesagt wird (Inhalt), sondern auch wie (Gestaltungsmittel) und warum (Funktion/Wirkung). Wer beim ersten Date vor lauter Zuneigung mit der Tür ins

Haus fällt und beispielsweise sagt: „Heirate mich!“, wird den Liebsten bzw. die Liebste eher vergraulen, als ihn oder sie für sich zu gewinnen. Wer dagegen je nach Situation einen anderen Flirtspruch wählt, wird mehr Erfolg in der Liebe haben. Ähnlich passt ein Autor bzw. eine Autorin die Sprache an die Textaussage und Intention an.

Deshalb ist es bei der Untersuchung der sprachlich-stilistischen Gestaltung Ihre Aufgabe, …

- das jeweilige Gestaltungsmittel zu bestimmen und
- in Bezug auf Inhalt und Wirkung treffend zu beschreiben.

BEISPIEL

Text
Um das Interesse der Leser zu wecken (Wirkabsicht), eröffnet der Autor seine Auseinandersetzung mit Chancen und Grenzen des partizipativen Web (Inhalt) mit dem Neologismus „Graswurzeljournalismus“ (Gestaltungsmittel).

Flirt
Um das Interesse seiner Traumfrau zu wecken (Wirkabsicht), verwickelt er sie in ein Gespräch über das Wetter (Inhalt), das er mit dem Ausruf „So ein Sauwetter!“ (Gestaltungsmittel) einleitet.

Eine Möglichkeit, Ihre Ausführungen zur sprachlichen Gestaltung eines Textes zu strukturieren, besteht darin, **übergeordnete Wirkabsichten** zu bestimmen. Unterscheiden Sie hierzu zwei oder mehrere Grundintentionen, die ein Autor bzw. eine Autorin im Text verfolgt, und ordnen Sie die einzelnen Textbeobachtungen diesen grundlegenden Absichten zu. Die nachfolgende Tabelle (siehe S. 9) gibt einen Überblick über gängige Wirkungsgruppen mit den für sie typischen sprachlichen Mitteln (ohne einen Anspruch auf Vollständigkeit zu erheben).

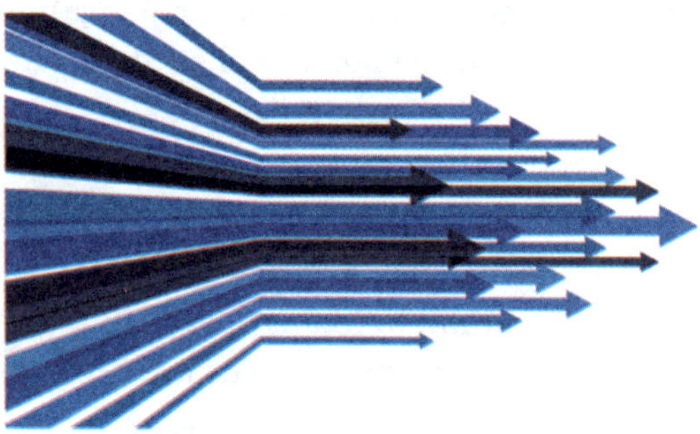

übergeordnete Wirkabsicht	typische sprachliche Mittel
informieren/die eigene Glaubwürdigkeit unterstreichen/die Überzeugungskraft steigern	Verwendung von Fachbegriffen und Fremdwörtern, Zitieren von Expertinnen und Experten, hypotaktischer Satzbau bei der Erklärung komplexer Zusammenhänge, Verwendung des Konjunktivs
argumentieren/die eigene Position präzisieren/die Gegenseite abwerten	Euphemismus, Hyperbel, Konnotation (negativ oder positiv), apodiktische Wendung, Emphase, Antithese, Mittel der Steigerung/Klimax, Ironie, suggestive oder rhetorische Frage
unterhalten/einen Sachverhalt anschaulich wiedergeben/ein Thema ästhetisch und gefällig darstellen	Umgangssprache, Ironie und Spott, Metapher, Vergleich, Chiasmus, Alliteration, (Anti-)Klimax, Personifikation, Wortspiele, Redensart

3 Stoff für die Erörterung sammeln

Video zur Stoffsammlung

Zunächst ist zu klären, welches Thema im Mittelpunkt steht. Denn nur wer weiß, worum es geht, kann auch passende Argumente für oder gegen etwas finden. Bevor Sie loslegen, sollten Sie die **Themen- bzw. Aufgabenstellung** genau untersuchen. Dabei hilft es, …

- den Arbeitsauftrag mehrfach durchzulesen,
- Schlüsselbegriffe, die das Thema inhaltlich festlegen, zu markieren,
- Begriffe zu definieren und/oder
- die Autorposition zusammenzufassen, um das Thema einzugrenzen.

Als Nächstes sollten Sie eine Stoffsammlung anlegen. Folgende Vorgehensweisen bieten sich hierzu an:

- Stellen Sie W-Fragen zum Thema (Wer? Was? Wo? Wie? Warum?).
- Notieren Sie, was Ihnen spontan zum Thema einfällt.
- Beziehen Sie neben eigenen Kenntnissen und Erfahrungen auch Informationen aus dem Ausgangstext in Ihre Überlegungen ein.

Es gibt unterschiedliche Methoden, um Ideen für eine Stoffsammlung zu erhalten:

- Machen Sie ein **Brainstorming**. Schreiben Sie alle Gedanken und Ideen zum Thema ungeordnet in Form einer Liste nieder.
- Ordnen Sie anschließend Ihre Ideen, indem Sie zusammengehörige Gedanken unter sogenannten Oberbegriffen bündeln. Am schnellsten geht das, wenn Sie die Unterpunkte den Oberpunkten durch farbige Markierungen zuordnen.
- Wer Ideen schon bei der Stoffsammlung nach möglichen Standpunkten sortieren möchte, kann eine **Pro-Kontra-Tabelle** anlegen.

- Eine andere Möglichkeit der Stoffordnung bietet die **Mindmap**. Rund um ein Thema werden Oberbegriffe notiert, die durch Äste mit dem Wort in der Mitte verbunden werden. Von den Ästen gehen Zweige ab, die mit Unterbegriffen beschriftet werden.

TIPP

Nachdem die Mindmap aufgezeichnet ist, können Hauptäste und Zweige nummeriert oder farbig markiert (z. B. nach Pro und Kontra) und auf diese Weise gegliedert werden.

4 Eine Gliederung erarbeiten

Auf der Grundlage Ihrer Ergebnisse entwickeln Sie ein Konzept für Ihren Aufsatz. Das heißt, Sie erarbeiten eine Gliederung. Diese ist im Prinzip nichts anderes als ein **Schreibplan**. Er hilft Ihnen in mehrfacher Hinsicht beim Verfassen des Aufsatzes, denn …

- ein guter Schreibplan sorgt dafür, dass Sie keine Argumente vergessen,
- wer sich die Anordnung der Argumente in der Gliederung gut überlegt, dem fällt es hinterher leichter, überzeugend zu schreiben.

Grundsätzlich folgt die Grobgliederung dem Strukturprinzip Einleitung – Hauptteil – Schluss.

4.1 Einleitung

Bereits während der Ausarbeitung eines Gliederungskonzepts sollten Sie sich überlegen, welche Gedanken sich als **Hinführung zum Thema** eignen. Es gilt, die Neugier der Leserinnen und Leser Ihres Textes zu wecken, indem Sie beispielsweise auf ein Problem aufmerksam machen oder auf allgemeine Erfahrungen verweisen. Auch das Aufzeigen von Gegensätzen (z. B. zwischen Vergangenheit und Gegenwart) kann Interesse hervorrufen.

4.2 Hauptteil

Die Gliederung des Hauptteils ist grob durch die Aufgabenstellung vorgegeben. Auf die Erschließung von Inhalt und Aufbau des zugrunde liegenden Textes (gegebenenfalls mit Untersuchung der sprachlichen Gestaltung) folgt die Argumentation.

Inhalt und Textaufbau: Zu Beginn des Hauptteils setzen Sie sich, je nach Aufgabenstellung, mehr oder weniger intensiv mit dem Ausgangstext auseinander. In der Regel müssen Sie Inhalt und Aufbau des gegebenen Textes erschließen. Dieser Bearbeitungsschritt zielt darauf ab, …

- die wesentlichen Aussagen des zugrunde liegenden Textes zu erfassen
- und zu untersuchen, wie der Autor bzw. die Autorin die eigene Position argumentativ entwickelt.

Dies kann entweder **getrennt** voneinander erfolgen, also jeweils in einem eigenen Gliederungspunkt. Oder aber beides **wird miteinander verbunden**. Das heißt, die Untersuchung der Gedankenführung wird in die Inhaltswiedergabe integriert.

Argumentation: Bei einer Erörterung beschäftigen Sie sich ausführlich und detailliert mit einem bestimmten Thema oder einer Fragestellung. Sie beleuchten dabei verschiedene Aspekte und legen (bei der dialektischen Erörterung) kontroverse Standpunkte dar. Am Ende sollen Sie von der eigenen Position überzeugen. Das gelingt nur, wenn ein **roter Faden** in Ihren Ausführungen erkennbar ist. Beachten Sie hierfür verschiedene Prinzipien, die bei der Anordnung der Argumente eine Rolle spielen. Prüfen Sie je nach Thema und Aufgabenstellung, welches Prinzip sich am besten anwenden lässt. Bei dialektischen Erörterungen gilt grundsätzlich, dass Sie mit der Position beginnen, der Sie sich nicht anschließen, und mit einem Argument schließen, das Ihrem eigenen Standpunkt entspricht.

Video zur Stoffordnung

Steigerungsprinzip

- Anordnung: vom schwächsten zum stärksten Argument
- Anwendung: lineare Erörterungen

Sanduhrprinzip

- Anordnung: Argumente der Gegenposition nach abnehmender Überzeugungskraft, Argumente der eigenen Position nach zunehmender Überzeugungskraft
- Anwendung: dialektische Erörterungen

Reißverschlussprinzip

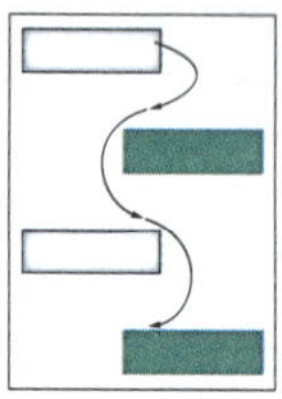

- Anordnung: Argumente der Gegenposition und der eigenen Position im Wechsel, möglichst aufeinander bezogen
- Anwendung: dialektische Erörterungen, bei denen sich je ein Pro- und Kontra-Argument auf einen bestimmten Aspekt beziehen lassen

Auf die Argumentation folgt bei dialektischen Erörterungen die **Synthese**. Das heißt, am Ende des Hauptteils ziehen Sie ein Fazit und formulieren deutlich Ihren eigenen Standpunkt. Wägen Sie hierzu die zuvor genannten Argumente ab und kommen Sie zu einem Urteil. Wichtig ist, dass Sie keine neuen Argumente nennen, sondern begründen, weshalb Sie trotz der Argumente der Pro-Seite zur Kontra-Seite tendieren (oder umgekehrt von der Kontra- zur Pro-Seite). Es ist auch möglich, dass Sie erklären, unter welchem Vorbehalt Sie sich einer Position anschließen. Um bei der Synthese zu einer Lösung zu gelangen, können auch Kompromisse vorgeschlagen werden. Folgende Formulierungen sind geeignet, um zum Fazit überzuleiten: *Zusammenfassend ist zu sagen, dass …, Wenn aus dem Für und Wider ein Schluss gezogen werden soll, so ist festzustellen, dass …, Es ist deutlich geworden, dass die positiven (negativen) Gesichtspunkte die negativen (positiven) überwiegen.*

4.3 Schluss

Im Schlussteil sollen die eigenen **Ausführungen abgerundet** werden. Hier ist es möglich, auf ein verwandtes Thema zu verweisen oder einen Ausblick auf künftige Entwicklungen zu geben. Auch Wünsche oder Hoffnungen können vorgebracht werden.

5 Textzusammenfassung und Sprachanalyse schreiben

5.1 Einen Text zusammenfassen

Die folgende Übersicht ruft in Erinnerung, was Sie im Unterricht über das Schreiben einer Textzusammenfassung gelernt haben. Beachten Sie, dass Sie in der Regel auf den argumentativen Aufbau eines Textes eingehen sollen. Dieser Aspekt kann mit der Wiedergabe des Inhalts verbunden oder in einem eigenständigen Punkt dargelegt werden.

HINWEIS

Wird bei einer Aufgabe lediglich die Wiedergabe der Kernaussagen verlangt, muss der Textaufbau nicht berücksichtigt werden.

WISSEN

Grundregeln zur Textzusammenfassung

- Wiedergabe von Inhalt und Aufbau sowie der Argumentationsstruktur unter **Beschränkung auf das Wesentliche**
- Veranschaulichung des **gedanklich-logischen Zusammenhangs** der Ausführungen mithilfe von **Adverbien und Konjunktionen** (z. B. „außerdem“, „des Weiteren“; „obwohl“, „wenn“) sowie geeigneten sprachlichen Anschlüssen (z. B. „hinzu kommt“, „daraus folgt“)
- Wiedergabe des Inhalts mit **eigenen Worten** (eigenständig formulieren; **Zitate nicht als Ersatz missbrauchen**)
- Einhalten des Gebots der **Sachlichkeit** (keine Umgangssprache, keine Wertungen)
- Verwendung des korrekten Tempus (**Präsens**, Perfekt im Fall von Vorzeitigkeit) und Modus (Konjunktiv bei der indirekten Rede)

5.2 Eine Sprachanalyse verfassen

Bei der Untersuchung der sprachlich-stilistischen Gestaltung des Textes geht es darum, die Funktion der sprachlichen Gestaltungsmittel im Hinblick auf die Intention des Autors bzw. der Autorin zu beschreiben. Die Ausführungen hierzu bestehen aus einem Dreischritt.

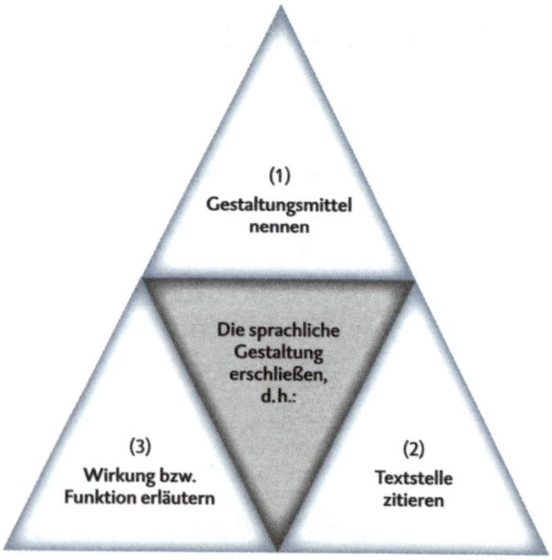

Es ist durchaus anspruchsvoll, die Analyse der sprachlichen Gestaltung eines Textes so zu formulieren, dass ein ansprechender und **flüssig lesbarer Text** entsteht. Sie meistern diese Herausforderung, wenn es Ihnen gelingt, souverän mit dem fachlichen Vokabular umzugehen und die Zitate des Ausgangstextes so in die eigene Analyse zu integrieren, dass keine Brüche im Satzbau entstehen.

BEISPIEL

Immer wieder wendet sich der Autor durch direkte Anrede an die Leser. So verwendet er z. B. die 2. Person Singular, wenn er partizipative Möglichkeiten des Videoportals Youtube folgendermaßen erläutert: „Youtube heißt nicht nur: Du beamst Quatsch ins Netz, sondern auch: Du lernst Klavierspielen." Auf diese Weise steigert der Autor den Adressatenbezug.
(Zitat aus dem Kommentar „Die Dialektik der Bauchnabelfluse" von Jan Wieler, Frankfurter Allgemeine Zeitung vom 25. 02. 2013)

Die folgende Übersicht hilft Ihnen, auf verschiedene Wendungen für die Erläuterung der Wirkung rhetorischer Mittel zurückzugreifen. Sprachlich können Sie auf diese Weise Abwechslung in Ihren Text bringen und es wird Ihnen leichter fallen, Ihre Überlegungen in schriftlicher Form mitzuteilen.

WISSEN

Formulierungshilfen für die Sprachanalyse

Die folgenden Wendungen helfen bei der Beschreibung der vom Autor/von der Autorin intendierten Wirkung.

Der Autor/Die Autorin …

- *macht deutlich, verdeutlicht, demonstriert, unterstreicht, bringt zum Ausdruck, signalisiert, versinnbildlicht*

Weitere Formulierungshilfen:

- *Das zeigt die Verwendung von …*
- *Kennzeichnend für den Text sind …*
- *Das macht sich bemerkbar in …*
- *Das spiegelt sich in … wider*
- *Durch … wird nahegelegt …*

6 Zu einem Text Stellung nehmen

Bereits bei der Entwicklung eines Gliederungskonzepts haben Sie sich überlegt, welche Argumentationslinie Sie verfolgen und wie Sie sich positionieren wollen. Unabhängig davon, ob Sie eine ausführliche Erörterung oder eine prägnante Stellungnahme schreiben sollen: Sie werden umso mehr überzeugen, je größer die **gedankliche Tiefe** Ihrer Ausführungen ist. Diese erreichen Sie, indem Ihre Argumente folgerichtig aufgebaut sind und schlüssig verknüpft werden. Achten Sie beim Schreiben darauf, Ihre Überlegungen in Form einer in sich geschlossenen **Argumentationskette** einsichtig zu machen. Diese setzt sich in der Regel aus folgenden Bestandteilen zusammen: Behauptung, Begründung, Beispiel und Folgerung.

WISSEN

Bestandteile der Argumentation

- **Behauptung**
  Beispiel: *Wir brauchen einen neuen Feminismus, …*
- **Begründung** (der Behauptung)
  Beispiel: … *weil Frauen nach wie vor benachteiligt werden, sei es im Alltag oder im Beruf.*
- **Beleg bzw. Erläuterung der Begründung**, z. B. durch …
  - Rückgriff auf Erfahrungen
    Beispiel: *In der Familie ist die gleichberechtigte, partnerschaftliche Aufteilung der Aufgaben noch nicht erreicht. Nach wie vor dominiert die Zuständigkeit der Frau für Haushalt und Kindererziehung.*
  - Verweis auf Statistiken, wissenschaftliche Untersuchungen etc.
    Beispiel: *Trotz zum Teil besserer Schulabschlüsse verdienen Frauen in Deutschland immer noch etwa 20 % weniger als ihre männlichen Kollegen.*
  - Berufung auf Autoritäten (z. B. Expertinnen und Experten)
    Beispiel: *Zu Recht sagt Alice Schwarzer: „Ob jemand biologisch Mann oder Frau ist, darf nicht den Rest seines Lebens definieren."*
  - Bezugnahme auf allgemein anerkannte Werte (z. B. Verfassung)
    Beispiel: *Laut Artikel 3 des Grundgesetzes sind Mann und Frau gleichberechtigt.*
- **Beispiel(e)** zur Veranschaulichung der Begründung
  Beispiel: *In einer Partnerschaft ist es beispielsweise oft noch selbstverständlich, dass sich die Frau eine berufliche Auszeit nimmt, um die gemeinsamen Kinder zu betreuen. Die Geburt von zwei oder mehr Kindern ist daher für viele Mütter mit einer Unterbrechung des Berufslebens für mehrere Jahre verbunden.*
- **Folgerung** zur Vertiefung des Gedankengangs
  Beispiel: *Ein Rückzug aus dem Berufsleben für mehrere Jahre führt bei vielen Frauen zu einem Karriereknick. Während sie sich um Haushalt und Kinder kümmern, geht es für ihre männlichen Kollegen weiter die Karriereleiter hinauf. Diese Benachteiligung kann später kaum noch ausgeglichen werden.*

Die Überzeugungskraft der Erörterung bzw. der begründeten Stellungnahme hängt stark ab von der **Begründungskraft der vorgebrachten Argumente in Bezug auf die infrage stehende These.** Werden Sie deshalb zum Kritiker bzw. zur Kritikerin Ihrer eigenen Argumente, indem Sie sich folgende Fragen stellen:

- An welcher Stelle könnte man mein Argument angreifen?
- Wo müsste ich noch etwas einfügen, damit mein Gedankengang für die Leserinnen und Leser nachvollziehbar bleibt?
- Passt mein Beispiel auch tatsächlich zu dem, was ich in der Begründung erklärt habe?

Nehmen Sie bei der Überarbeitung Ihres Textes entsprechende Ergänzungen und Korrekturen vor, um Ihr Argument noch überzeugender zu gestalten.

Da die Texterörterung auf Grundlage eines Sachtextes erfolgt, können bzw. sollen Sie **Argumente des Ausgangstextes aufgreifen**. Dabei sind unterschiedliche Formen der Bezugnahme denkbar.

Sie können …

- auf Schwachpunkte in der Argumentation eines Autors bzw. einer Autorin hinweisen,
- einen nur angedeuteten Aspekt im Ausgangstext weiter entfalten oder
- einen bestimmten Gedanken aufgreifen und für Ihre Argumentationszwecke nutzen, indem Sie diesen z. B. bei der Begründung oder Folgerung einfließen lassen.

Wichtig ist, dass Sie **korrekt zitieren**, wenn Sie sich direkt auf den Ausgangstext beziehen, und dass Ihre Argumentation ein notwendiges Maß an **Eigenständigkeit** erkennen lässt.

HINWEIS

Welchen Umfang die Texterörterung einnehmen soll, hängt stark davon ob, wo der Schwerpunkt der Aufgabenstellung liegt. Steht die Textanalyse im Vordergrund, kann die Stellungnahme zum Text bzw. zur Autorposition kürzer ausfallen. In der Regel genügen in diesem Fall insgesamt zwei bis drei Argumente. Liegt der Fokus dagegen auf der Texterörterung, müssen deutlich mehr Argumente formuliert werden. Klären Sie mit Ihrer Lehrkraft im Vorfeld einer Klausur ab, wie viele Argumente von Ihnen verlangt werden.

Nicht zuletzt kommt es darauf an, die Argumentation klar und strukturiert zu Papier zu bringen. Das wird Ihnen umso leichter fallen, je mehr Sie auf typische Formulierungen für diese Form des Schreibens zurückgreifen können. Eine Übersicht über sprachliche Wendungen, die der **Strukturierung der eigenen Ausführungen** dienen, finden Sie im Übungsteil auf Seite 42.

Textgebundenes Erörtern – Schwerpunkt Analyse

Übungsaufgabe zum Thema „geschlechtergerechte Sprache“

Aufgabe

a Erschließen Sie Inhalt und Aufbau des Textes „Warum die Gendersternchen-Debatte so deprimierend ist“ von Matthias Heine unter Berücksichtigung ausgewählter sprachlicher Gestaltungsmittel.

b „Wenn […] Kinder sich unter Astronauten auch Frauen vorstellen sollen, müssten mehr Astronautinnen ins All geschickt werden, statt sie sprachlich hervorzuheben.“ (Z. 75 ff.) Nehmen Sie Stellung zur These, dass Sprache nur einen geringen Einfluss auf die Verwirklichung von Geschlechtergerechtigkeit hat.

Der Schwerpunkt der Aufgabenstellung liegt auf Teilaufgabe **a**.

Text

DIE WELT

Matthias Heine:

Warum die Gendersternchen-Debatte so deprimierend ist

Das Gendersternchen bleibt vorerst aus. Der Rechtschreibrat sollte Regeln für geschlechtergerechte Sprache finden. Er vertagte die Entscheidung. Kein Wunder: Die Wissenschaft ist sich auch uneinig.

Spätere Zeitalter werden unsere Debatten über Gender und gerechte Sprache vielleicht einmal genauso distanziert belächeln, wie wir es heute nicht mehr nachvollziehen können, dass einmal Religionskriege sich an unterschiedlichen Auffassungen darüber, was beim Abendmahl[1] geschieht, entzündeten. Vor allem wird man darüber lachen, wie versucht wurde, Glaubensbehauptungen mithilfe der Wissenschaften zu beweisen. […]

Der Rat für deutsche Rechtschreibung war immerhin ehrlich genug, seine Ratlosigkeit zuzugeben. Er hat am Freitag in Wien nicht über Regeln für geschlechtergerechte Sprache entschieden, wie es die Berliner Landesstelle für Gleichbehandlung erbeten hatte.[2] Nun soll eine Arbeitsgruppe bis zum November Meinungen und Daten sammeln.

Die Argumente der Linguisten für oder gegen geschlechterneutrale Sprachnormung lauten im Wesentlichen so: Auf der einen Seite stehen die Gender-Skeptiker, die sagen, das grammatische Geschlecht – also das Genus eines Worts – habe mit dem natürlichen Geschlecht – also dem Sexus – nichts zu tun. Deshalb wären bei Pluralformen maskuliner Wörter wie Lehrer, Arbeiter, Kunden oder Astronauten selbstverständlich Frauen mit bezeichnet und es sei überflüssig, extra zu kennzeichnen, dass man auch Frauen meine. Darüber hinaus verstießen die bisher bekannten Formen zur Herstellung von sprachlicher Geschlechtergerechtigkeit sowohl gegen das ästhetische Sprachempfinden als auch gegen grammatische Strukturen des Deutschen. Studierende seien nicht dasselbe wie Studenten. Und im Übrigen sei die Sprache etwas frei Gewachsenes, bei dem behördliche Regelungen nur Schaden anrichten könnten.

Dem gegenüber stehen die Gerechtigkeitshersteller, die argumentieren, von den Sprachteilnehmern werde das grammatische Geschlecht durchaus als Indikator[3] für das natürliche Geschlecht wahrgenommen. Psychologische Tests hätten ergeben, dass Deutschsprecher sich unter Astronauten und Spionen eben doch eher Männer und weniger Frauen vorstellten. Die Grammatik sei wandelbar, wer Gleichheit der Geschlechter anstrebe, müsse dies auch sprachlich zeigen, und ästhetische Fragen seien zweitrangig, wenn's ums große Menschheitsganze geht.[4]

Diese und viele andere Argumente sind in zwei neuen Büchern versammelt, die den wissenschaftlichen Stand der Debatte um Genus und Sexus abbilden. Dabei gehen manche Forscher zurück bis zum Urzustand des Indogermanischen. Diese Frühform kannte wohl gar keine grammatischen Geschlechter. Das weibliche Genus hat sich erst recht spät vor ein paar Tausend Jahren aus Pluralformen mit a-Endung entwickelt. […]

Die Fronten verlaufen dabei keineswegs immer entlang der erwartbaren Linien von Alter und Geschlecht. Zwar beginnt das Buch „Die Teufelin steckt im Detail“ […] mit zwei genderskeptischen Beiträgen der emeritierten Koryphäen[5] Peter Eisenberg (Germanist) und Hans-Martin Gauger (Romanist), die sich seit Langem gegen die Verrenkungen der geschlechtergerechten Sprache und die These, das Deutsche sei besonders männlich geprägt, wenden.

Ihnen widerspricht im gleichen Band die Linguistin Luise F. Pusch, die vor rund 30 Jahren das Deutsche als „Männersprache“ gebrandmarkt hat. Und der Anglist Anatol Stefanowitsch hat […] eine gleich buchlange Begründung dafür, „Warum wir politisch korrekte Sprache brauchen“, verfasst. Sie trägt ihr wesentliches Argument schon im Titel: Dies sei „eine Frage der Moral“.

Stefanowitsch kürt zusammen mit einigen Kolleginnen den „Anglizismus des Jahres“ und plädoyiert, wenn es um den Einfluss des Englischen auf das Deutsche geht, für das freie Spiel sprachlicher Kräfte. Sprachlenkung zieht er in diesem Zusammenhang gerne als etwas altmodisch Obrigkeitsstaatliches ins Lächerliche. Er sieht offenbar keinen Widerspruch darin, in der Genderfrage Eingriffe in die Sprache durch Behörden gutzuheißen. […]

Doch es sind nicht nur die üblichen Verdächtigen, die das übliche Verdächtige äußern. Antje Baumann und André Meinunger, die Herausgeber von „Die Teufelin steckt im Detail“ stellen fest, dass in ihrem Buch gerade Wissenschaftlerinnen mehrheitlich gegen gegenderte Sprache argumentieren. Da ist sogar von einer „Apartheid“ und von Diskriminierung die Rede, die herrschten, wenn jetzt immer und überall das Geschlecht angezeigt werden solle. So polemisieren nicht weiße alte Männer, auf die man heute nicht mal mehr hört, wenn es sich – wie bei Eisenberg und der deutschen Grammatik – um die größten Autoritäten auf ihrem Gebiet handelt, sondern jüngere Forscherinnen.

Solche Differenzen sind unvermeidlich. Es handelt sich bei der Linguistik schließlich um eine Geisteswissenschaft, in der im naturwissenschaftlichen Sinne gar nichts zu beweisen ist. Trotzdem werden die Ergebnisse der oben genannten Psychotests […] behandelt, als bewiesen sie irgendetwas. Dabei deuten schon die Vergleichsergebnisse aus dem genusschwachen Englischen an, dass die soziale Realität die Vorstellungen von den Geschlechtern bestimmter Berufsgruppen am stärksten prägt.

In Deutschland herrscht seit Wilhelm von Humboldt[6] der quasireligiöse Glaube, Sprache lenke unsere Sicht auf die Welt. Daher die besonders krasse German Linguistic Angst[7] vor dem falschen Sprachgebrauch. Es gibt aber Grund zu der Annahme, dass auch hier – marxistisch gesprochen – die Basis den Überbau bestimmt. Wenn also Kinder sich unter Astronauten auch Frauen vorstellen sollen, müssten mehr Astronautinnen ins All geschickt werden, statt sie sprachlich hervorzuheben. Bei den Pluralen *Lehrer* oder *Bundeskanzler* denken Kinder schon jetzt vor allem an Frauen.

Die Debatte zeigt aber auch sonst die Linguistik in einem trostlosen Licht. Beide Parteien gebrauchen unhinterfragt den Begriff „generisches Maskulinum“ für Formen wie *Lehrer* oder *Astronauten*. Es handelt sich aber um neutrale Formen, die aus sprachhistorischen Gründen die gleiche Gestalt haben wie Maskulina – so wie das Pluralpronomen *sie* die gleiche Form hat wie das weibliche Pronomen für die dritte Person Singular, ohne dass deshalb jemand glaubt, es bedeute das Gleiche. […]

Ähnlich deprimierend ist, wie ästhetische Argumente von den Pro-Gender-Forschern immer besonders forsch beiseite gewischt werden. Das Fach wird heute mehrheitlich von Menschen bestimmt, die die Sprache nur noch durch den Ausschnitt ihrer Computerbildschirme sehen. […] Sie können sagen, welche Formen wo und wie oft in großen digitalen Sprachkorpora erscheinen. Aber niemals haben sie ein Gedicht auswendig gelernt. Die Schönheit und das Spielerische in der Sprache sind ihnen nicht nur unwichtig, sie wissen gar nichts von deren Existenz. Das politisch Erstrebenswerte ist ihre einzige Norm. Sie ähneln darin denjenigen, die Dämmung für Wände verordneten, weil das nützlich ist – ganz egal, wie sich das auf deren Ästhetik auswirkte. So wie die Häuser nun unter ihren wärmenden Decken schimmeln, wird die Sprache von einem Schimmelteppich aus Korrektheitssignalen bedeckt.

Quelle: Matthias Heine: Warum die Gendersternchen-Debatte so deprimierend ist, WELT 8. Juni 2018 (für Prüfungszwecke leicht gekürzt)

Anmerkungen:

1 Abendmahl: Bestandteil des christlichen Gottesdienstes, der die Erinnerung an das letzte Mahl Jesu mit seinen Jüngern wachhält

2 Am 8. Juni 2018 gab der Rat für deutsche Rechtschreibung bekannt, er wolle vorerst keine verbindlichen Regelungen zur geschlechtergerechten Schreibung vorgeben.

3 Indikator: Nachweis, Anzeichen

4 Um Männer und Frauen gleichermaßen in der Sprache abzubilden, gibt es verschiedene Möglichkeiten. Doppelformen (Schülerinnen und Schüler), das BinnenI (LehrerInnen) oder neutrale Formulierungen (Studierende) entsprechen dem geschlechtergerechten Formulieren. Zur Berücksichtigung von Personen, die sich keinem der beiden Geschlechter zugehörig fühlen, kann auf gendergerechte Varianten geachtet werden. Hierzu zählen der Gendergap (Kund_innen) oder das Gendersternchen (Bürger*innen).

5 emeritierte Koryphäen: von ihrem Lehrauftrag befreite Experten

6 Wilhelm von Humboldt (1767–1835): preußischer Gelehrter und Reformer, der sich unter anderem mit der Frage nach dem Einfluss der Sprache auf das Denken beschäftigte

7 German Linguistic Angst: Abwandlung des international gebräuchlichen Begriffs „German Angst“, mit dem die vermeintlich typisch deutsche Zögerlichkeit bezeichnet wird

Schritt 1
Die Aufgabenstellung erfassen

Das **Thema** der zu bearbeitenden Aufgabe geht aus dem in der **ersten Teilaufgabe** genannten Titel des Ausgangstextes hervor. Das angeführte Zitat in der **zweiten Teilaufgabe** verweist auf eine zentrale **Forderung des Autors**, mit der man sich auseinandersetzen soll. Der auf das Zitat folgende Arbeitsauftrag stellt eine Konkretisierung des Zitats dar.

1 Lesen Sie die Aufgabenstellung. Formulieren Sie mit eigenen Worten, was von Ihnen verlangt wird.

2 Klären Sie die Themafrage.

TIPP

Markieren Sie Signalwörter, die Ihnen Hinweise zur Strukturierung Ihres Aufsatzes sowie zu inhaltlichen Akzentsetzungen geben.

Schritt 2
Den Text erschließen

Inhalt und Aufbau erfassen

Beim ersten Lesen kommt es zunächst darauf an, die **inhaltlichen Zusammenhänge**, die im Text hergestellt werden, nachzuvollziehen und sich die **Kernbotschaft des Autors** vor Augen zu führen. Die angegebenen **Anmerkungen** helfen bei schwierigen Passagen weiter und enthalten zum Teil auch Informationen, die über den Text hinausgehen. **Durch die Einteilung in Sinnabschnitte** gewinnt man einen Überblick über den Aufbau des Textes. Nach der Unterteilung des Textes in einzelne Abschnitte ist es hilfreich, sich am Ende die **übergeordnete Gedankenführung** des Autors zu vergegenwärtigen. An welchen Stellen werden Hintergrundinformationen zum Verständnis eines Sachverhalts gegeben? Welche Passagen tragen überwiegend argumentierenden Charakter? Wann lässt der Autor deutlich seine eigene Meinung erkennen oder wendet sich in Form von Appellen an die Leserinnen und Leser? Durch die Verwendung **strukturierender Verben** (vgl. S. 34) können Sie das argumentative Vorgehen des Autors in Ihrer Textzusammenfassung deutlich machen.

3 Erarbeiten Sie Inhalt und Aufbau des Textes, indem Sie jede Sinneinheit in Stichworten zusammenfassen. Sie können sich an der folgenden Bearbeitung von Z. 1–15 orientieren.

Zusammenfassung der einzelnen Abschnitte

- **Z. 1–11:** Infragestellung der Debatte über gendergerechte Sprache durch Vergleich mit einem Glaubensstreit vergangener Zeiten (bezüglich der Wirkung auf nachfolgende Generationen und der Argumentationsweise)
- **Z. 12–15:** Bekräftigung der Autormeinung durch Verweis auf den Beschluss des Rates für deutsche Rechtschreibung, eine Empfehlung für gendergerechtes Schreiben zu vertagen
- [...]

Die sprachlich-stilistische Gestaltung untersuchen

Neben der Erschließung von Inhalt und Aufbau zielt die Aufgabenstellung auf eine Untersuchung der sprachlichen Gestaltung des Textes ab. Grundsätzlich können hierbei unterschiedliche sprachliche Bereiche wie **Wortwahl, Satzbau** oder besondere **rhetorische Mittel** in den Blick genommen werden. Die intensive Auseinandersetzung mit dem Text sollte auch optisch sichtbar werden. **Halten Sie Ihre Beobachtungen in Form von farblichen Markierungen, Querverweisen und Randnotizen fest.** Das hilft Ihnen, die sprachliche Eigenart des vorliegenden Textes zu durchdringen. Wie dieser Bearbeitungsschritt aussehen könnte, zeigt die nachfolgende Abbildung. Die Textbeobachtungen beziehen sich auf den ersten Abschnitt des Ausgangstextes.

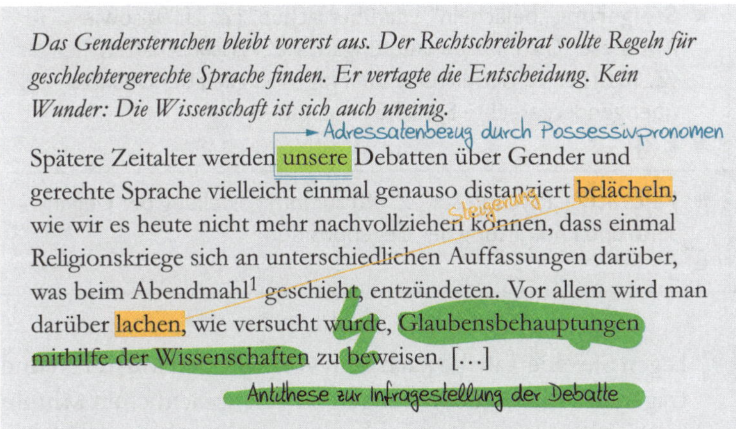

Das Gendersternchen bleibt vorerst aus. Der Rechtschreibrat sollte Regeln für geschlechtergerechte Sprache finden. Er vertagte die Entscheidung. Kein Wunder: Die Wissenschaft ist sich auch uneinig.

Spätere Zeitalter werden unsere Debatten über Gender und gerechte Sprache vielleicht einmal genauso distanziert belächeln, wie wir es heute nicht mehr nachvollziehen können, dass einmal Religionskriege sich an unterschiedlichen Auffassungen darüber, was beim Abendmahl[1] geschieht, entzündeten. Vor allem wird man darüber lachen, wie versucht wurde, Glaubensbehauptungen mithilfe der Wissenschaften zu beweisen. […]

Auf einem Konzeptpapier können Sie die wichtigsten Ergebnisse stichpunktartig festhalten.

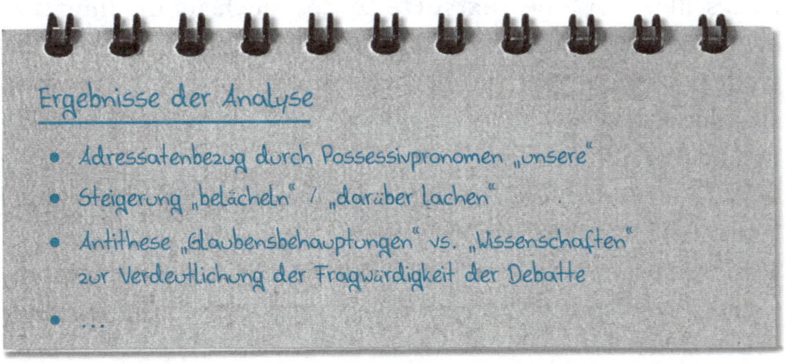

4 Vervollständigen Sie die sprachlich-stilistische Analyse in Anlehnung an die auf S. 25 abgebildete Bearbeitung. Legen Sie hierzu auf einem Konzeptpapier völlig frei eine Sammlung der sprachlichen Mittel an.

Um eine bloße Aneinanderreihung von Beispielen für die sprachlich-stilistische Gestaltung des Textes zu vermeiden, sollten Sie die sprachlichen Gestaltungsmittel in Bezug auf ihre Funktion und Wirkung bündeln (siehe Aufgabe 5), z. B. wie folgt:

Ziel, Funktion, Wirkung	sprachlich-stilistische/s Gestaltungsmittel
Steigerung der Überzeugungskraft	▪ Adressatenbezug durch **Possessivpronomen** „unsere" (Z. 1) und **Indefinitpronomen** „man" (Z. 9) ▪ [...]
Präzisierung der Position, Zuspitzung	▪ **Steigerung** „belächeln", „darüber lachen" (Z. 3 f., 9) sowie Antithese „Glaubensbehauptungen" vs. „Wissenschaften" (Z. 10 f.) zur Verdeutlichung der Fragwürdigkeit der Debatte über gendergerechte Sprache ▪ [...]
Abgrenzung von der Gegenseite	▪ **Pejorativ** („Psychotests", Z. 68) zur Infragestellung der Gegenseite und Entkräftung der Gegenposition ▪ [...]

5 Legen Sie eine Tabelle nach dem vorliegenden Muster an und tragen Sie Ihre Beobachtungen zu den sprachlichen Mitteln in die Spalte ein, die am ehesten zur jeweiligen Wirkung und Funktion bzw. zum Ziel des Autors passt.

Die **sprachlich-stilistische Gestaltung** eines Textes lässt Rückschlüsse auf die **Textsorte** zu, aber auch auf die Intention des Verfassers bzw. der Verfasserin. Überlegen Sie, welche **Absicht** mit einem Text verfolgt wird und an welche **Zielgruppe** sich der Autor bzw. die Autorin wendet. Folgende Fragen können hierbei hilfreich sein:

- Will der Autor/die Autorin informieren, unterhalten, kommentieren, auffordern?
- Gibt es bestimmte sprachliche Besonderheiten (z. B. Fachsprache, Jugendsprache), die auf eine bestimmte Zielgruppe schließen lassen?

Bedenken Sie, dass es **nicht die eine Lösung** gibt, wenn es darum geht, die sprachlichen Mittel nach ihren Wirkungen zu ordnen. Im gegebenen Text wären beispielsweise auch die Aspekte „Anschaulichkeit“ und „Steigerung der Aufmerksamkeit“ denkbar, um die Beobachtungen zur Sprache zu strukturieren.

HINWEIS

6 Halten Sie fest, an welche Adressaten der zu untersuchende Text gerichtet ist und welche Intention(-en) der Verfasser damit verfolgt.

7 Bestimmen Sie anhand typischer Textmerkmale die Textsorte.

Schritt 3
Stoff für die Stellungnahme sammeln

Nachdem Sie den Inhalt und Aufbau des zugrunde liegenden Sachtextes unter Berücksichtigung der sprachlich-stilistischen Gestaltung untersucht haben, setzen Sie sich als Nächstes im Rahmen einer Stellungnahme kritisch mit der Position des Autors auseinander.

8 Kreuzen Sie an, welche These die Position des Autors am besten trifft.

- a Geschlechtergerechte Sprache ist nicht notwendig, um die Gleichstellung der Frau voranzubringen. ☐
- b Um Geschlechtergerechtigkeit durchzusetzen, muss man bei der Bewusstseinsbildung durch geeignete weibliche Rollenvorbilder in Männerdomänen ansetzen. ☐
- c Geschlechtergerechte Sprache ist keine Alternative zum generischen Maskulinum. ☐
- d Die Diskussion um geschlechtergerechte Sprache lenkt ab von den eigentlichen Herausforderungen bei der Gleichstellung der Geschlechter. ☐

TIPP

Gehen Sie bei der Stoffsammlung so vor:
- Lesen Sie den Text erneut und schreiben Sie alle Argumente heraus, die die These des Autors stützen.
- Ergänzen Sie Argumente, die noch nicht genannt wurden und die These des Textes stützen. Notieren Sie diese mit passenden Beispielen.
- Beziehen Sie eine Gegenposition und formulieren Sie Gegenargumente, um Heine zu widerlegen.
- Ziehen Sie aus der Auseinandersetzung mit allen Argumenten Ihr persönliches Fazit.

Die letzte Teilaufgabe einer Texterörterung im Rahmen einer Sachtextanalyse zielt in der Regel auf eine **Stellungnahme** zur Position eines Autors/einer Autorin oder zu einer bestimmten These ab. Dies erfordert eine **dialektische Betrachtung**. Das heißt, Sie müssen sich mit dem Für und Wider, mit negativen oder positiven Aspekten oder mit Chancen und Gefahren auseinandersetzen, die bei einem bestimmten Sachverhalt eine Rolle spielen.

9 Sammeln Sie Stoff für die Stellungnahme und tragen Sie in die Tabelle stichpunktartig Argumente ein, um Heines These zu stützen oder zu widerlegen.

Geschlechtergerechte Sprache als wirksames Instrument zur Verwirklichung von Geschlechtergerechtigkeit	
pro	**kontra**

10 Ziehen Sie aus der Auseinandersetzung mit den Pro- und Kontra-Argumenten ein persönliches Fazit.

Schritt 4
Eine Gliederung erarbeiten

Betrachten Sie Ihren Aufsatz als Gebäude. Die Arbeiten daran können erst in Angriff genommen werden, wenn ein **Bauplan** Aufschluss über die Größe und Lage der einzelnen Zimmer gibt. Ebenso sollten Sie erst mit der Abfassung Ihres Aufsatzes beginnen, nachdem Sie sich ein **Gliederungskonzept** überlegt haben.

HINWEIS

Informieren Sie sich, ob bei Ihrer Prüfung die Abgabe einer Gliederung verlangt wird. Auch wenn das nicht der Fall ist, sollten Sie zur Strukturierung Ihres Vorgehens einen Schreibplan anfertigen.

Bei der Erstellung Ihrer Gliederung sollten Sie in folgenden Phasen vorgehen:

- Grobgliederung während der Recherche
- Feingliederung vor dem Schreiben des Aufsatzes
- ggf. Änderung und weitere Differenzierung während des Schreibens

11 Ergänzen Sie die nachfolgende Tabelle und sammeln Sie zwei weitere Möglichkeiten für Einleitung und Schlussgedanken.

TIPP

Knüpfen Sie im Schlussteil nach Möglichkeit an den Einleitungsgedanken an. Auf diese Weise erreichen Sie, dass Ihre Lösung in sich geschlossen wirkt.

Einleitung	Schluss
geschlechtergerechte Fassung der Nationalhymne in Kanada und Österreich	Änderung eines Kulturguts nach Maßgabe der Gendergerechtigkeit als schwerwiegender Eingriff in die Kunstfreiheit

Die nachfolgende Gliederung zeigt beispielhaft, aus welchen inhaltlichen Bestandteilen sich die Lösung zur zugrunde liegenden Übungsaufgabe zusammensetzt. Die Reihenfolge der übergeordneten Gliederungspunkte ist durch die Aufgabenstellung festgelegt. Je feiner differenziert wird, desto deutlicher wird bei der Gliederung der eigene Lösungsansatz.

Gliederung für eine textgebundene Erörterung im Anschluss an eine Sachtextanalyse

1. [Einleitung] *
2. [Aufgabenstellung, hier:] Erschließung des Kommentars „Warum die Gendersternchen-Debatte so deprimierend ist" von Matthias Heine samt Stellungnahme
   - 2.1 Inhalt und Aufbau sowie Argumentationsstruktur
   - 2.2 Sprachliche Gestaltung
     - 2.2.1 Mittel zur Steigerung der Überzeugungskraft
     - 2.2.2 Mittel der Zuspitzung und Präzisierung der eigenen Position
     - 2.2.3 Sprachliche Strategien zur Abgrenzung von der Gegenseite
   - 2.3 [Themafrage, hier:] Sprache – ein wirksames Instrument zur Verwirklichung von Geschlechtergerechtigkeit?
     - 2.3.1 Argumente der Gegenposition
     - 2.3.2 Argumente der eigenen Position
     - 2.3.3 Synthese
3. [Schluss]

* *Die in eckigen Klammern angegebenen Begriffe dienen als Platzhalter zur Orientierung.*

12 Bei der Bearbeitung der ersten Teilaufgabe kann man alternativ auch die Untersuchung der sprachlichen Gestaltung des Textes mit der Erschließung von Inhalt und Aufbau verbinden. Benennen Sie Vor- und Nachteile dieses Ansatzes.

Der folgende Ausschnitt aus einem Gliederungskonzept zeigt, wie ein Schüler seine Ergebnisse zur Analyse der sprachlichen Gestaltungsmittel anordnen möchte:

> [...]
>
> 2.2 Sprachliche Gestaltung
>
> 2.2.1 Steigerung der Überzeugungskraft
>
> 2.2.2 Präzisierung der Position
>
> 2.2.3 Abgrenzung von der Gegenseite
>
> 2.3 Sprache – ein wirksames Instrument zur Verwirklichung von Geschlechtergerechtigkeit?
>
> [...]

13 Setzen Sie sich mit den Vorteilen dieser Reihenfolge auseinander, indem Sie den vorliegenden Text vervollständigen.

Nach der Erschließung von Inhalt und Aufbau liegt es gedanklich-logisch nahe, die Überzeugungskraft der ______________________ des zugrunde liegenden Textes zu bewerten und in diesem Zusammenhang die vom Autor gewählten ______________________ Mittel unter die Lupe zu nehmen. Die ______________________ von der Gegenseite ist eine rhetorische Strategie zur Beeinflussung. So ergibt sich ganz natürlich die Frage nach einer Stellungnahme zur ______________________ des Autors. Deshalb ist es klug, die Textbeobachtungen zu dieser rhetorischen Strategie ans ______________________ der Ausführungen zur sprachlichen Gestaltung zu stellen und quasi als ______________________ zur Stellungnahme zu verwenden.

Schritt 5
Textzusammenfassung und Sprachanalyse schreiben

Eine Einleitung verfassen

Bei der Einleitung kommt es darauf an, das **Interesse der Leserinnen und Leser** für Ihren Text zu gewinnen. Diese Funktion erfüllt ein **Einleitungsgedanke**, der einen **Bezug zum Thema** herstellt, allerdings noch **keine Argumente vorwegnimmt**. Es bietet sich an, dem zu untersuchenden Text Informationen zu entnehmen, die dazu geeignet sind, Aufmerksamkeit zu erzeugen. Selbstverständlich kann man sich aber auch auf eigene Erfahrungen beziehen und auf eigenes Wissen zurückgreifen, um einen Einleitungsgedanken zu formulieren.

14 Ergänzen Sie im folgenden Beispiel den fehlenden Teil der Einleitung.

Bestandteil der Einleitung	Beispieltext
▪ **Einleitungsgedanke**	Österreich und Kanada haben unter dem Aspekt der Gender-Gleichheit ihre Nationalhymnen umgedichtet. Gäbe es auch in Deutschland eine geschlechtergerechte Fassung der Nationalhymne, könnte statt „Vaterland“ bald „Heimatland“ gesungen werden.
▪ Überleitung zum zugrunde liegenden Text und **Basissatz** (mit Angaben zum Autor bzw. zur Autorin, Titel, Erscheinungsort/-zeit und Thema des Textes)	[…]
▪ **Überleitung zum Hauptteil** (Leserführung)	Dieser Text wird im Folgenden im Blick auf Inhalt und Aufbau sowie sprachliche Gestaltung erschlossen, ehe eine Stellungnahme zur Forderung nach geschlechtergerechter Sprache erfolgt.

15 Kreuzen Sie an, welcher Gedanke sich ebenfalls angeboten hätte, um eine Einleitung zu formulieren. Begründen Sie kurz Ihre Entscheidung für bzw. gegen den jeweiligen Vorschlag.

a Neil Armstrong war der erste Mann auf dem Mond. Dass bereits im Jahre 1969 ein Mensch auf dem Mond landen konnte, ist ein Verdienst zahlreicher Ingenieure, Physiker und Techniker. Die starren Rollenbilder von Mann und Frau in den 1960er-Jahren führten dazu, dass relativ wenige Frauen die Möglichkeit erhielten, an diesem Meilenstein in der Menschheitsgeschichte teilzuhaben. Doch ist das heutzutage anders? ☐

b Psychischen Studien zufolge stellt sich die Mehrheit der Menschen einen Mann vor, wenn der Begriff „Astronaut" fällt. Linguisten weisen aber darauf hin, dass mit diesem Begriff auch Astronautinnen gemeint sein können, da das Genus eines Wortes nichts zu tun haben muss mit dem Sexus. ☐

c Jahr für Jahr gehen Frauen am *Equal Pay Day* auf die Straße. An diesem Tag wird symbolisch darauf hingewiesen, dass Frauen auch heutzutage für gleichen Lohn in etwa drei Monate länger arbeiten müssen als ihre männlichen Kollegen, bzw. rechnerisch bis Anfang März umsonst gearbeitet haben. Um die Gleichstellung der Geschlechter zu fördern, wollen einige den Gebrauch der Sprache ändern. ☐

Begründung für bzw. gegen den Einleitungsgedanken

a ______________________________

____

b ______________________________

____

c ______________________________

____

Inhalt und Aufbau wiedergeben

Zur Formulierung einer strukturierten Inhaltsangabe benötigen Sie einen Fundus an sog. **strukturierenden Verben**, um die Argumentationsstruktur eines Textes im Zusammenhang mit dem Inhalt des Textes darzustellen.

strukturierende Verben zur Wiedergabe des Textaufbaus	
mit informierendem Charakter	aufzeigen, informieren, darlegen, feststellen, erläutern
zur Verdeutlichung zeitlicher Zusammenhänge	einen Rückblick geben, (die aktuelle Lage) vergleichen mit, prognostizieren, rechnen mit, erwarten
zur Beurteilung eines Sachverhalts	kritisieren, Kritik üben, verurteilen, gutheißen, befürworten, ablehnen, bezweifeln, infrage stellen
zur Darstellung von Argumentationszusammenhängen	die Ansicht vertreten, veranschaulichen, verdeutlichen, belegen, benennen, sich stützen auf, als Beispiel heranziehen, erörtern, argumentieren, die Folgerung ziehen, (schluss-)folgern, resümieren, ein Fazit ziehen, zu dem Ergebnis kommen
mit einräumendem Charakter	einräumen, zugeben, zugestehen, anerkennen, billigen, bekennen, gelten lassen
mit appellativem Charakter	appellieren, fordern, verlangen, zu etwas aufrufen

16 Lesen Sie aufmerksam folgenden Auszug aus einer Inhaltsangabe und markieren Sie die strukturierenden Verben. Analysieren Sie anschließend den gedanklichen Aufbau dieser Inhaltsangabe und halten Sie Ihre Ergebnisse in der rechten Spalte fest.

Zusammenfassung des Inhalts	Aufbau der Inhaltsangabe
Der Autor bezweifelt, dass die Verpflichtung zur gendergerechten Sprache der richtige Weg ist, um die Gleichstellung der Frauen voranzubringen. Ausgangspunkt für die Durchsetzung der Geschlechtergerechtigkeit sei vielmehr die Bewusstseinsbildung durch geeignete weibliche Rollenvorbilder in Männerdomänen. Argumentativ entwickelt der Autor diese Position in mehreren Schritten. Im Rahmen der Einleitung (Z. 1–11) vergleicht der Autor die aktuelle Debatte über gendergerechte Sprache mit einem Glaubensstreit vergangener Zeiten. Seines Erachtens werden unsere Nachfahren einmal ebenso irritiert von der Diskussion ums generische Maskulinum sein wie wir heute von den Glaubensstreitigkeiten des Mittelalters. Auf diese Weise weckt der Autor nicht nur das Interesse der Leser, sondern stellt zugleich die ganze Diskussion über geschlechtergerechte Sprache infrage. Angesichts dessen begrüßt Heine die Entscheidung des Rates für deutsche Rechtschreibung, die Empfehlung für gendergerechtes Schreiben zu vertagen (Z. 12–15).	

17 Der gegebene Auszug aus einer Inhaltsangabe weist Fehler auf. Markieren Sie die von Ihnen festgestellten Fehler und erläutern Sie diese. Überarbeiten Sie im Anschluss den Textauszug.

TIPP

Rufen Sie sich zunächst die Kriterien für eine gelungene Erschließung von Inhalt, Aufbau sowie Argumentationsstruktur ins Gedächtnis (vgl. S. 5 f.).

(fehlerhafte) Zusammenfassung des Inhalts	Erläuterung der Fehler
Im Anschluss daran fasst der Autor in den Zeilen 16 bis 41 die Argumente für und wider gegenderte Sprache zusammen. Die Gegner des Genderns berufen sich auf folgende Argumente: Erstens kann von einer Benachteiligung der Frau durch das generische Maskulinum keine Rede sein, da das Genus nichts mit dem Sexus zu tun hat. Gendergerechte Sprachnormierung führe zu Verstößen gegen die Grammatik. Außerdem litten die Eleganz und Freiheit der Sprache. Gegen diese Argumentation wenden die „Gerechtigkeitshersteller" (Z. 30) ein, dass das grammatische Geschlecht die Vorstellung vom natürlichen Geschlecht beeinflusst. All das kann nachgelesen werden in zwei aktuellen Büchern, die folgende Titel tragen: „Die Teufelin steckt im Detail" sowie „Warum wir politisch korrekte Sprache brauchen".	

Die sprachliche Gestaltung erschließen

Grundlegend für textbezogenes Erörtern im Rahmen einer Textanalyse sind **Zitiertechniken**, um Textbelege korrekt in den Satzbau zu integrieren – sei es zur Untersuchung der sprachlichen Gestaltung oder bei der Darstellung der im Text vertretenen Meinung.

WISSEN

Korrekt zitieren

Das **indirekte Zitat** zeigt an, dass der Inhalt einer Textstelle mit eigenen Worten wiedergegeben wird. Hierbei werden keine Anführungszeichen gesetzt. Es erfolgt lediglich in Klammern ein Verweis auf die Textstelle, auf die man sich bezieht, z. B.:

- *Durch einen Vergleich mit heute kaum nachvollziehbaren Glaubensstreitigkeiten im Zeitalter der Reformation (vgl. Z. 1–8) stellt der Autor die Diskussion über geschlechtergerechte Sprache infrage.*

WISSEN

Handelt es sich um die Wiedergabe fremder Äußerungen, muss dies kenntlich gemacht werden. Das geschieht meist durch den Gebrauch des Konjunktivs in der indirekten Rede oder durch Zusätze wie „laut XY“, „ihrer/seiner Meinung nach“ oder „nach Auffassung von“. Beispiele:

- *Matthias Heine zufolge lässt sich die Debatte über gendergerechte Sprache mit dem Glaubensstreit vergangener Zeiten vergleichen (vgl. Z. 1–8).*
- *Matthias Heine glaubt, die Debatte über gendergerechte Sprache lasse sich mit dem Glaubensstreit vergangener Zeiten vergleichen (vgl. Z. 1–8).*

Beim **direkten Zitat** wird ein einzelnes Wort, ein Satzteil oder ein ganzer Satz wörtlich aus dem Ausgangstext übernommen. Das Zitat wird in Anführungszeichen gesetzt. Auslassungen oder Veränderungen werden mit eckigen Klammern markiert, z. B.:

- *Matthias Heine bezeichnet die Befürworter gendergerechter Sprache ironisch als „Gerechtigkeitshersteller“ (Z. 30).*
- *Der Autor lobt, dass der deutsche Rechtschreibrat „ehrlich genug [war], seine Ratlosigkeit zuzugeben“ (Z. 12 f.).*

18 Im Folgenden wurde nicht immer korrekt zitiert. Bestimmen Sie den jeweiligen Fehler näher und verbessern Sie diesen.

a Der Autor ist auf dem neuesten Stand der Forschung. Er dokumentiert dies durch ausführliche Wiedergabe von Expertenmeinung und verwendet entsprechend häufig den Konjunktiv. „Studierende seien nicht dasselbe wie Studenten“ (Z. 27 f.).

Fehler:

Verbesserung:

______

______

______

b

Der Autor ist Experte auf dem Gebiet der Sprachwissenschaft, was er durch Verwendung von Fachbegriffen wie Genus oder Sexus zeigt.	**Fehler:**

Verbesserung:

---

c

Anhand zahlreicher Zitate (z. B. Z. 48–52) aus der Fachliteratur demonstriert der Autor die eigene Expertenschaft.	**Fehler:**

Verbesserung:

---

d

Umgangssprache platziert der Autor bei der Wiedergabe der Gegenposition so, dass die Argumente der Gegenseite unüberlegt bzw. naiv erscheinen. Deren Anhänger sind der Ansicht, dass ästhetische Fragen nur eine untergeordnete Rolle spielen, „wenn's ums große Menschheitsganze geht" (Z. 35 f.).	**Fehler:**

Verbesserung:

19 Folgender Auszug aus einem Schüleraufsatz wirkt zusammenhangslos, weil die Teilergebnisse einfach aneinandergereiht wurden, statt sie miteinander zu verknüpfen. Verbessern Sie die Ausführungen.

> Der Autor ist auf dem neuesten Stand der Forschung. Er dokumentiert dies durch ausführliche Wiedergabe von Expertenmeinung und verwendet entsprechend häufig den Konjunktiv (vgl. Z. 18–36). Umgangssprache platziert der Autor bei der Wiedergabe der Gegenposition so, dass die Argumente der Gegenseite naiv erscheinen. Dem Autor zufolge sind Anhänger des Genderns der Ansicht, dass ästhetische Fragen nur eine untergeordnete Rolle spielen, „wenn's ums große Menschheitsganze geht" (Z. 35 f.). Der Autor gebraucht die Metapher vom „Schimmelteppich aus Korrektheitssignalen" (Z. 94).

Schritt 6
Zu einem Text Stellung nehmen

Bei Teilaufgabe b geht es nicht primär um die Frage, welche Vor- und Nachteile das gendergerechte Formulieren mit sich bringt. Zur **Klärung der Ausgangsfrage** sollte zunächst die **zitierte These** erläutert werden. Diese lautet:

„Wenn […] Kinder sich unter Astronauten auch Frauen vorstellen sollen, müssten mehr Astronautinnen ins All geschickt werden, statt sie sprachlich hervorzuheben."

Diese These lässt sich in etwa so verstehen:

> Geschlechtergerechte Sprache hat keinen oder allenfalls einen geringen Einfluss darauf, dass das Prinzip der Gleichheit der Geschlechter zu einer Selbstverständlichkeit im Denken der Menschen wird.

HINWEIS

Klären Sie im Vorfeld einer Prüfung mit Ihrer Lehrkraft, wie viele Argumente im Erörterungsteil formuliert werden sollen. Da der Schwerpunkt der zugrunde liegenden Aufgabenstellung auf der Textanalyse, also der ersten Teilaufgabe liegt, kann die Bearbeitung der zweiten Teilaufgabe kürzer ausfallen.

An diese These anknüpfend sind Argumente der Zustimmung bzw. der Ablehnung (mindestens ein Argument auf jeder Seite) zu formulieren.

20 Markieren Sie in unterschiedlichen Farben die einzelnen Bestandteile des folgenden Arguments und benennen Sie diese.

Argument	Bestandteil des Arguments
Unbestritten ist, dass das Verhältnis von Männern und Frauen weit mehr von Rollenbildern bestimmt wird als durch besondere sprachliche Ausdrucksformen. Das liegt unter anderem daran, dass die Debatte, inwiefern Gleichheit zwischen Männern und Frauen sprachlich realisiert werden kann, relativ abstrakt geführt wird. Demgegenüber werden Rollenmuster von frühester Kindheit an übernommen und wirken sich daher viel nachhaltiger auf das Leben von Frauen und Männern aus als Diskussionen über bestimmte sprachliche Regelungen. So wird bereits seit mehreren Jahrzehnten versucht, Frauen durch verschiedene Verfahren stärker in der Sprache abzubilden. Getragen sind diese Versuche von der Überzeugung, dass das Deutsche eine Männersprache ist (vgl. Z. 49). Im gleichen Zeitraum aber, in denen verschiedene Formen für geschlechtergerechtes Formulieren aufkamen, wurden nur schleppend Fortschritte in Bezug auf die Verwirklichung von Geschlechtergerechtigkeit erzielt. Bis heute sind beispielsweise deutliche Unterschiede in Bezug auf die Gehälter von Männern und Frauen festzustellen. Wenn sich also die Gleichheit von Mann und Frau auch in der gesellschaftlichen Wirklichkeit widerspiegeln soll, muss sich an erster Stelle etwas an den sozialen Verhältnissen ändern. Hier ist die Politik gefordert und nicht die Sprachwissenschaft.	

Bei den nachfolgenden Überlegungen (siehe Aufgabe 21 a–d) handelt es sich um Auszüge, die Pro- und Kontra-Argumenten zu folgender Position entnommen sind.

Sprache kann einen Beitrag zu mehr Gerechtigkeit zwischen den Geschlechtern leisten.

21 Kreuzen Sie jene Bestandteile von Argumenten an (Begründungen oder Beispiele), die Sie für geeignet halten, um die zuvor angeführte Position zu befürworten oder zu widerlegen. Begründen Sie anschließend Ihre Entscheidung.

- **a** Beitrag zu einer insgesamt gerechteren Gesellschaft – nicht nur für Frauen, sondern für alle – angesichts der wirklichkeitsprägenden Kraft der Sprache (nach Wilhelm von Humboldt) ☐
- **b** stärkere Auswirkungen von Rollenbildern im Vergleich zum Einfluss von Sprache ☐
- **c** diskriminierte Frauen auch in Ländern mit Sprachen ohne Genus, z. B. Englisch oder Türkisch ☐
- **d** Verstoß gegen die sprachliche Ästhetik und grammatische Strukturen (z. B. „Kund*innen“) ☐

Begründung für bzw. gegen das Aufgreifen der Überlegungen in der Argumentation:

a ______________________________

____

____

b ______________________________

____

____

c ______________________________

____

____

d ______________________________

____

____

Um unübersichtliche Aneinanderreihungen von Argumenten zu vermeiden und den gedanklich-logischen Zusammenhang Ihrer Argumentation zu verdeutlichen, müssen Sie die einzelnen Argumente inhaltlich und sprachlich sinnvoll verknüpfen und zu einer **Argumentationskette** ausgestalten. Der folgenden Übersicht entnehmen Sie Formulierungen, die bei der Strukturierung der Argumentation hilfreich sind.

WISSEN

Eine Argumentationskette ausgestalten

- **Reihung und Steigerung:** *darüber hinaus; ferner; im Übrigen; außerdem; hinzu kommt; schwerer wiegt, dass; ein weiterer Gesichtspunkt ist; weitaus wichtiger ist aber; besondere Aufmerksamkeit verdient*
- **Begründungszusammenhänge:** *deswegen; da; weil; aus diesem Grund; das liegt daran, dass*
- **Auswirkungen:** *infolgedessen; folglich; also; demzufolge; daraus folgt, dass; daraus ergibt sich*
- **Einschränkungen und Einwände:** *andererseits; auf der anderen Seite; demgegenüber; dagegen lässt sich einwenden; dem kann man entgegenhalten; dennoch; zwar; obwohl*
- **Überleitung zur Gegenposition:** *Den dargelegten Nachteilen (bzw. Vorteilen) stehen jedoch gewichtige Vorteile (bzw. Nachteile) gegenüber.*
- **Abschluss:** *Nach genauer Prüfung aller vorgetragenen Gesichtspunkte; abschließend betrachtet*

22 Notieren Sie in der Übersicht zwei weitere Formulierungshilfen für jede der genannten Funktionen.

Der nachfolgenden Argumentation (siehe Aufgabe 23, linke Spalte) liegt folgende Behauptung zugrunde: „Gegenreaktionen zum Gendern führen dazu, dass das Ziel, das Prinzip der Gleichheit von Mann und Frau über die Sprache zu realisieren, nicht erreicht wird."

HINWEIS

23 Verbessern Sie den vorliegenden Ausschnitt aus einer Argumentation, indem Sie die von Ihnen festgestellten Fehler zunächst markieren und kurz erläutern. Überarbeiten Sie anschließend den Text.

(fehlerhafte) Argumentation	Erläuterung der Fehler
Immer neue Formen zur Abbildung des Gleichheitsprinzips zwischen den Geschlechtern stiften eher Verwirrung, als dass sie das Ziel, Männer und Frauen in der Sprache gleichermaßen zu repräsentieren, befördern. Es drohen Trotzreflexe in der Bevölkerung anstelle des erhofften gesellschaftlichen Bewusstseinswandels. Was kommt nach Sternchen und Gap? Noch ein weiteres Zeichen und die ersten Bücher werden brennen!	

24 Bringen Sie die nachfolgenden Ausführungen in die richtige Reihenfolge, indem Sie die Ziffer markieren, die dem jeweiligen Teil der Synthese entspricht.

1 – 2 – 3	Zwar kann geschlechtergerechte Sprache einen kleinen Beitrag leisten, das Prinzip der Gleichheit zwischen Männern und Frauen stärker ins allgemeine Bewusstsein zu rufen. Die Wirksamkeit dieses Sprachgebrauchs ist jedoch begrenzt, da diese Art zu reden bzw. zu schreiben in vielen Kommunikationssituationen umständlich und unpassend erscheint. Viel stärker wird unser Denken und Handeln von der sozialen Wirklichkeit geprägt. Daher überwiegen die Auswirkungen von Rollenbildern den Einfluss von Sprache.
1 – 2 – 3	Deshalb sollte die Gleichstellung der Frau meiner Meinung nach nicht über die Einführung geschlechtergerechter Sprache angestrebt werden, sondern ist vielmehr in der Realität durch entsprechende Gesetze durchzusetzen.
1 – 2 – 3	Aus dem Für und Wider zur Frage, ob Sprache ein geeignetes Mittel zur Förderung der Geschlechtergerechtigkeit ist, ergibt sich ein gemischter Befund.

25 Verfassen Sie eine vollständige Lösung zur Übungsaufgabe (Aufgabenstellung siehe S. 20).

Test: Prüfungsaufgabe zum Thema „Pessimismus“

Aufgabe

a Erschließen Sie den argumentativen Aufbau des Textes „Genug der Apokalypse“ von Bernhard Pörksen unter Berücksichtigung ausgewählter sprachlicher Gestaltungsmittel.

b „Derzeit lässt sich das Umkippen sinnvoll erscheinender Warnungen in einen Totalpessimismus beobachten – die Flucht in den Fatalismus.“ (Z. 6–9) – Nehmen Sie zu dieser These des Verfassers Stellung.

Der Schwerpunkt der Aufgabenstellung liegt auf Teilaufgabe **a**.

Text

ZEIT ONLINE

Bernhard Pörksen[1]: Genug der Apokalypse[2]

In der Mitte der Gesellschaft herrscht Pessimismus – die Demokratie in der Krise, die Kommunikation gestört. Dieser Fatalismus[3] hemmt unseren Mut. Zeit für einen neuen Bildungsoptimismus

Es gibt einen Moment der plötzlichen Verwandlung, in dem das Gute und eigentlich gut Gemeinte zum Schlechten wird, die vermeintliche Lösung zum drängenden Problem, die richtige Idee zum neuen Horror. Heraklit, der Philosoph des Wandels, hat dies das Gesetz der Enantiodromie genannt: das Umschlagen der Dinge in ihr Gegenteil. Derzeit lässt sich das Umkippen sinnvoll erscheinender Warnungen in einen Totalpessimismus beobachten – die Flucht in den Fatalismus. In der Gesellschaftsanalyse und der Zeitdiagnostik regiert inzwischen eine apokalyptische Eskalationsrhetorik, die sich beim besten Willen nicht mehr als ein nützliches Hinweisen auf drohendes Unheil interpretieren lässt, sondern nur noch als brutale Entmutigung engagierter Milieus. […]

Keineswegs regiert ein solcher Totalpessimismus nur im Feld der Rechtspopulisten, die aus Anlass der Flüchtlingskrise den Kontrollverlust beschwören, das Land als Opfer von „Messermigranten“, arabischen Clans und islamistischen Terroristen sehen.

Hier gehört der Abgesang […] traditionell zum Grundton der Gegenwartsdeutung. Die tatsächlich beunruhigende Nachricht lautet: Die Intellektuellen der Mitte, einst Garanten des Widerstands gegen das antiliberale Denken, haben sich längst auf einen Überbietungswettbewerb apokalyptischer Warnungen eingelassen. Sie machen mit beim großen Duell der Dystopiker[4], das dem Motto folgt: Wer schafft den maximal hysterischen Abgesang?

Drei Prophezeiungen sind derzeit besonders populär: erstens die Polit-Dystopie, die den Zerfall der Demokratie und die Wiederkehr des Faschismus[5] beschwört; zweitens die Kommunikations-Dystopie, die von der Anarchie des Diskurses handelt; drittens die Digital-Dystopie, die eine totale Manipulation und das baldige Verschwinden des Menschen kommen sieht. All diese Untergangserzählungen zeigen das Umschlagen gut gemeinter Warnungen in einen Aufklärungs- und Bildungspessimismus, der vorschnell beerdigt, was man eigentlich befördern möchte: Autonomie[6], Mündigkeit, selbstbewusste Gegenwehr. […]

Die unter Politikwissenschaftlern heftig umstrittene Behauptung vom Sterben der Demokratie und vom Ende der offenen Gesellschaft ist längst zum Small Talk der Gesellschaftsanalyse mutiert. „Überall auf der Welt“, so bekommt man in der Frankfurter Rundschau zu lesen, sei man in eine „Phase der Postdemokratie“ hineingerutscht. Die Demokratie erlebe „den schlimmsten Rückschlag seit den faschistischen Dreißiger-Jahren“, heißt es in der Süddeutschen Zeitung. Ist nicht, so fragen Journalisten routiniert, wenn in Chemnitz die Rechten marschieren[7] oder im Bundestag jemand pöbelt, längst „ein Hauch von Weimar“ spürbar? […]

Im grummelnden Selbstgespräch der Republik herrscht inzwischen die Gewissheit, dass wir in öffentlichen Debatten heute vor allem eines erleben: das feindselige Gegeneinander, nicht mehr das um den Kompromiss und um Konsens bemühte Miteinander. „Ruhe sanft, öffentlicher Diskurs, du warst der größte Gastgeber aller Zeiten“, so heißt es in einem aktuellen Roman der Schriftstellerin Juli Zeh mit dem Titel „Leere Herzen“, der das Spiel mit apokalyptischen Ängsten grell überzeichnet. […]

Man hat heute einfach Angst. Angst vor dem Zerfall der Gesellschaft, dem Ende von Respekt und Rationalität. Angst vor der Auflösung von Wahrheit, der Fake-News-Schwemme und dem Diskursinfarkt[8] in einer Welt der Hassattacken und Verschwörungstheorien. […] Derzeit gebe es, so witzelte kürzlich das Magazin MIT Technology Review, vor allem zwei tonangebende Gruppen von Digital-Erklärern: die Internet-Pessimisten und die deprimierten ehemaligen Internet-Optimisten. Und tatsächlich hat sich, spätestens mit dem Sichtbarwerden der Massenüberwachung, der Desinformationsattacken im amerikanischen Wahlkampf und dem Cambridge-Analytica-Skandal[9], die Stimmung verdüstert. Aus Euphorie ist Ernüchterung geworden, aus den Träumen von einst, die das Netz als gigantische Demokratisierungsmaschine feierten, die wütende Anklage und der enttäuschte Abgesang. Die Angst vor der totalen Manipulation beherrscht das Denken der Digital-Dystopiker […].

Es wäre falsch, so zu tun, als seien all diese Warnungen einfach nur Fantasien eines apokalyptisch gestimmten Geistes.

Und es ist auch nicht schlimm, wenn gelegentlich übertrieben wird. […] Das eigentliche Drama ist nicht der Alarmismus[10], sondern die Entmündigung höherer Ordnung, die sich als Fundamentalkritik maskiert und die eigene Apokalypsegeilheit als unerschrockene Analyse ausgibt. Tatsächlich lassen sich das autonome Subjekt und das kreative Individuum in einem eng geknüpften Netz von perfekter Vorausberechnung und unvermeidlicher Überwältigung gar nicht mehr denken. Kurzum: Das Geschäft der Digital-Dystopiker ist die Entmutigung, ihre Spezialität die dehumanisierte Theorie. Hier schlägt das Denken um in sein Gegenteil. Denn die Horrorvision stellt geistig her, was man angeblich verhindern will, das Verschwinden des Menschen.

Was sich in der Rede vom Ende der Demokratie, der Gesellschaft oder des Humanen zeigt, ist die Umdeutung der Geschichte zur Naturgewalt und der Abschied von einer prinzipiell optimistischen Anthropologie. Das Aufklärungsvertrauen weicht einem Bildungspessimismus, der davon ausgeht, dass man gegen die Mächte des Untergangs ohnehin nichts auszurichten vermag. Ein solcher Austausch der Menschenbilder kommt in einem bedeutenden Moment der Zeitgeschichte einer geistigen Selbstentmachtung gleich. Man denkt sich selbst wehrlos. […]

Deutlich wird überdies, dass die ratlose Mitte ihren Verlust an Ausstrahlung und Magie auch der Tatsache verdankt, dass sie der populistischen Polarisierung – wir gegen die, Deutsche gegen Migranten – keine programmatische Polarisierung entgegensetzt und das Denken in Alternativen, großen Entwürfen und langen Linien nicht mehr praktiziert. […]

Lässt sich das ändern? Vielleicht. Drei Vorschläge, um nicht endgültig in das Genre der dröhnend vorgetragenen Verlustdiagnose abzudriften und eine Art Abgesang höherer Ordnung zu liefern, der selbst einfach nur das Verschwinden großer Entwürfe beklagt:

Erstens: Die Parteien der Mitte müssen ihre Programmarbeit radikal intensivieren, die Arbeit der Zuspitzung neu lernen, die optimale Kombination aus Vision und Vermittlung wieder als ihre Kernaufgabe begreifen. Denn Demokratie ist, um ein Wort des Juristen Adolf Arndt aufzugreifen, „die politische Lebensform der Alternative".

Zweitens: Der um Maß und Mitte bemühte Journalismus sollte die gegenwärtige Problemtrance der Gesellschaft immer wieder durch Geschichten des Gelingens verstören. Nicht in Form konstruierter Glücksstorys und inszenierter Fröhlichkeit, sondern durch eine publizistische Fürsorge gegenüber dem Versuch und der Vision, dem utopischen Bemühen. Der Sound einer hämischen Abwertung und der dumpf-röhrenden Sofort-Skandalisierung hat dem Kommunikationsklima lange genug geschadet.

Drittens: Es lohnt sich, daran zu erinnern, dass Geschichte von Menschen gemacht wird und die gegenwärtig so populären Dystopien ein Symptom der Denkfaulheit sind – letztlich eine selbst produzierte Verödung visionärer Fantasie. […] Demokratie lebt von der Idee der Mündigkeit. Und dem Vertrauen darauf, dass Bildung gelingen kann. Hoffnung ist, so gesehen, alternativlos. Zumindest für Demokraten.

Quelle: Bernhard Pörksen, Genug der Apokalypse, https://www.zeit.de/2018/42/bildung-demokratie-kommunikation-optimismus/komplettansicht, 10. 10. 2018, DIE ZEIT Nr. 42/2018

Anmerkungen:

1 Bernhard Pörksen: Medienwissenschaftler und Professor an der Universität Tübingen
2 Apokalypse: Untergang
3 Fatalismus: Schicksalsglaube
4 Dystopiker: jemand, der ein pessimistisches Zukunftsbild vertritt
5 Faschismus: eine antidemokratische, nationalistische Staatsauffassung
6 Autonomie: Selbstständigkeit, Unabhängigkeit
7 Am 26. und 27. August 2018 kam es in Chemnitz zu Aufmärschen rechtsextremer Gruppierungen, nachdem ein Mann infolge eines Messerangriffs durch einen Asylbewerber gestorben war.
8 Diskursinfarkt: gemeint ist das Zusammenbrechen öffentlicher Debatten
9 Cambridge-Analytica-Skandal: Die britische Datenanalysefirma wertete im Jahr 2016 für das Trump-Wahlkampfteam unrechtmäßig millionenfach Facebook-Daten aus.
10 Alarmismus: übertriebene Aufgeregtheit

Textgebundenes Erörtern – Schwerpunkt Argumentation

Übungsaufgabe zum Thema „Bücher lesen“

Aufgabe

a Arbeiten Sie Inhalt und Aufbau des Textes „Bücher machen uns reicher, aber nicht besser“ von Claudia Mäder heraus.

b Erörtern Sie textbezogen die Position der Autorin in Bezug auf die Bedeutung des Lesens fiktionaler Literatur für die Persönlichkeitsentwicklung.

Der Schwerpunkt der Aufgabenstellung liegt auf Teilaufgabe **b**.

Text

Neue Zürcher Zeitung

Claudia Mäder:

Bücher machen uns reicher, aber nicht besser

Mit dem Lesen geht es bachab! Diesen Aufschrei hat man schon häufig gehört. Nun aber kommt es noch schlimmer: Wenn sich die Menschen von den Romanen abwenden, droht die Welt zu verrohen. Davor warnt die Leseforscherin Maryanne Wolf – man darf ihr beruhigt widersprechen.

Kürzlich haben wir unseren redaktionseigenen Bücherraum entrümpelt. Keine leichte Sache: Man braucht dafür nicht nur ein hartes Herz, auch straffe Muskeln sind gefragt. Kaum hatte ich endlich damit begonnen, hielt ich einen pikanten Titel in der Hand: „Warum wir das Bücherlesen nicht verlernen dürfen“ – das jüngste Werk der renommierten amerikanischen Leseforscherin Maryanne Wolf. Beschämt unterbrach ich die Aufräumaktion, um wenigstens dieses Buch vor dem Entsorgen noch zu lesen.

Damit erbrachte ich aus evolutionärer Sicht eine erstaunliche Leistung. Wir Menschen sind, wie Wolf betont, keine geborenen Leser.

Während die Sprache in unseren Genen verankert ist, muss das Lesen aktiv erlernt werden. Das Decodieren von sprachlichen Zeichen ist eine Kulturtechnik, die unsere Spezies in jüngerer Zeit entwickelt hat – und die ihrerseits wiederum die Entwicklung unserer Spezies beeinflusst hat: Heute prägt der Umgang mit Buchstaben unsere Kulturen und Kommunikationsformen.

Aber laut Wolf ist das noch längst nicht alles, was insbesondere das klassische Buch zu leisten vermag.

In den Augen der „selbsternannten Kriegerin des Lesens“ hat diese Aktivität nämlich das Potenzial, jedes einzelne Individuum zu einem „besseren Menschen“ zu machen. Richtigerweise muss man sagen: Laut Wolf hätte das Bücherlesen diese Kraft – wenn es nicht bedrohlich zurückginge.

Die Forscherin bemerkt, dass vor allem Jugendliche heute zwar täglich mit Unmengen an Schrifterzeugnissen konfrontiert sind, daneben aber kaum noch Gefallen an Büchern finden. Da der digitale Raum „tausenderlei Ablenkungen“ bereithalte, die dauernd die Konzentration störten, fehle jungen Menschen die Geduld, einen längeren Text, etwa einen Roman, am Stück zu lesen. Und darin nun sieht Wolf eine Gefahr für die Menschen und die Menschheit. Bücher, hält sie fest, machen mit den Gedanken und Gefühlen fremder Menschen vertraut. Wer sich auf die Lektüren und deren Figuren einlässt, stärkt demnach seine Empathiefähigkeit, und wo das Romanlesen verschwindet, geht folglich alles zugrunde.

Wolfs Glaube an die menschenverbessernde Kraft der Literatur steht in einer alten Tradition, noch weiter zurückverfolgen lässt sich indessen ihr Unbehagen an neuen Medien. Eine frühe Form der Konzentrationsschwäche befürchtete schon Platon – „Vergessenheit“, herbeigeführt durch die „Vernachlässigung des Erinnerns“, sah er im 4. Jahrhundert v. Chr. aufziehen. Aber natürlich nicht wegen interaktiver Hyperlinks: Es war das sich ausbreitende „Vertrauen auf die Schrift“, das ihn mit Sorge erfüllte. Schriftlich gefasste und rezipierte Gedanken bildeten für den antiken Philosophen keineswegs die höchste Form der Erkenntnis und standen dieser zuweilen sogar entgegen, denn zu Einsicht und Wahrheit gelangte man aus damaliger Warte am besten durch lebendige Dialoge. Wie stark das Mündliche die menschlichen Erzählformen prägte und wie lange Platons Kritik an den Buchstaben in unseren Breiten nachhallte, lässt sich zum Beispiel bei Goethe erahnen, der noch 1812 festhielt: „Schreiben ist ein Missbrauch der Sprache, stille für sich lesen ein trauriges Surrogat[1] der Rede.“

Zu dieser Zeit freilich hatten die Schrift und das Lesen schon stark an Boden gewonnen. Im 18. Jahrhundert setzte eine veritable „Leserevolution“ ein, die immer mehr Menschen ins grosse[2] Projekt der Aufklärung einband. Als deren zentrale Medien enthielten die Bücher Wissen und Information, und ihre Rezeption versetzte die Leser in die Lage, den Zustand der geistigen Unterdrückung und Bevormundung zu überwinden. Und das hiess in letzter Konsequenz: am öffentlichen Gemeinwesen teilzuhaben und sich darin dank geschultem Sprach- und Denkvermögen eigenständig zu artikulieren. In dieser Hinsicht ist die Lesekompetenz ein Schlüssel zur Welt und fürs persönliche Fortkommen des Individuums ebenso unabdingbar wir fürs Funktionieren der demokratischen Gesellschaft. Ein Glück also, ist das Lesen heute weiter verbreitet denn je: Die Alphabetisierung nimmt weltweit laufend zu.

Maryanne Wolfs Gedanke, dass die Literatur das Individuum verbessere, erinnert an Überlegungen zur Kunst und zum Schönen, wie sie sich etwa bei Schiller fanden, und verweist auf ein idealistisches Konzept, in dem der Kontakt mit guter Kunst das gesamte menschliche Wesen zu Höherem führen, ja gleichsam veredeln sollte. In etwas prosaischerer Form prägte dieses Ideal im 19. Jahrhundert den Habitus[3] des Bürgertums, zumal in Deutschland, das gerne als Lesenation auftrat und sich um 1850 einer übermässigen Freude an der Lektüre rühmte: „Wir Deutsche scheinen einen besonderen Hang zu haben, uns in die Bücher zu versenken.“

Das mag stimmen oder nicht, doch gierig verschlungen wurde in jedem Fall nicht das Edle und Erhabene, das man allmählich zum Kanon formte, sondern das Unterhaltende, das zuverlässig vom Alltag ablenkte. Über das gesamte 19. Jahrhundert hinweg machte die „Höhenkammliteratur" laut Berechnungen rund 1 Prozent der Romanproduktion aus – die übrigen 99 entfielen auf Trivial- und Populärwerke, die dank der Zunahme an freier Zeit über alle Schichten hinweg begeistert gelesen wurden.

Wenn Wolf in ihrem Buch Marcel Proust[4] mit einem populären amerikanischen Gegenwartsautor vergleicht und dabei bedauernd bemerkt, wie die Komplexität der Romane zurückgehe, dann verschweigt sie, dass Bücher mit hochraffinierten Strukturen und 300 Wörtern pro Satz (!) zu Beginn des 20. Jahrhunderts in einer Nische verschwanden. Bestseller waren damals die Liebesromane von Hedwig Courths-Mahler oder die Abenteuerbücher von Karl May, den die Leser euphorisch in Klubs und Vereinen feierten.

Nun könnte man natürlich gerade im Fall von Karl-May-Lektüren mit einigem Recht auf die Schulung empathischer Fähigkeiten hoffen – immerhin werden in seinen Büchern kulturübergreifende Freundschaften geschlossen und fremde Welten präsentiert. Dass das Eintauchen in diese Bücher die leseverrückten Deutschen zu einem besseren Umgang mit anderen Menschen geführt habe, wird man jedoch schwerlich behaupten können. Dieser Schluss liegt einfach nahe, wenn man das Ganze aus der Ferne betrachtet: Erlebte der Roman seine grösste Zeit denn nicht parallel zum Kolonialismus? Gut möglich, dass belletristische Werke in der stillen Kammer das Interesse am „Anderen" befördern und Perspektivwechsel ermöglichen – mehr Sensibilität gegenüber dem Fremden muss daraus draussen in der Welt leider längst nicht resultieren. Und noch wenn es so wäre: Warum Bücher das Einfühlungsvermögen heute besser als Filme, Serien oder Podcasts stärken sollten, ist schlicht nicht zu begreifen.

Man verstehe mich richtig: Ich liebe das Lesen und die Literatur und verdanke Büchern und Texten alles, was ich denke und schreibe. Aber genauso liebe ich den Verstand, und der sagt mir: Ein Roman ist ein Buch, und ein Buch ist keine magische Instanz zur Verbesserung des Menschen oder der Welt. Es gibt gute und schlechte Bücher, es gibt Kinokenner und Leseratten, es gibt gute und schlechte Menschen, und der Bezug zwischen all diesen Grössen ist bestenfalls lose. Das Lesen bleibt eine einmalige Kulturtechnik.

Aber anstatt diese geistig zu überhöhen, sollten wir uns auf das konzentrieren, was sie in der Wirklichkeit leistet – es ist genug, um darüber Bücher zu schreiben, die Regale füllen.

Quelle: Mäder, Claudia: Bücher machen uns reicher, aber nicht besser, In: NZZ (25. 05. 2019), (Text zu Prüfungszwecken bearbeitet, © Neue Zürcher Zeitung AG)

Anmerkungen:

1 Surrogat: behelfsmäßiger Ersatz

2 Der vorliegende Text folgt der Schweizer Rechtschreibkonvention, die vorsieht, das Schriftzeichen „ß" durch „ss" zu ersetzen.

3 Habitus: Haltung

4 Marcel Proust (1871–1922): französischer Schriftsteller, der als Mitbegründer der literarischen Moderne gilt

Schritt 1
Die Aufgabenstellung erfassen

Damit Sie bei der Bearbeitung der Aufgabe die Akzente richtig setzen und nicht den Fehler begehen, am Thema vorbei zu schreiben, ist eine **genaue Analyse** der Aufgabenstellung erforderlich. Beachten Sie im vorliegenden Fall die unterschiedliche Gewichtung der beiden Teilaufgaben.

26 Lesen Sie die Aufgabenstellung. Formulieren Sie mit eigenen Worten, was von Ihnen verlangt wird.

27 Klären Sie die Themafrage.

Schritt 2
Den Text zusammenfassen

Die Auseinandersetzung mit dem Inhalt des Ausgangstextes ist wie eine Vorarbeit zur zweiten Teilaufgabe zu verstehen: der Erörterung. Denn bei der Beschäftigung mit dem Text eignen Sie sich **Sachkenntnisse zu einer bestimmten Thematik** an. Eine detaillierte Analyse des Ausgangstextes wird bei dieser Erörterungsvariante in der Regel nicht verlangt.

TIPP

Bevor Sie den Text lesen, können Sie sich fünf Minuten Zeit nehmen, um selbst zu überlegen, ob uns Lesen zu besseren Menschen macht. Der unverstellte Blick auf eine Fragestellung kann helfen, Antworten zu finden, die im Text nicht gegeben werden.

28 Um Inhalt und Aufbau zu erfassen, sollten Sie den Text in Sinnabschnitte gliedern. Vergleichen Sie folgende Schülerlösungen und bewerten Sie diese.

Schüler A	Schüler B
▪ Z. 28–72: historischer Rückblick auf Ängste und Hoffnungen in Bezug auf Lesefunktionen und -präferenzen → dadurch indirekte Infragestellung der Studie	▪ Z. 28–58: indirekte Infragestellung der Studie durch Vergleich mit tradierten Ängsten und Hoffnungen in Bezug auf Lesefunktionen ▪ Z. 59–72: Vorbereitung des Haupteinwandes gegen Wolfs These von der menschenverbessernden Wirkung des Bücherlesens → Verweis auf weit verbreitetes Lesen zur Unterhaltung und Zerstreuung seit dem 19. Jahrhundert

29 Verbessern Sie folgende Formulierungen zur Zusammenfassung der Sinnabschnitte.

- Z. 1–6: Lektüre einer Untersuchung von Maryanne Wolf zum Lesen
- Z. 7–27: Leistungen der Kulturtechnik Lesen: Förderung der Sozialkompetenz

30 Erarbeiten Sie den Text Abschnitt für Abschnitt.

TIPP

Gehen Sie bei der Textgliederung folgendermaßen vor:

- Lesen Sie den Text aufmerksam und teilen Sie ihn durch Querstriche in Sinnabschnitte.
- Unterstreichen Sie die wichtigsten Aussagen bzw. Informationen.
- Untersuchen Sie, wie zwischen den einzelnen Textpassagen ein gedanklicher Zusammenhang entsteht. Hilfreich können u. a. folgende Kategorien sein: *Hinführung, Feststellung, Begriffseinführung, Beschreibung, Verdeutlichung, Erklärung, Bekräftigung, Erweiterung, Ergänzung, Fortführung, Spezifizierung, Schlussfolgerung, Abschwächung, Infragestellung, Kritik, Entgegensetzung, Gegenüberstellung, Zurückweisung, Fazit, Appell.*
- Formulieren Sie zu jedem Sinnabschnitt Überschriften.

TIPP

Der argumentative Aufbau eines Textes ähnelt zum Teil auch dem Aufbau eines einzelnen Arguments. Ein solches besteht in der Regel aus drei Teilen: Behauptung, Begründung und Beispiel. Am Ende kann auch noch eine Folgerung kommen.

31 Untersuchen Sie die Argumentationsstruktur in Claudia Mäders Text. Gehen Sie so vor:

- Lesen Sie zunächst alle Kernaussagen in der linken Spalte.
- Identifizieren Sie zuerst Mäders These(n) sowie Gegenthese(n), mit denen sich die Autorin auseinandersetzt.
- Bestimmen Sie die Funktion der weiteren Aussagen bzw. Textpassagen. Handelt es sich um eine Begründung, ein Beispiel oder eine Folgerung?
- Zeigen Sie gedanklich-logische Zusammenhänge der im Text angeführten Argumente grafisch (z. B. mithilfe von Linien oder Pfeilen) auf.

Kernaussagen	Funktion	gedanklich-logischer Zusammenhang
„Bücher machen uns […] nicht besser." (Titel)		
Empathische Fähigkeiten werden durch die Lektüre belletristischer Werke geschult (vgl. Z. 26 f.).		
Bei den meisten Büchern dominiert die Unterhaltungsfunktion (vgl. Z. 59–66).		
Die Unterdrückung anderer Menschen im Zeitalter des Kolonialismus und die Karl-May-Begeisterung der Deutschen fallen in die gleiche Zeit (vgl. Z. 78 f.)		
„Gut möglich, dass belletristische Werke […] Perspektivwechsel ermöglichen – mehr Sensibilität gegenüber dem Fremden muss daraus draußen in der Welt leider längst nicht resultieren." (Z. 79 ff.)		

HINWEIS

Nicht immer müssen Sie beim textbezogenen Erörtern auf den Textaufbau eingehen, wenn Sie sich in einem ersten Schritt mit dem Inhalt des Ausgangstexts beschäftigen. Lesen Sie die Aufgabenstellung genau. Manchmal werden Sie auch nur dazu aufgefordert, die Kernaussagen des Textes herauszuarbeiten. In diesem Fall müssen Sie bei der Zusammenfassung der Inhalte den Textaufbau nicht berücksichtigen. Eine entsprechende Aufgabenstellung könnte zum Beispiel so lauten: „Geben Sie die Hauptgedanken des Textes wieder.“

32 Halten Sie fest, welche Intention(-en) die Verfasserin verfolgt.

33 Bestimmen Sie anhand typischer Textmerkmale die Textsorte.

Schritt 3
Stoff für die Stellungnahme sammeln

Eine textgebundene Erörterung verlangt von Ihnen, dass Sie sich kritisch mit der Position eines Autors bzw. einer Autorin auseinandersetzen. Um dessen bzw. deren Argumentation bewerten zu können, müssen Sie die vorgebrachten Thesen kritisch prüfen. Klären Sie dazu, inwieweit die Thesen und die Argumente im Text stärker differenziert, breiter ausgeführt oder grundsätzlich infrage gestellt werden können. Zu den Aspekten, die Sie bei der Bewertung von Argumentationen zugrunde legen können, zählen u. a. die Verständlichkeit, Vollständigkeit und Gründlichkeit der Argumentation sowie ihr Sach- und Adressatenbezug.

34 „Warum Bücher das Einfühlungsvermögen heute besser als Filme, Serien und Podcasts stärken sollten, ist schlicht nicht zu begreifen.“ (Z. 82 ff.) Durchdenken Sie Claudia Mäders Infragestellung der Überlegenheit des Buches gegenüber dem Film und bewerten Sie die Überzeugungskraft ihres Einwands.

WISSEN

Kritisch mit dem Ausgangstext umgehen

Beim textgebundenen Erörtern geht es um zweierlei: Einerseits sind Schwachstellen in der Argumentation des Autors bzw. der Autorin aufzudecken. Andererseits gilt es, die gegebene Argumentation zu vervollständigen, indem weitere Beispiele, aber auch völlig neue Argumente berücksichtigt werden.

Je nachdem, wie sich ein Autor bzw. eine Autorin zu einem bestimmten Sachverhalt positioniert, enthält ein Text vor allem Argumente, die für oder gegen etwas sprechen. Zum Teil findet jedoch bereits im Ausgangstext eine Auseinandersetzung mit möglichen Einwänden statt, sodass grundsätzlich folgende Möglichkeiten der Positionierung zu unterscheiden sind:

- Der Text enthält nur Argumente für eine bestimmte Position.
- Der Text enthält nur Argumente gegen eine bestimmte Position.
- Der Text enthält Argumente für beide Positionen.

35 Arbeiten Sie die Argumente aus dem zugrunde liegenden Text heraus, die für bzw. gegen die These sprechen, dass uns das Lesen nicht zu besseren Menschen macht. Erstellen Sie hierzu eine Tabelle, bei der Sie Argumente nach Pro und Kontra ordnen.

TIPP

Da die textgebundene Erörterung meist eine dialektische Auseinandersetzung mit den Aussagen eines Autors bzw. einer Autorin ist, bietet sich grundsätzlich eine zweispaltige Aufstellung (z. B. nach Für und Wider, negativen und positiven Aspekten, Chancen und Gefahren) an.

Eine alternative Möglichkeit der Stoffsammlung ist das Cluster (engl. Bündel). Dabei notieren Sie rund um das Thema alles, was Ihnen dazu einfällt. Beim Clustern gehen Sie folgendermaßen vor:

- Schreiben Sie das Thema in die Mitte eines Blattes und kreisen Sie es ein (= Kernwort).
- Notieren Sie alles, was Ihnen zum Thema einfällt, stichwortartig um das Wort in der Mitte. Kreisen Sie diese Worte ebenfalls ein und verbinden Sie diese mit dem Kernwort.
- Jedes neue Wort ergibt wieder einen neuen Kern, der weitere Assoziationen auslöst. So können sich ganze Assoziationsketten bilden.
- Verbinden Sie Einfälle, die in einem Zusammenhang stehen. Auf diese Weise entsteht eine netzartige Skizze der Ideen, die das Kernwort ausgelöst hat: das Cluster.

36 Aktivieren Sie Ihr Vorwissen und rufen Sie sich eigene Leseerfahrungen in Form eines Clusters in Erinnerung. Dabei können Sie sich an folgender Darstellung orientieren.

TIPP

Nutzen Sie das Clustern, um inhaltliche Aspekte ausfindig zu machen, die über den Ausgangstext hinausgehen. So fällt es Ihnen leichter, sich mit der Position des Autors bzw. der Autorin auseinanderzusetzen, indem Sie diese durch weitere Argumente stützen, die vorgebrachten Behauptungen differenzieren oder die Stichhaltigkeit der Argumentation durch Gegenargumente und -beispiele in Zweifel ziehen.

Schritt 4
Den Stoff ordnen

Haben Sie alle Ideen gesammelt, müssen Sie diese ordnen. Eine einfache Möglichkeit der **Grobgliederung** besteht darin, zusammengehörige Stichwörter mit der gleichen Farbe zu markieren und ihnen einen gemeinsamen Oberbegriff zu geben.

WISSEN

Vorgehensweise bei der Stoffordnung

Bei der Stoffordnung sollten Sie in folgenden Phasen vorgehen:

- *Grobgliederung während der Recherche*
- *Differenzierung der Gliederung vor dem Schreiben des Aufsatzes*
- *Änderung und weitere Differenzierung während des Schreibens*

Bei der Frage, nach welchen Kriterien die Argumente am besten geordnet werden können, spielen u. a. folgende Fragen eine Rolle:

- *Gibt es Argumente, die weiter differenziert werden müssen, da sie sich inhaltlich zu stark überschneiden?*
- *Welche Argumente sollen aufeinander folgen, damit eine Überleitung einfach möglich ist?*
- *Ist im vorliegenden Fall eine blockweise oder alternierende Anordnung (Wechsel von Pro- und Kontra-Argumenten) eleganter?*
- *Welche Überzeugungskraft weisen die Argumente auf? Steht das stärkste Argument am Ende?*

Eine gute Möglichkeit der Stoffordnung bietet die Mindmap, da man bei dieser Strukturform zusammengehörige Aspekte auf einem Ast notiert. Gehen Sie beim Mindmapping folgendermaßen vor:

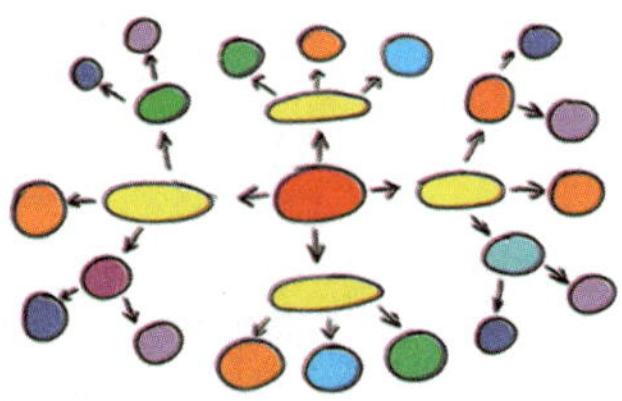

- Schreiben Sie das Thema – wie beim Clustern – in die Mitte des Blattes.
- Vom Thema in der Mitte gehen Äste aus: Notieren Sie auf den Ästen stichwortartig die einzelnen Gliederungspunkte des Themas.
- Von den Ästen gehen weitere Zweige aus: Notieren Sie auf den Zweigen stichwortartig die wichtigsten Aspekte zum betreffenden Gliederungspunkt.

TIPP

Nachdem die Mindmap aufgezeichnet ist, können Hauptäste und Zweige nummeriert oder farbig markiert (z. B. nach Pro und Kontra) und auf diese Weise gegliedert werden.

37 Erarbeiten Sie auf der Basis Ihrer Stoffsammlung eine Mindmap zur Frage, ob Literatur den Menschen bessert.

Schritt 5
Den Text schreiben

Den Basissatz verfassen

Zu Beginn Ihres Aufsatzes sollten Sie zunächst anführen, welcher Ausgangstext Ihren Ausführungen zugrunde liegt. Geben Sie hierzu die wichtigsten **Eckdaten zum Text** wieder (Autor/Autorin, Textart, Titel, Erscheinungsort, Datum) und nennen Sie dessen **Kernthema**.

38 Eröffnen Sie die Erschließung von Inhalt und Aufbau des zugrunde liegenden Textes mit einem knappen Basissatz.

Inhalt und Aufbau erschließen

Zur Formulierung einer Inhaltsangabe benötigen Sie einen Fundus an sog. strukturierenden Verben, um den **argumentativen Aufbau** eines Textes im Zusammenhang mit dessen **Inhalt** darzustellen. Hilfreiche Formulierungen finden Sie im entsprechenden Wissen-Kasten auf S. 34.

39 Lesen Sie folgenden Auszug aus einer strukturierten Inhaltsangabe aufmerksam. Markieren Sie die strukturierenden Verben und unterstreichen Sie Ausdrücke und Wendungen, die den gedanklich-logischen Zusammenhang verdeutlichen.

Inhaltsangabe (Auszug)	gedanklich-logischer Zusammenhang
In diesem Zusammenhang betont Mäder, dass die reine Unterhaltungsfunktion der Literatur seit dem 19. Jahrhundert bis heute dominiert (Z. 59–72). Bestes Beispiel dafür sei die Popularität der Werke von Karl May im 20. Jahrhundert. Diese nimmt Mäder im weiteren Verlauf ihrer Argumentation gegen Wolf (Z. 73–84) zum Ausgangspunkt, wenn sie folgenden Einwand formuliert: Die Tatsache, dass die Unterdrückung anderer Menschen im Zeitalter des Kolonialismus und die breite Karl-May-Begeisterung in die gleiche Zeit fallen, widerspricht der Annahme, der Mensch werde durch Bücherlesen automatisch besser. Außerdem bezweifelt Mäder, dass Bücher anderen neueren Medien, die der Unterhaltung dienen, bei der Förderung der Empathiefähigkeit überlegen sind.	

40 Analysieren Sie den gedanklichen Aufbau aus dem vorliegenden Ausschnitt zur Inhaltsangabe und halten Sie Ihr Ergebnis in der rechten Spalte fest.

TIPP

Legen Sie ein Augenmerk darauf, wie die Zusammenfassung des Inhalts mit Aussagen zum Aufbau des Textes verknüpft werden.

41 Der folgende Auszug aus einer Inhaltsangabe weist Fehler auf. Markieren und benennen Sie die vorhandenen Fehler. Berücksichtigen Sie dabei die gängigen Regeln zur Textzusammenfassung. Überarbeiten Sie anschließend den Textauszug.

Auszug aus einer Inhaltsangabe (mit Fehlern!)	Art des Fehlers
Der Einstieg ins Thema erfolgt szenisch (Z. 1–6). Im Anschluss daran fasst Mäder die wichtigsten Standpunkte einer Leseforscherin zusammen (Z. 7–27), wonach sich Lesen nicht auf eine Kulturtechnik beschränke. Lesen habe vielmehr das Potenzial, uns zu besseren Menschen zu machen. Der Rückgang des Bücherlesens bei jungen Menschen im Zuge des steigenden digitalen Medienkonsums stellt daher eine Gefahr für die gesamte Gesellschaft dar. Dann zieht Mäder eine Parallele zwischen Wolfs Forschungsergebnissen und historischen Beispielen von Skepsis gegenüber neuen Medien und verweist darüber hinaus auf gängige Erwartungen in Bezug auf die Leistungen der Kulturtechnik Lesen (Z. 28–58).	

Textgebunden erörtern

Beim textgebundenen Erörtern muss die **Auseinandersetzung mit der Position des Autors bzw. der Autorin** nicht nur inhaltlich, sondern auch sprachlich deutlich werden. Dafür gibt es eine Reihe von hilfreichen Formulierungen.

WISSEN

Formulierungshilfen zur Verdeutlichung der Auseinandersetzung mit der Position des Autors/der Autorin

Zustimmung

Der Autor/Die Autorin betont zu Recht, dass ...; XY folgend ist zu sagen, dass ...; mit XY ist festzustellen, dass ...; aus gutem Grund

Abgrenzung

XY macht es sich zu leicht, wenn er/sie ...; das Argument kann nicht überzeugen, da ...

WISSEN

Erweiterung/Ergänzung
Bei seinen/ihren Überlegungen bleibt unberücksichtigt, dass …

Zugeständnis
zugestehen; anerkennen; billigen; bekennen; gelten lassen

42 Notieren Sie jeweils zwei weitere Formulierungshilfen.

43 Lesen Sie nachfolgend den Beginn einer textgebundenen Erörterung und erläutern Sie die Funktion der einzelnen Versatzstücke für den Aufbau des Textes.

Beginn der Erörterung	Funktion
Mäder hat zweifelsohne Recht mit ihrer Feststellung, dass das Lesen eine „einmalige Kulturtechnik" (Z. 90) ist. Lesen bildet und erschließt einem die Welt, Lesen erweitert den geistigen Horizont und beflügelt die Fantasie, Lesen kann sogar glücklich machen. Dass Lesen darüber hinaus eine menschenverbessernde Kraft hat, schließt Mäder aus. Für sie gilt: „Bücher machen uns […] nicht besser" (Titel).	

44 Untersuchen Sie den Aufbau des folgenden Arguments, indem Sie dessen Versatzstücke nach dem abgebildeten Muster farblich markieren.

- Behauptung
- Begründung
- Beispiel
- Vertiefung (Folgerung, weiterführender Gedanke)

Die Rezeption literarischer Texte fördert sowohl die geistige als auch die ästhetische Bildung. Wer sich mit Literatur aus verschiedenen Epochen beschäftigt, taucht in die kulturelle Tradition eines Landes ein und entwickelt ein Gespür für die Fragen und Probleme, die vor Jahrzehnten oder auch vor Jahrhunderten besonders drängend waren. So geben die Gesellschaftsromane Theodor Fontanes einen lebhaften Einblick in die bürgerlichen Konventionen des 19. Jahrhunderts. Neben einer Erweiterung des geistigen Horizonts schult die Beschäftigung mit Literatur auch die ästhetische Wahrnehmung. Sprache wird nicht allein als bloßes Kommunikationsmittel verstanden, sondern wird selbst zum Gegenstand der Betrachtung. Gerade literarische Texte, die über den alltäglichen Sprachgebrauch hinausgehen, schärfen den Blick für die besondere Ausdruckskraft und die eigene Schönheit, die die Sprache entfalten kann. Wer beispielsweise romantische Gedichte von Eichendorff oder Brentano gelesen hat, weiß, wie bestimmte Gestaltungsmittel eingesetzt werden, um auch mit einfachen Worten komplexe Gefühle wie Einsamkeit oder Sehnsucht zu beschreiben. Diesen Bildungsaspekt klammert auch Claudia Mäder nicht aus, wenn sie auf Schillers Konzept verweist, wonach „der Kontakt mit guter Kunst das gesamte menschliche Wesen zu Höherem führen" (Z. 53 f.) kann. Im Gegensatz zum Ende des 18. bzw. dem Beginn des 19. Jahrhunderts ist diese Form der Bildung aber nicht mehr nur einer geistigen Elite vorbehalten, sondern durch die feste Verankerung des Literaturunterrichts in den Deutschlehrplänen allen jungen Menschen zugänglich.

45 Verbessern Sie folgenden Ausschnitt aus einer Argumentation. Markieren Sie hierzu die von Ihnen festgestellten Fehler und erläutern Sie diese. Überarbeiten Sie anschließend den Textauszug.

TIPP

Um unübersichtliche Aneinanderreihungen von Argumenten zu vermeiden und den gedanklich-logischen Zusammenhang Ihrer Argumentation zu verdeutlichen, müssen Sie die einzelnen Argumente inhaltlich und sprachlich sinnvoll verknüpfen und zu einer Argumentationskette ausgestalten (vgl. dazu den Wissen-Kasten „Argumentationskette ausgestalten" auf S. 42).

Argument (mit Fehlern)	**Art des Fehlers**
Die Annahme, dass häufiges Lesen zu einem besseren Verhalten führt, ist zu hinterfragen. Denn die allgemeine Erfahrung bestätigt, dass diejenigen, die mehr als andere lesen, nicht zwangsläufig hilfsbereiter sind. „Gut möglich, dass belletristische Werke […] Perspektivwechsel ermöglichen – mehr Sensibilität gegenüber dem Fremden muss daraus […] nicht resultieren.“ (Z. 79 ff.) Das liegt daran, dass eigene Erfahrungen, persönliche Vorbilder aus dem direkten sozialen Umfeld, aber auch gesellschaftliche Entwicklungen einen viel stärkeren Einfluss auf die Wertevorstellungen des Einzelnen haben als Bücher.	

46 Beurteilen Sie die nachfolgende Synthese. Begründen Sie Ihre Einschätzung.

> Machen uns Bücher wirklich nur reicher und nicht auch besser? Nein, Mäder greift mit dieser Einschätzung zu kurz. Denn die Leistung der Kulturtechnik Lesen lässt sich nicht auf die dominierenden Lesefunktionen Unterhaltung, Kommunikation und Information bzw. Bildung beschränken, sondern erstreckt sich auch auf die Förderung der Sozialkompetenz. Gegen diese Annahme spricht schon allein die empathiefördernde Wirkung des Lesens, welche die Leseforscherin Maryanne Wolf nachgewiesen hat.

47 Schreiben Sie eine Lösung zur der auf S. 50 angeführten Aufgabenstellung.

Test: Prüfungsaufgabe zum Thema „Internetkommunikation“

Aufgabe

a Arbeiten Sie Inhalt und Aufbau des Textes „Wo sind die Zwischentöne hin?“ von Cosima Schmitt heraus.

b Erörtern Sie die Position der Autorin, wonach die Kommunikation im Netz hinsichtlich der zwischenmenschlichen Verständigung zu einer Verarmung führt.

Der Schwerpunkt der Aufgabenstellung liegt auf Teilaufgabe **b**.

Text

ZEIT ONLINE

Cosima Schmitt: Wo sind die Zwischentöne hin?

Es reicht nicht mehr, Babys süß zu finden. Alles unter „meganiedlich!!!“ gilt auf Facebook als Beleidigung.

Ich kenne die Frau nicht. Ich habe sie nie gesprochen. Nicht ihre Katze vorm Lkw gerettet. Nicht ihr Geschäft vor der Pleite bewahrt. Ich habe ihr lediglich im Netz eine Kaffeedose abgekauft. Und doch gibt sie sich begeistert: „Alles superspitze!!!!!!!! 1.000 Sterne für Dich!!!!!!!!“.

Das Internet macht uns zu Übertreibern. Viele tun so, als hüpften sie ständig vor Freude auf und ab. Wir erleben gerade, wie Soziale Medien zu Instrumenten der Wut werden. Es gibt aber auch das andere Extrem: eine Zuckerwattewelt der ständigen Verzückung. Smileys werden darin so wahllos verteilt, dass es selbst ihrem Erfinder zu viel wird: Sie „verschmutzen alle Kommunikationskanäle der Welt“, klagte unlängst der amerikanische Informatiker Scott Fahlman. Am meisten genutzt wird dabei laut einer Studie nicht etwa das grinsende Standardsmiley, sondern eins, das sich vor Lachen kaum halten kann und Freudentränen vergießt.

Wer nicht als Griesgram gelten will, muss mitjauchzen. Alles unter „meganiedlich!!!“ gilt fast als Beleidigung. Ich will aber nicht jede struppige Katze bejubeln. Oder mir überlegen, wie ich diese Beutel für den Windeleimer lobe: „Tolle Passform“? – „Hauchzartes Plastik“? – „Die Windel hat sich sehr wohlgefühlt“? Ich will auch kein schlechtes Gewissen haben, wenn ich ein Hotel als „okay“ bewerte, weil es eben genau das war. Wo sind die Zwischentöne hin? Die Abstufungen? Warum gebärden wir uns im Internet, als wären wir selbst alle Smileys?

Das hat mit unserem Selbstbild zu tun. Wir gefallen uns in der Rolle eines Menschen, der sich generös mitfreut – an neuen Lovern, neuen Jobs, an Dschungeltouren und Foodies[1] vom Sechs-Gänge-Menü. Selbst wenn wir gerade mit Butterbrot im Büro sitzen, hinter Aktenbergen schwitzen und eigentlich das empfinden, was Hanna Krasnova, Social-Media-Forscherin an der Berliner Humboldt-Universität, als eine Grundstimmung der Facebook-Nutzer ausgemacht hat: Neid. Es heuchelt sich leicht, wenn man dabei niemandem in die Augen schauen muss.

Manchmal soll die Euphorie im Netz auch über Lieblosigkeiten hinwegtäuschen: etwa darüber, dass man sich nicht die Mühe macht, die alte Freundin zum Geburtstag anzurufen. Stattdessen postet man einen Gruß, rasch dahingetippt an der Bushaltestelle.

Oft soll auch ein Wirgefühl herbeigejubelt werden. In Eltern- oder Haustierforen blüht der Kitsch: Da heißt der Embryo dann „Bauchzwerg", gezeugt durch „herzeln". Und der greise Hunderüde stirbt nicht, er „geht über die Regenbogenbrücke". Eine Gemeinsamkeit – Mutter sein, einen Labrador halten – wird überbetont und emotional aufgeladen. Das kaschiert, wie fremd man sich sonst ist und im Grunde auch bleiben möchte.

Klar, dass dabei gerade das Ausrufezeichen eine Netzkarriere hinlegt: Es ist die Dramaqueen unter den Satzzeichen. Es reicht ihm nicht, einen Satz einfach nur zu beenden. Es bläst sich auf. Schreit einen an, mal klagend, mal jauchzend. „Mit einem Ausrufezeichen macht ein Schreiber sich wichtig: ‚Guck mal da! Ich verkünde dir etwas Großartiges!' Er möchte sich aus der Masse abheben", sagt Ursula Bredel, die an der Uni Hildesheim über Satzzeichen forscht. Dieses Bedürfnis sei im Netz besonders groß. Denn da gehe der eigene Beitrag leicht in der Masse unter.

Ich verstehe das gut; es nervt trotzdem. Ich werde nicht gern angebrüllt. Ich fühle mich veralbert, wenn mir jemand brisante News verspricht. Und dann nur mit „Frida hat Husten!" aufwartet. Oder wenn ich denke: Der Absender ist zu faul, um griffig zu formulieren. So, dass seine Worte von sich aus Eindruck machen. Etwas läuft schief, wenn alle sich mit den gleichen Mitteln von der Masse absetzen wollen. Wenn manche Posts inzwischen mehr Ausrufezeichen als Buchstaben enthalten. Wenn nur noch das hysterischste Smiley wahrgenommen wird. Wer alles toll findet, kann nicht mehr gewichten. Wenn wir jeder Urlaubsbekannten virtuell um den Hals fallen – was bleibt für die enge Freundin? Wenn jeder lahme Eintrag „genial" ist – wie zeigt man, dass einem etwas wirklich gefällt?

Übertriebene Zustimmung an sich tut niemandem weh. Aber man erkennt die Ähnlichkeit zu den Exzessen der Ablehnung, die auch mit Ausrufezeichen gespickt sind. Hier wie dort drängen die Emotionen hart ans Ende der Skala, ohne Rücksicht auf die Folgen. Ein harmloser Fehltritt, und die Netzgemeinde schnaubt vor Zorn. Ein unbedachtes Eingeständnis, schon bricht der Shitstorm los. Die „Empörungsjunkies", wie der Medienwissenschaftler Bernhard Pörksen sie nennt, sind wahrscheinlich dieselben Leute, die bei anderer Gelegenheit mit ihrer Begeisterung um sich werfen.

Denn letztlich ist beides, Shitstorm wie Smileyflut, Ausdruck des gleichen Phänomens: dass wir uns im Netz schriller und lauter geben, als wir es im Büro oder auf einer Party wären. Dass wir Kulturtechniken missachten, die wir im realen Leben durchaus beherrschen. Wer sagt schon „Du Volltrottel!“ zum schusseligen Kollegen? Oder haucht dem Verkäufer einen Kussmund zu, bloß weil der einem gerade Socken in eine Tüte packt?

Offenbar sind wir im Netz vor allem eins: überfordert. Wir mögen mit dem Smartphone längst Tisch und Bett teilen. Mehr Zeit in virtuellen Welten verbringen als auf dem Sportplatz oder im Café. Das heißt aber nicht, dass wir dem Medium gewachsen sind. Wir brauchen Augenkontakt, um zu spüren, wie unsere Worte wirken. Wie wir sie dosieren müssen, um andere zu erreichen, ohne ihnen auf die Nerven zu gehen.

Da hilft es wenig, dass sich allmählich das Instrumentarium verfeinert. Dass selbst die Facebook-Macher ahnen, dass der „Like“-Button allein der komplexen Welt nicht gerecht wird (wer likt schon gern „Oma ist tot“) und nun sechs neue Symbole vom liebenden Herzen bis zum wutroten Gesicht testen. Solange wir nicht umdenken, verändert das allenfalls Nuancen.

Vielleicht hilft es, sich daran zu erinnern, dass auch in der virtuellen Welt reale Menschen unterwegs sind. Wir sollten Leute nicht digital abknutschen, denen wir sonst kaum die Hand schütteln würden. Und Menschen nur Sätze schreiben, die wir ihnen auch ins Gesicht sagen würden. Wir sollten uns Zeit nehmen, bevor wir einen Kommentar, einen Tweet, einen Post absondern. Und nicht Sätze ins Netz werfen, die uns beim zweiten Durchlesen schon peinlich wären.

Ich zumindest habe mir jetzt mehr Nüchternheit verordnet. Der guten Freundin schicke ich weiterhin „allerliebste Grüße“. Beim losen Bekannten tut es auch ein schlichter „Gruß“. Auch werde ich künftig öfter wieder zum Telefon greifen: Eine Stille Nacht, in den Hörer gesungen, ist allemal herzlicher als jede Smiley-garnierte Post.

Quelle: Cosima Schmitt: Wo sind die Zwischentöne hin?, https://www.zeit.de/2015/52/ausrufezeichen-internet-uebertreibung-neid/komplettansicht, 23. 12. 2015, DIE ZEIT Nr. 52/2015

Anmerkung:

1 Foodies: *hier:* meist mit dem Smartphone gemachtes Bild, auf dem Essen zu sehen ist

Materialgestütztes Schreiben – Wie geht das?

Allgemeines

1 Die Aufgabenart

„Materialgestütztes Verfassen informierender bzw. argumentierender Texte“ gehört laut den nationalen „Bildungsstandards im Fach Deutsch für die Allgemeine Hochschulreife“ zu den sechs Aufgaben-Grundtypen und ist in der gymnasialen Oberstufe verpflichtend.
Für Sie bedeutet dies, dass Sie sich in der Oberstufe neben dem „textbezogenen Schreiben“ mit dieser Aufgabenart befassen und die Kompetenzen erwerben müssen, die für ihre Bearbeitung gefordert werden.

	textbezogenes Schreiben	materialgestütztes Schreiben
Aufgabenart	▪ Interpretation literarischer Texte ▪ Analyse pragmatischer Texte ▪ Erörterung literarischer Texte ▪ Erörterung pragmatischer Texte	▪ materialgestütztes Verfassen informierender Texte ▪ materialgestütztes Verfassen argumentierender Texte

In unterschiedlichen Aufgabenarten schreiben (Quelle: Bildungsstandards, S. 24)

Um Ihre Fähigkeiten zum materialgestützten Schreiben im Rahmen eines fortschreitenden Lernprozesses zu schulen, sollten Sie sich zunächst mit dem „Verfassen informierender Texte“ beschäftigen, bevor das „Verfassen argumentierender Texte“ trainiert wird.

Im Unterschied zur Auseinandersetzung mit literarischen Texten, die eine tiefgründige Analyse in inhaltlicher, sprachlicher und formaler Hinsicht verlangt, geht es bei dieser Aufgabenart darum, **Sachinformationen schnell zu erfassen, mit eigenem (Allgemein-)Wissen zu verknüpfen und in einen überzeugenden Schreibplan adressatenbezogen zu integrieren**. Solche Anforderungen erwarten Sie später sowohl im Studium als auch im beruflichen und gesellschaftlichen Leben – insofern handelt es sich um weit über die Schulzeit hinausreichende Kenntnisse und Fähigkeiten, die Sie hierbei erwerben.

In diesem Buch erhalten Sie umfangreiche Möglichkeiten, diese Aufgabenart zu trainieren. Hierzu dienen neben den folgenden Grundinformationen auch die beiden Übungsbeispiele auf S. 102 bzw. S. 124 und die selbstständig zu bearbeitenden Aufgaben auf S. 118 bzw. S. 143.

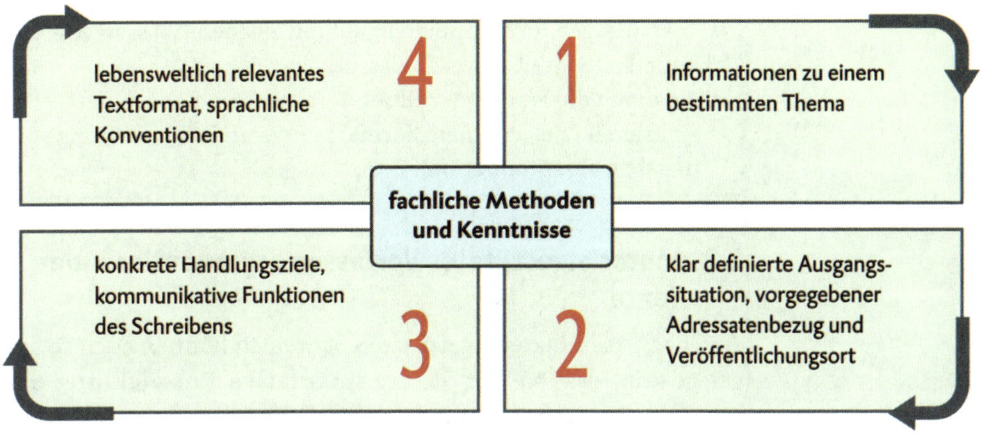

Orientierungspunkte des Schreibauftrags

2 Kompetenzziele in der Oberstufe

2.1 Materialgestütztes Verfassen informierender Texte

Ziel dieser Aufgabenart ist es, Leserinnen und Leser einer bestimmten Adressatengruppe über einen Sachverhalt so zu informieren, dass sie wesentliche Aspekte erfassen können. Indem aus **vorgegebenen Materialien Informationen entnommen** und **mit eigenem Wissen angereichert** werden, wird die Grundlage für die angestrebte Informationsübermittlung geschaffen. Diese erfolgt im Rahmen einer **simulierten Kommunikationssituation**, die durch die Aufgabenstellung vorgegeben wird (Beispiel: Es soll ein Lexikonartikel verfasst oder der Text für einen Flyer entworfen werden). Solche informierenden Texte beinhalten sowohl reine Aussagen zum Sachgegenstand/Thema als auch erläuternde Abschnitte, die das richtige und vollständige Verständnis aufseiten der Adressaten ermöglichen sollen.

WISSEN

Folgende Kompetenzen werden beim Verfassen eines informativen Textes gefordert:

- relevante Informationen der Texte des Materialpools erfassen (Textrezeption),
- Textaussagen umformulieren und mit eigenem Wissen verknüpfen (Schreibprozess anlassbezogen planen),
- ein durch die Aufgabenstellung vorgegebenes Schreibziel realisieren (zielgerichtete, formal sichere und stilistisch angemessene Textproduktion).

2.2 Materialgestütztes Verfassen argumentierender Texte

Aufgaben zum materialgestützten Schreiben können auch so angelegt sein, dass sie auf die **argumentative Entwicklung der eigenen Positionierung zu einer Problemfrage** abzielen. Häufig soll bei dieser Variante auch ein Vorschlag für einen Problemlösungsansatz gemacht oder ein Handlungskonzept vorgestellt werden.

Auch hier ist die Grundlage zunächst die Informationsentnahme aus einem komplexen Materialpool und die aufgabenbezogene Aufbereitung dieser Informationen. Anschließend gilt es, unter Bezug auf die Aussagen und Argumente anderer eine eigene Position zu vertreten und diese argumentativ schlüssig schriftlich darzulegen.

WISSEN

Folgende Kompetenzen werden beim Verfassen eines argumentativen Textes gefordert:

- relevante Informationen der Texte des Materialpools und hierbei fremde Standpunkte erfassen (Textrezeption),
- Textaussagen umformulieren und mit eigenem Wissen verknüpfen, hierbei eigene und fremde Standpunkte differenziert beurteilen (einen aus Informationen und Stellungnahme bestehenden komplexen Schreibprozess anlassbezogen planen),
- ein durch die Aufgabenstellung vorgegebenes Schreibziel realisieren sowie dabei die eigene Position formulieren und argumentativ vertreten (zielgerichtete, formal sichere und stilistisch angemessene Textproduktion).

3 Hinweis zur zeitlichen Planung

Da es sich beim materialgestützten Verfassen informierender und argumentierender Texte um einen sehr komplexen Vorgang handelt, ist es wichtig, sich die einzelnen Arbeitsschritte klug einzuteilen – auch in zeitlicher Hinsicht. Wie die zeitliche Planung bei einer Klausurendauer von 180 Minuten aussehen könnte, zeigt das folgende Schaubild. Dieses ist als Orientierungshilfe zu verstehen. Bedenken Sie, dass es auch Deutschprüfungen gibt, bei denen Ihnen teils weniger, oft aber auch mehr Zeit zur Verfügung steht. Daneben gilt, dass je nach eigenen Stärken und Schwächen der individuelle Zeitbedarf bei der Bearbeitung der einzelnen Arbeitsschritte variieren kann.

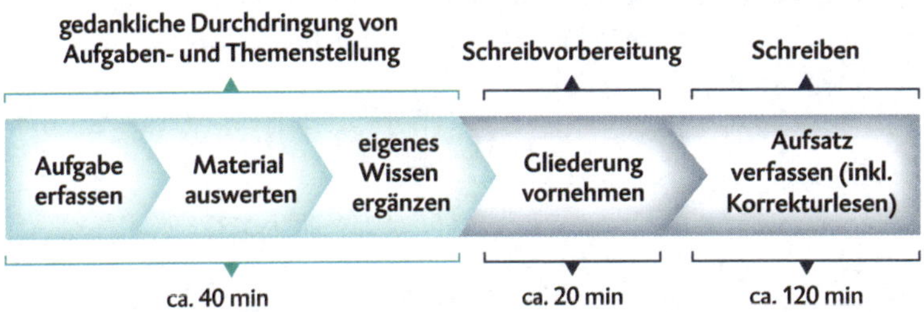

Materialgestütztes Schreiben – Schritt für Schritt

1 Die Aufgabenstellung erfassen

Video zur Aufgabenanalyse

Für eine **zielführende, aufgabenbezogene Sichtung des Materialpools** müssen Sie sich vorab bewusst machen, was von Ihnen bei der Produktion Ihres eigenen Textes verlangt wird. Nur dann sind Sie zu Folgendem in der Lage:

- Wichtiges von Unwichtigem zu trennen,
- die Materialien in der gebotenen zeitlichen Kürze zu sichten,
- den Texten zielgenau Elemente für Ihre Information bzw. Argumentation zu entnehmen,
- Ihren eigenen Text sinnvoll zu gliedern.

Arbeitsanweisungen
Achten Sie auf die **Verben in der Aufgabenstellung** – ihnen können Sie entnehmen, wie viele und welche Arbeitsschritte von Ihnen verlangt werden:

- informierende und erklärende Arbeitsschritte in informierenden Texten bzw.
- informierende, erklärende und wertende Arbeitsschritte in argumentierenden Texten.

BEISPIEL

Entnehmen Sie den Texten des Materialpools relevante Informationen …
- **und schreiben Sie** einen Beitrag … (informierender Text)
- **und beziehen** Sie in Form eines Leserbriefs **Stellung** … (argumentierender Text)

1.1 Thema erfassen

Machen Sie sich unbedingt klar, um welches **Sachthema** es sich handelt und worum es bei Ihrem eigenen Text gehen soll:

- Was ist das Hauptthema, über das ich informieren bzw. zu dem ich mich äußern soll?
- Aus welchem (Lebens-)Bereich stammt das Thema?
- Gibt es in der Aufgabenstellung eventuell Neben-/Unterthemen, die zu beachten sind?

BEISPIEL

Bei der Erörterung der Frage „Ware Luxus – Wahrer Luxus?" stellt die Beschäftigung mit dem Thema „Luxus" das Hauptthema dar; dabei spielen als Unterthemen sowohl ökonomische als auch ideelle Werte eine Rolle.

WISSEN

Mögliche Themenbereiche sind:

- Gesellschaft/Soziales
- Politik
- Sport
- Wirtschaft
- Ökologie
- Kultur
- Sprache
- Lesen/Literatur
- Medien

In einigen Bundesländern können ausschließlich fachbezogene Sachgegenstände wie „Jugendsprache", „Programmheftgestaltung zu einem Theaterstück" oder „Songtexte im Deutschunterricht" vorkommen.

1.2 Schreibziel erfassen

„Nur wer sein Ziel kennt, findet den Weg", wusste schon der chinesische Philosoph Laotse. Das gilt auch für Ihren Aufsatz. Machen Sie sich bewusst, was Sie mit Ihrem eigenen Text bezwecken wollen und wie Sie dieses Ziel am besten erreichen können:

- In welchem kommunikativen Zusammenhang steht mein Schreibauftrag?
- Was sind Anlass und Ziel? Sind diese evtl. schon unmittelbar aus der Aufgabenstellung zu erkennen?

1.3 Textsorte erfassen

Aus dem Unterricht kennen Sie unterschiedlichste **Textsorten**, die im Kommunikationszusammenhang verschiedene Funktionen besitzen und an die jeweils andere inhaltliche und stilistische Anforderungen gestellt werden.

WISSEN

Häufig geforderte Textsorten beim materialgestützten Schreiben:

- (Leser-)Brief
- Programmheftbeitrag/Theaterzettel
- Essay
- Vortrag
- Plakattext/Flyertext/Infobroschüre
- Kommentar
- Beitrag für (Schüler-)Zeitung
- Glosse

- Einen Text welcher Textsorte soll ich entsprechend der Aufgabenstellung selber schreiben?
- Was weiß ich über die Anforderungen, die an diese Textsorte gestellt werden, z. B. hinsichtlich …
  - Informationsgehalt und/oder eigener Meinungsäußerung,
  - objektiver oder subjektiver Ausrichtung,
  - äußerer Form,
  - stilistischer Gestaltung?

TIPP

Im Lösungsteil dieses Buches finden Sie Beispiele für unterschiedliche Arten von informierenden und argumentierenden Texten (formelles Schreiben, S. 210 ff..; Flyer, S. 213 ff.; Leserbrief, S. 230 ff.; Essay, S. 233 ff.).

1.4 Adressatenbezug erfassen

Die Beantwortung der Frage, für wen Sie Ihren Text verfassen sollen, hat vielfältige Auswirkungen auf die Ausrichtung und Gestaltung Ihres Textes, z. B. im Hinblick auf die Wortwahl, die Bildhaftigkeit, das allgemeine Sprachniveau oder den Anteil an Fremdwörtern.

- Wer sind meine Leserinnen und Leser?
- Gibt es bestimmte Merkmale und Eigenschaften, die sie von anderen unterscheiden, z. B. Alter, Geschlecht, Schulabschluss, Beruf o. a.?

Es macht einen deutlichen Unterschied, ob Sie einen Text für Gleichaltrige verfassen oder aber für eine Gruppe von Erwachsenen, die bereits über ein bestimmtes Sachwissen verfügen.

HINWEIS

Zusammenfassung: Aspekte zur Erfassung der Aufgabenstellung

2 Informationen entnehmen

Bevor Sie mit dem Schreiben beginnen, müssen Sie sich zunächst einmal einen Überblick über die verschiedenen Informationen und Meinungen verschaffen, die in den Materialien des vorgelegten Materialpools enthalten sind.

2.1 Richtige Lesestrategie anwenden

Von anderen Aufgabenarten sind Sie es gewohnt, mit der Ihnen bekannten Methode der Textanalyse an unbekannte neue Texte heranzugehen und diese einer ausführlichen Analyse und Interpretation zu unterziehen.

Eine tiefgründige Auswertung ist bei der Aufgabenart „materialgestütztes Schreiben“ weder gefordert noch möglich, da u. a. die Zeit hierfür gar nicht ausreicht. Vielmehr sollen Sie **die Texte lediglich als „Informationsquelle“** nutzen und das für die Aufgabenstellung bzw. das Thema Wesentliche und für Ihre Ausführung Brauchbare bei einem **„überfliegenden Lesen“** herausfiltern.

Folgende Fragen und Schritte helfen dabei:

- Welche Aussagen zum Thema enthalten die Materialien?

- Lassen sich unterschiedliche Positionen feststellen? Wenn ja: Welche sind es?
- Unterstreichen/Markieren von Kernbegriffen
- Schreiben von Stichpunkten an den Rand
- Prüfen von Autor und Quelle: Woher stammen sie? Lassen sich daraus Rückschlüsse auf ihre Glaubwürdigkeit ziehen?

2.2 Allgemeines zum Auswerten von Texten

Video zum Materialdossier

Im Materialpool dieser Aufgabenart befinden sich unterschiedlichste Texte. Bei deren Erfassung und Auswertung müssen Sie verschiedene Methoden anwenden. Hierbei besteht die Kunst darin, beim schnellen Lesen das Wesentliche der Texte zu erfassen und Brauchbares von nicht Relevantem zu trennen.

Folgende Fragen sind hilfreich:

- Welche Typen von Texten liegen im Materialpool vor?
- Welche methodische Vorgehensweise ist zu ihrer schnellen Erfassung notwendig (z. B. Lesen der Überschrift, Wahrnehmen nonverbaler Elemente, Unterstreichen von Schlüsselbegriffen)?
- Welche der Informationen, die in ihnen enthalten sind, gehören augenscheinlich zu meinem Thema?
- Welche Gegensätze oder gar Widersprüche sind in ihnen enthalten, die ich berücksichtigen muss?
- Andererseits: Was kann/muss ich ignorieren, da es nicht für meine Aufgabenstellung relevant ist?

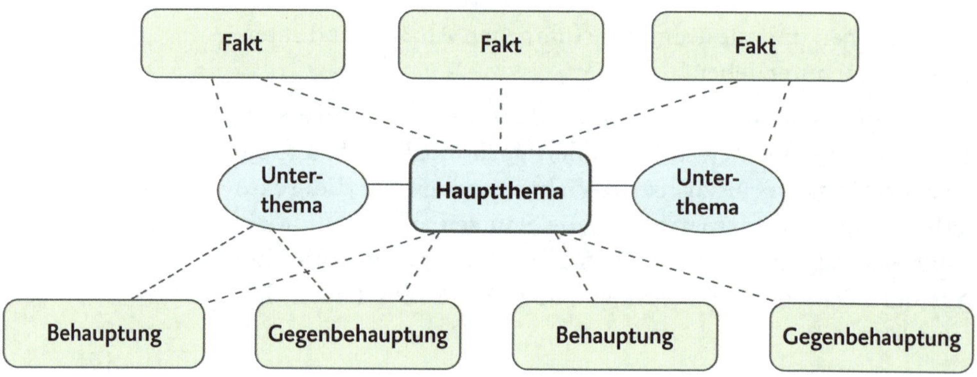

Hauptaussagen der Texte des Materialpools

2.3 Auswerten kontinuierlicher Texte

Grundsätzlich können in den Materialpools sowohl **Sachtexte** (auch genannt: pragmatische Texte, nichtfiktionale Texte) als auch **literarische Texte** (auch genannt: fiktionale Texte) enthalten sein. Aufgrund ihres größeren Aussagegehaltes überwiegen dabei zahlenmäßig die Sachtexte.

HINWEIS

Insbesondere bei Aufgabenstellungen, bei denen Themen aus dem Deutschunterricht aufgegriffen werden, können auch literarische Texte im Materialpool enthalten sein.

Sie werden in Ihren Materialpools ganz **unterschiedliche Textsorten** vorfinden. Um welche es sich handelt, können Sie mithilfe folgender Fragen schnell herausfinden:

- Handelt es sich um einen rein informierenden Text, z. B. einen Sachbericht oder einen Lexikonartikel?
- Ist es ein wertender/beurteilender Text, der ggf. auch Gegenpositionen enthält, z. B. ein Kommentar, eine Glosse oder ein Essay?
- Liegt ein appellativer Text vor, der die Leserinnen und Leser zu etwas auffordert, z. B. eine Rede oder ein Plakattext?
- Übertreibt der- oder diejenige, der bzw. die den Text verfasst hat? Will er oder sie provozieren, z. B. in Form einer Satire?

WISSEN

Ausdrucksmittel zur Verdeutlichung der Informations- oder Argumentationsabsicht in Texten

verbale Elemente

- rhetorische Mittel (vgl. S. 96)
- absichtlich gewählte Sprachebene
- Verwendung von Fachsprache

nonverbale Elemente

- Drucktypen und Schriftgrößen
- bildliche oder grafische Ergänzungen
- Icons

Mit folgenden Fragen können Sie schnell Wesentliches erfassen:

- Was ist das Hauptthema? Gibt es evtl. Unterthemen?
- Welches sind die markanten Begriffe/Fachbegriffe?
- Welchen Bezug zur Lebenswelt hat das Thema (ökonomisch, ökologisch, gesellschaftlich, kulturell o. a.)?
- Was besagt der Text z. B. bezüglich der Funktionsweise der dargestellten Technik, des Mediums o. a.? Was bezüglich der finanziellen, ökologischen o. a. Auswirkungen bei der Verwen-

dung/Anwendung? Was hinsichtlich einer Bewertung durch Dritte, die im Text genannt werden?
- An wen richtet sich der Text?
- Welche Aussageabsicht wird mit dem Text verfolgt?
- Wer ist der Verfasser bzw. die Verfasserin?
- Aus welcher Quelle stammt der Text?
- Was besagen Verfasser und Quelle bezüglich der Glaubwürdigkeit?
- Welche Informationen kann ich für meinen eigenen Text verwenden?

Die folgenden Textsorten kommen oft in Materialpools vor:

Texte aus Zeitungen/aus dem Internet
Die meisten Zeitungsartikel enthalten eine Mischung aus informierenden und wertenden Abschnitten. Diese weisen meistens **tagesaktuelle Bezüge zum Thema der Aufgabenstellung** mit lokalem, regionalem oder globalem Hintergrund auf. Für Ihre eigene Textproduktion können Sie diese Informationen oft im Zusammenhang mit Ihrer eigenen Wertung und Positionierung (vgl. „Kommentare“, „Blogs“) verwenden.

Folgende Fragen helfen bei der schnellen Erfassung der Textaussage(n):
- Wie lautet die Überschrift?
- Um welchen Themenaspekt handelt es sich?
- Enthält der Text eine Argumentationsstruktur? Wenn ja: Welche Argumente sind enthalten, wie werden sie gewichtet?
- Lassen Wortwahl und allgemeiner Sprachgebrauch bereits auf eine bestimmte Haltung schließen?
- Wer ist der Verfasser bzw. die Verfasserin?
- Aus welcher Quelle stammt der Text?
- Was besagen Verfasser und Quelle bezüglich der Glaubwürdigkeit?
- Was kann ich für meinen eigenen Text nutzen?

Kommentare
Ein Kommentar enthält die **subjektive Sicht des Verfassers/der Verfasserin**. Er oder sie möchte die eigene Meinung zu einem bestimmten Sachverhalt, zu einem Problem oder zu einer

Streitfrage äußern. In einem Kommentar wird in der Regel nicht auf einen bestimmten Text Bezug genommen.

Folgende Fragen helfen Ihnen bei der Erschließung dieser Textsorte:

- Worauf bezieht sich der Kommentar? Was ist das eigentliche Thema?
- Welche Argumente sind enthalten? Wie werden sie gewichtet?
- Werden die Argumente sachlich vorgetragen oder aggressiv, ironisch oder emotional gefärbt?
- Lassen Wortwahl und allgemeiner Sprachgebrauch bereits auf eine bestimmte Haltung schließen?
- Wer ist der Verfasser bzw. die Verfasserin?
- Aus welcher Quelle stammt der Kommentar?
- Was besagen Verfasser und Quelle bezüglich der Glaubwürdigkeit?
- Was von dem Kommentar kann ich für meinen eigenen Text nutzen?

Blogs (für Weblogs – aus Web + Log für Logbuch)
In dieser **Kommentar-Kurzform** bringen die Verfasser häufig sprachlich verknappt und zudem pointiert ihre Meinung zum Ausdruck. Aus einer größeren Anzahl von Blogs, die ein Element des Materialpools bilden können, lassen sich übereinstimmende oder unterschiedliche Sehweisen zum Thema besonders schnell ablesen.
Der Fragenkatalog stimmt mit demjenigen für Kommentare überein (s. o.).

Interviews
Diese werden in der Regel von einem oder einer Fragenden und einem oder mehreren Antwortgebern durchgeführt. Anlass für ein Interview ist entweder das Vorliegen einer Besonderheit, das Interesse an Bewertungen/Urteilen anderer oder häufig auch ein Problem oder ein Streitpunkt. Fragen Sie sich:

- Wer interviewt hier wen?
- Was ist über diese Personen und ihren Hintergrund bekannt?
- Was sind die Hauptargumente, die vorgetragen werden?
- Handelt es sich um rein informative Fragen/Antworten oder um solche, bei denen Meinungen erfragt/vertreten werden?

- Lassen sich aus Fragen bzw. Antworten bestimmte Sehweisen und Tendenzen der Bewertung erkennen?
- Was davon ist relevant für mein Thema?

Literarische Texte
Besonders bei der Aufgabenart „materialgestütztes Verfassen argumentierender Texte“ werden Sie ab und an einen literarischen Text finden. Dieser enthält im Unterschied z. B. zum rein informierenden Sachtext aufgrund seiner **rhetorischen Figuren** und inneren Strukturierung **subjektiv-wertende Elemente** des Autors/der Autorin, der bzw. die hierdurch eine bestimmte Sehweise und Position zum Ausdruck bringen möchte.

WISSEN

Bei dieser Aufgabenart meist vorkommende kurze literarische Texte

- Spruch/kurze Liste von Sprüchen
- Lied-/Songtext
- Fabel/Parabel
- Gegenwartsgedicht
- Essay

Mit folgenden Fragen können Sie schnell Wesentliches erfassen:

- Was ist das Hauptthema?
- Was lässt sich aus dem Titel ablesen?
- Welches sind die hervorstechenden Ausdrücke/Begriffe?
- Welchen Bezug zur Lebenswelt hat das Thema (ökonomisch, ökologisch, gesellschaftlich, kulturell o. a.)?
- Welche Aussageabsicht wird mit dem Text verfolgt?
- Wer ist der Autor bzw. die Autorin?
- Aus welcher Quelle stammt der Text?
- Was davon kann ich für meinen eigenen Text verwenden?

2.4 Auswerten diskontinuierlicher Texte

Bei **diskontinuierlichen Texten** (auch: nichtlineare Texte) handelt es sich nicht um Fließtexte, in denen Sätze lückenlos aufeinanderfolgen – daher der Begriff „diskontinuierlich“ (= unterbrochen, stückweise). Vielmehr sind sie Kombinationen aus bildlichen, grafischen und/oder tabellarischen mit sprachlichen Elementen. Informationen werden verkürzt dargeboten, oftmals werden sie im Rahmen einer subjektiven Darstellung herausgehoben.

WISSEN

Grundsätzliche Fragen an alle diskontinuierlichen Texte
Ihre Aufgabe besteht darin, die verbalen und nonverbalen Teilaussagen zu erfassen und ggf. für Ihren eigenen Text zu verwenden. Unabhängig vom jeweils vorliegenden diskontinuierlichen Text gelingt Ihnen dies schnell mithilfe folgender Fragen:

- Um welches Thema handelt es sich?
- Gibt die Überschrift bereits erste Hinweise hierauf?
- Welcher Zeitpunkt bzw. Zeitraum wird abgebildet?
- Aus welcher Quelle stammt die Information?
- Wer hat den Text herausgegeben oder verfasst?
- Besagen Quelle und/oder Verfasser bereits etwas über die Glaubwürdigkeit und Richtigkeit der Aussage?

Spezifische Fragen an einzelne diskontinuierliche Texte
Manche diskontinuierlichen Texte erfordern darüber hinaus **bestimmte Zusatzmethoden der Auswertung**. Die hierfür notwendigen Kompetenzen haben Sie in anderen unterrichtlichen Zusammenhängen und anderen Fächern bereits erworben. Im Folgenden finden Sie einige wesentliche Erschließungsfragen zur Wiederholung.

Diagramme
Zu den Diagrammen zählen u. a. **Balken-, Säulen-, Kurven-, Kreis- und Tortendiagramme**.

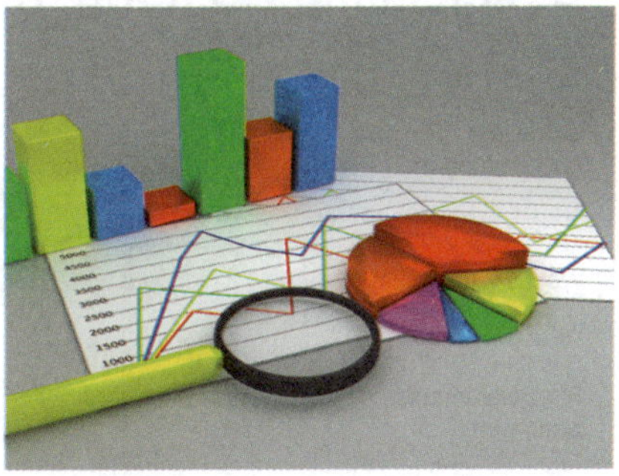

- Um welche Größeneinheiten/welchen Maßstab handelt es sich (absolute Zahlen, Prozentzahlen, Indexwerte)?
- Erfolgt die Einteilung der x- und y-Achse gleichmäßig oder wird durch eine unregelmäßige, willkürliche Achseneinteilung eine bestimmte optische Wirkung erzeugt?

Statistiken in Tabellenform
Statistisches Material kann Ihnen z. B. in Form einer Tabelle vorgelegt werden. Zur Auswertung von Tabellen sollten Sie sich folgende Fragen stellen:

- Um welche Größeneinheiten/um welchen Maßstab handelt es sich (absolute Zahlen, Prozentzahlen, Indexwerte)?
- Wann/wo liegen jeweils Maximum und Minimum vor?

- Gibt es Korrelationen zwischen Zahlen/Zahlenreihen?
- Welches Gesamtfazit kann ich bezogen auf die Überschrift formulieren?

BEISPIEL

Inhaltliche Verteilung der Internetnutzung

(Basis: Internet-Nutzer, n = 1 181)

	Kommunikation	Spiele	Informationssuche	Unterhaltung (z. B. Musik)
Gesamt	33 %	26 %	10 %	30 %
Mädchen	41 %	14 %	11 %	34 %
Jungen	29 %	34 %	10 %	28 %
12 – 13 Jahre	35 %	30 %	11 %	24 %
14 – 15 Jahre	31 %	30 %	10 %	29 %
16 – 17 Jahre	34 %	24 %	9 %	32 %
18 – 19 Jahre	33 %	26 %	11 %	30 %

Quelle: Thomas Rathgeb/Theresa Reutter/Sabine Feierabend: JIM 2019; Jugend, Information, Medien; Basisuntersuchung zum Medienumgang 12- bis 19-Jähriger in Deutschland; hrsg. vom Medienpädagogischen Forschungsverbund Südwest, S. 26

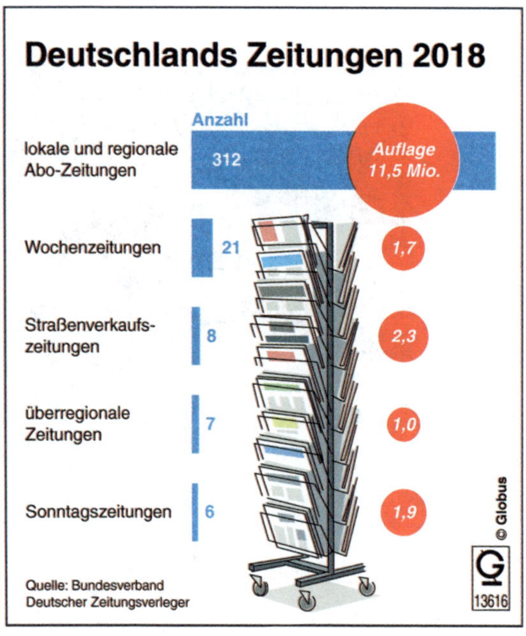

Schaubild/Infografik

Schaubilder oder Infografiken **kombinieren bildliche Elemente mit statistischen Daten**.

- Welche verbalen und nonverbalen Elemente enthält das Schaubild?
- Wie lassen sich die nonverbalen Elemente interpretieren?
- Was sagt die Materialüberschrift aus?
- Welche Größeneinheiten werden angegeben (absolute Zahlen, Prozentzahlen, Indexwerte)?
- Von wem stammt die Grafik?
- Welche Entwicklungen und Zusammenhänge lassen sich aus dem Schaubild ableiten?

Karikatur
Karikaturen drücken immer die **subjektive Sicht** des Karikaturisten aus. Überwiegend mittels **zeichnerischer Mittel** wird **Kritik** an etwas oder einer Person geübt.

Folgende Fragen sind bei der Auswertung hilfreich:
- Was ist der Hauptgegenstand der Karikatur?
- Was ist – für eine Karikatur typisch – übertrieben dargestellt?
- Welche zeichnerischen Mittel setzt der Karikaturist/die Karikaturistin ein?
- Welche verbalen und nonverbalen Elemente enthält die Karikatur?
- Welche Kritik verbirgt sich hinter der karikaturhaften Darstellung?

Foto/Bild
Ein Foto/Bild rückt die beabsichtigte Aussage optisch in den Blick.
- Was zeigt das Bild/der Bildausschnitt?
- Welche Perspektive wurde gewählt, welche weiteren fotografischen Darstellungsmittel und was bewirken sie?
- Welche indirekte Aussage ist im Bild enthalten?

2.5 Anfertigen von Abstracts

Unter einem „**Abstract**“ versteht man eine **Kurzzusammenfassung**, die die wesentlichen Aussagen des Textes enthält.

Die Anfertigung solcher Abstracts gehört nicht zu den Arbeitsschritten, die Sie im Rahmen einer Klausur in jedem Fall durchführen müssen. Sollte es dort erwartet werden, so wird dies in der Aufgabenstellung ausdrücklich verlangt.
Im Rahmen Ihrer Informationserfassung ist dies jedoch ein **hilfreicher Zwischenschritt**, der es Ihnen erlaubt, schnell und sicher das von Ihnen beim Lesen Erfasste und als relevant und nützlich Bewertete festzuhalten. So können Sie bei den folgenden Arbeitsschritten darauf zurückgreifen. Pro Text Ihres Materialpools sollten Sie ein Abstract verfassen.

BEISPIEL

Beispiel für ein Abstract (Bezugstext siehe S. 104 f.):

- Die Veröffentlichung von Texten in Leichter Sprache dient der Umsetzung der UN-BRK.
- Von Texten in Leichter Sprache können alle Menschen profitieren.
- Es gehört zu einer allgemeinen Erfahrung, von einem Text überfordert zu sein.
- Es gibt viele Beispiele für eine unnötig komplizierte Sprache.

Funktion

Mithilfe eines Abstracts erschließen Sie den Informationsgehalt eines Textes und halten diesen für Ihre weitere Bearbeitung bereit. Durch Abstracts reduzieren Sie die Textmenge Ihres Materialpools. Dies erlaubt Ihnen im Rahmen Ihres eigenen Schreibprozesses einen sicheren Zugriff und verringert die Gefahr, etwas zu vergessen.

Duktus

Die **stilistischen Anforderungen an ein Abstract** entsprechen bis auf den deutlich kürzeren Umfang und den Verzicht auf die Angabe von Titel, Erscheinungsjahr und Quelle denen einer Inhaltsangabe.

WISSEN

Anforderungen an ein Abstract
- rein inhaltliche Wiedergabe des Ausgangstextes
- keinerlei eigene Wertungen
- sachlich-neutral im Ton
- sprachliche Kennzeichnung fremder Wertungen und Urteile (indirekte Rede, Konjunktiv)
- im Präsens geschrieben
- ohne Titel, Erscheinungsjahr und Quelle

Umfang/Länge
Pro Abstract sollten Sie in Anbetracht des eigentlichen Arbeitsschwerpunktes und des Gesamtzeitrahmens in Klausuren und im Abitur nicht mehr als ein Viertel einer DIN-A4-Seite veranschlagen.

3 Einen Schreibplan erstellen

3.1 Stoff sammeln und durch Vorwissen ergänzen

Nachdem Sie während der ersten 40 Minuten die Aufgabenstellung richtig erfasst und den Texten des Materialpools die für Sie wichtigen Informationen entnommen haben, gilt es nun, Ihren eigenen **Schreibprozess vorzubereiten**. Hierfür ist es notwendig, dass Sie die **bisherige Stoffsammlung** (d. h. die aus dem Materialpool entnommenen Informationen) **anreichern** durch Ihr eigenes Vorwissen zum Thema bzw. zu einzelnen Teilthemen. Danach **erstellen Sie eine Übersicht**, die Ihnen später bei der Gliederung und beim Schreiben hilft.
Wenn es sich bei dem von Ihnen zu bearbeitenden Thema um ein fachbezogenes handelt, so haben Sie das übergeordnete Thema (z. B. Sprache, Medien, Theater, Literatur) im Unterricht bereits behandelt. Sollte es sich um ein nichtfachliches Thema handeln, wird es ein solches sein, zu dem Sie aufgrund von Aktualität oder Gegenwartsbedeutung Informationen und Kenntnisse besitzen werden.

Versuchen Sie mithilfe folgender Fragen einen Zugang zu finden:

- Welche Begriffe kommen mir spontan in den Sinn?
- Welche Themen wurden im Deutschunterricht oder in anderen Fächern im laufenden Quartal/Halbjahr bearbeitet, welche in den anderen Halbjahren der Oberstufe?
- Besitze ich weitere Kenntnisse aus meinem Privatleben (Allgemeinwissen, Informationen aus Medien, eigenes Hobby)?

Fertigen Sie auf Ihrem Konzeptpapier im DIN-A4-Format eine Tabelle, ein Cluster oder eine Mindmap an und erstellen Sie eine Übersicht; ordnen Sie dabei zusammengehörige Aspekte und Teilthemen entsprechend an. Berücksichtigen Sie dabei auch geeignete Beispiele und Zitate.

Erstellen einer Übersicht

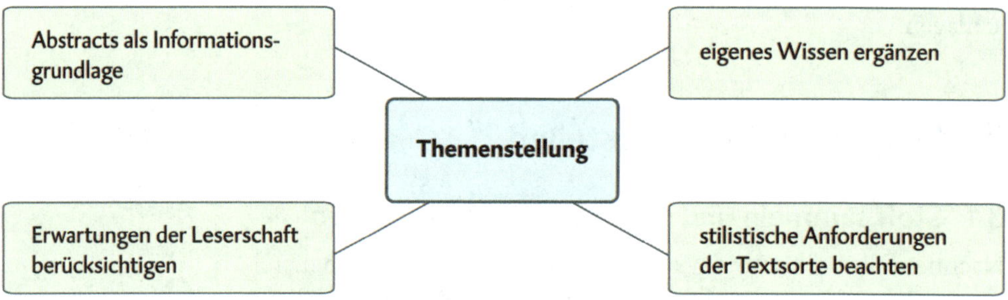

3.2 Schreibziel festlegen

In der Aufgabenstellung ist festgelegt, an wen Sie sich mit Ihrem informierenden bzw. argumentierenden Text wenden sollen – vergewissern Sie sich noch einmal dieser **Adressatengruppe** (vgl. S. 76 f.).

Folgende Fragen helfen bei der inhaltlichen und sprachlichen Ausrichtung Ihres Textes:

- Was erwarten die Leserinnen und Leser von meinem Text?
- Möchten sie sich z. B. über etwas Neues, Unbekanntes informieren?
- Oder möchten sie vor dem Hintergrund einer bereits begonnenen öffentlichen Diskussion meine eigene Meinung kennenlernen und diese wiederum für ihre Positionierung nutzen?

Informierender Text:

- Soll mein Text rein informierender Natur sein?
- Soll ich den Text überwiegend sachlich halten?
- Mit welchen Beispielen kann ich das Verständnis für die Sache bei den Leserinnen und Lesern unterstützen?
- Welche Erläuterungen benötigen die Leserinnen und Leser neben den bloßen Sachinformationen von mir?

Argumentierender Text:

- Welche Überschrift ist geeignet, Interesse für meine Ausführung zu wecken?
- Haben die einzelnen Argumente unterschiedliches Gewicht?
- Welche Reihenfolge, entsprechend dem Prinzip der Steigerung, ergibt sich hieraus?
- Welche Position beziehe ich zum Thema? Stimme ich den Aussagen einzelner Verfasser ganz, teilweise oder gar nicht zu?
- Mit welchen Argumenten begründe ich meine Position?
- Gibt es Gegenargumente, die ich entkräften möchte? Auf welche Begründungen stütze ich mich dabei?
- Wird von mir ein Lösungsansatz für das Problem erwartet?
- Gilt es, die Adressaten auf eine bestimmte Art und Weise „anzusprechen"?
- Wie kann ich Zusammenhänge, Gegensätzliches sowie die Übergänge zwischen den Textabschnitten sprachlich gestalten?
- Möchte ich pointiert oder gar provokativ Stellung beziehen?
- Welche Folgerungen/Konsequenzen ergeben sich hieraus hinsichtlich der Darstellungsweise (z. B.: Welche Stilmittel sind hierfür geeignet?)?
- Wie kann ich Kausalzusammenhänge, Gegensätzliches, Folgerungen oder Ziele sprachlich abwechslungsreich formulieren?

3.3 Textsorten-Anforderungen beachten

Bei der eigenen Textproduktion müssen Eigenschaften und Anforderungen der angestrebten **Textsorte** berücksichtigt werden. Im Folgenden werden die wesentlichen Eigenschaften von Textsorten, die Ihnen aus dem Deutschunterricht weitgehend bekannt sein dürften, noch einmal in Erinnerung gerufen.

Plakattext / Flyertext / Infobroschüre

Plakate können **sowohl rein informierenden als auch appellativen / argumentierenden Inhalt** aufweisen, **Flyertexte und Infobroschüren** haben meist informierenden Charakter.
Das größere Format beim **Plakat** erlaubt es, einzelne Textgruppen / Inhaltselemente hinsichtlich ihrer gegenseitigen Abhängigkeiten, Folgerungen u. a. durch nonverbale Elemente wie Pfeilsignaturen oder Farbgebung zu gestalten.

Ein **Flyer** wird in der Regel gefaltet, sodass nicht immer alle Textausschnitte gleichzeitig sichtbar sind. Dieser Aufbau macht es notwendig, die jeweils sichtbaren Textausschnitte deutlich zu gliedern und inhaltliche Bezüge mithilfe von Überleitungen, Textverweisen usw. sprachlich auszugestalten.

Während Infobroschüren bzw. informierende Plakat-/Flyertexte thematisch Relevantes enthalten, nicht aber persönliche Äußerungen von Ihnen als Verfasser bzw. als Verfasserin, müssen Plakate mit argumentierendem Charakter neben Informationen auch Ihre erkennbare eigene Meinung aufweisen und – handelt es sich um eine Problemfrage – auch Ihren Lösungsvorschlag bzw. Lösungsalternativen.

Leserbrief

Mit einem **Leserbrief** drücken Sie als Verfasser bzw. als Verfasserin im Rahmen eines argumentierenden Textaufbaus Ihre **persönliche Meinung** zum vorgegebenen Thema aus. Dabei beziehen Sie sich auf Informationen, die einzelne Texte vermitteln, oder auf Meinungsäußerungen, die andere getätigt haben. Ihre Möglichkeiten, hierauf zu reagieren, sind unterschiedlich: Sie können das Thema erweitern um Aspekte, die Ihnen zu fehlen scheinen; Sie können fremde Meinungen unterstützen, ihnen widersprechen oder neue Perspektiven in den öffentlichen Meinungsaustausch einbringen.

Kommentar

Mit einem **Kommentar** wollen Sie Ihre Leserinnen und Leser **mithilfe einer strukturierten Argumentation** dazu bringen, sich mit dem Sachverhalt auseinanderzusetzen und sich eine eigene Meinung zu bilden. Es gibt auch Kommentare, bei denen es darum geht, von der eigenen Meinung zu überzeugen. In einem Kommentar stellen Sie unterschiedliche Argumente und Meinungen vor, führen möglichst weitreichende Hintergrundinformationen an und ordnen das Thema in einen größeren Themen- und Sachkontext ein. Am Ende formulieren Sie Ihren eigenen Standpunkt.

Beitrag für die Abitur-/Schülerzeitung oder den Jahresbericht der Schule

Solche Beiträge können – je nach Aufgabenstellung – einen rein informierenden oder aber einen eher kritischen Charakter aufweisen.

Da es sich um eine spezielle **Adressatengruppe von Mitschülerinnen und Mitschülern** unterschiedlichen Alters handelt, müssen Sie deren Rezeptionsmöglichkeiten angemessen berücksichtigen. Das heißt: Ihr Text soll für Schülerinnen und Schüler der Unterstufe ebenso verständlich sein wie für Ihre Klassenkameraden.

Rede /Vortrag

Ein Redner bzw. eine Rednerin muss jederzeit das Ziel der eigenen Rede im Blick behalten: Entweder möchte er oder sie eine Botschaft übermitteln oder dazu auffordern, etwas zu tun. Dafür sind Appelle und eindringliche Worte notwendig. Je länger die Rede dauert, desto deutlicher soll die Redeabsicht werden: Zum Schluss hin steigt die Intensität, die Worte werden eindeutiger, die Ansprache direkter, der Aufruf unverkennbar.

Neben dem Aufbau der Rede sind bestimmte **rhetorische Mittel** geeignet, um die Redeabsicht zu unterstützen: Ausrufe unterstreichen die emotionale Befindlichkeit; Personalpronomen lassen ein Gemeinschaftsgefühl („wir“) entstehen oder kennzeichnen die Distanz z. B. zu Andersdenkenden; Anschaulichkeit entsteht durch Beispiele aus dem Erfahrungshintergrund der Adressaten; leicht zu erfassende Bilder erleichtern das Verständnis; verschiedene Formen der Wiederholung lassen das Gesagte eindringlich erscheinen; mit Übertreibungen soll die Wichtigkeit hervorgehoben werden, Imperative fordern die Rezipienten direkt zum Handeln auf (vgl. S. 96).

Essay

Französisch *essai* bedeutet „Versuch“. Wer einen **Essay** verfasst, versucht etwas: nämlich auf eine Problemfrage von zumeist gesellschaftlicher Relevanz eine Antwort zu geben. Dabei wird von Ihnen verlangt, einen meist kulturellen, gesellschaftlichen oder wissenschaftlichen Sachverhalt **in einem eher assoziativen als logisch durchstrukturierten Stil subjektiv** zu vermitteln. Es ist möglich und erlaubt, einzelne Besonderheiten und Teilaussagen zu formulieren, ohne dass diese immer in einem logischen (oder direkten) Zusammenhang mit anderen Textpassagen stehen und ohne dass sämtliche relevante Aspekte berücksichtigt werden müssen. **Assoziationen, Beschreibungselemente und Reflexionen wechseln einander ab** bzw. gehen ineinander über. Essays dürfen Gedankensprünge enthalten, Abschweifendes, Unstimmiges, Widersprüchliches, Emotionales. Deutlich erkennbar muss sein, welche eigene Position Sie bezüglich des vorgegebenen Themas einnehmen. Diese wird häufig pointiert oder gar provokant formuliert. **In einem Essay bringen Sie Ihre subjektive Sicht deutlich zum Ausdruck.**

3.4 Gliederung der Ausführung vornehmen

Sowohl informierende als auch argumentierende Texte erfordern eine übergreifende **Grobgliederung** nach dem Prinzip **Einleitung – Hauptteil – Schluss**. Planen Sie von Anfang an **Zwischenüberschriften** für den Hauptteil mit ein, mit denen Sie Ihre Ausführung sinnvoll nach thematischen Aspekten und ggf. Teilthemen untergliedern. Auf diese Weise ermöglichen Sie Ihren Leserinnen und Lesern einen einfacheren Mitvollzug der Sachverhalte bzw. Ihres gedanklichen Aufbaus.

Einleitung

Zu Beginn gilt es, durch eine geeignete Einleitung Interesse bei den Leserinnen und Lesern zu wecken. Dazu muss die Einleitung das Hauptthema und ggf. relevante Neben-/Unterthemen in den Blick rücken, die im weiteren Textverlauf behandelt werden.

WISSEN

Geeignete Einleitungen

- aktueller Anlass
- passende Redewendung, Zitat oder Sprichwort
- persönliches Erlebnis
- gewagte These

Hauptteil

Den Hauptteil **informierender Texte** können Sie in der Regel anhand der folgenden inhaltlichen Hauptgliederungspunkte gestalten:

A Einleitung	…
B Hauptteil	▪ Sachverhalt/Eigenschaften ▪ Ansatzpunkt/Anlass/Ursache der Auseinandersetzung mit dem Thema ▪ kritische Sichtweise von Begleiterscheinungen/Folgen
C Schluss	…

- Überlegen Sie, ob das auch bei Ihrer Themen- und Aufgabenstellung möglich ist; in diesem Fall können Sie diese Grobstruktur übernehmen.
- Ggf. untergliedern Sie den Hauptteil nach Unterthemen.
- Legen Sie nun fest, in welcher Reihenfolge Sie die gesammelten Teilthemen und Aspekte darstellen wollen. Hierbei helfen Ihnen die Markierungen, die Sie am Rand der Texte des Materialpools vorgenommen haben.
- Schreiben Sie die Aspekte stichwortartig mit Spiegelstrichen versehen untereinander.

Argumentierende Texte weisen häufig folgende Untergliederung des Hauptteils auf:

A Einleitung	…
B Hauptteil	▪ Problemaufriss ▪ Pro-/Kontra-Argumente ▪ eigene Schlussfolgerung/Forderung
C Schluss	…

Es gibt zwei Möglichkeiten, Pro- und Kontra-Argumente in Ihre Ausführung zu integrieren:

- Entweder führen Sie zunächst alle nicht Ihrer eigenen Sehweise entsprechenden Argumente an und lassen erst anschließend diejenigen Argumente nach dem Prinzip der Steigerung folgen, die Sie selbst vertreten (Motto: Wichtiges an den Schluss – denn das merken sich die Leserinnen und Leser am längsten).

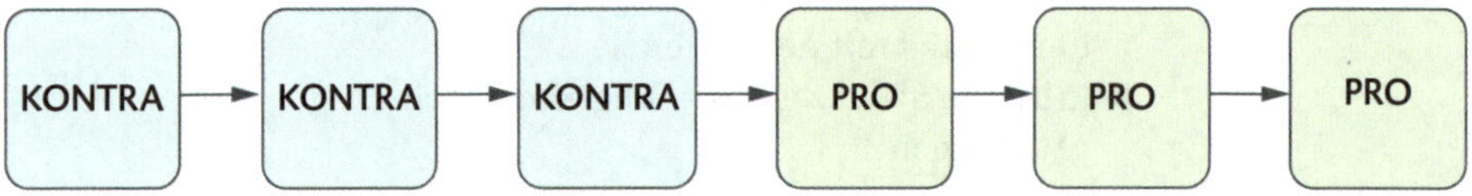

HINWEIS

Verschiedene Prinzipien zur Anordnung der Argumente werden auch im ersten Teil des Buches (S. 12) erläutert.

- Oder Sie stellen jedem Pro-Argument unmittelbar ein Kontra-Argument gegenüber, platzieren hierbei das von Ihnen vertretene Argument jeweils an der zweiten Stelle.

  Beginnen sollten Sie mit offensichtlichen Aussagen und Argumenten, die allen sofort einleuchten und die deshalb unstrittig sind. Anschließend sollten Sie nach und nach diejenigen Argumente und Aspekte in den Blick rücken, die eher neu und ungewohnt sind und über die sich die Leserinnen und Leser erstmals und ggf. länger Gedanken machen müssen.

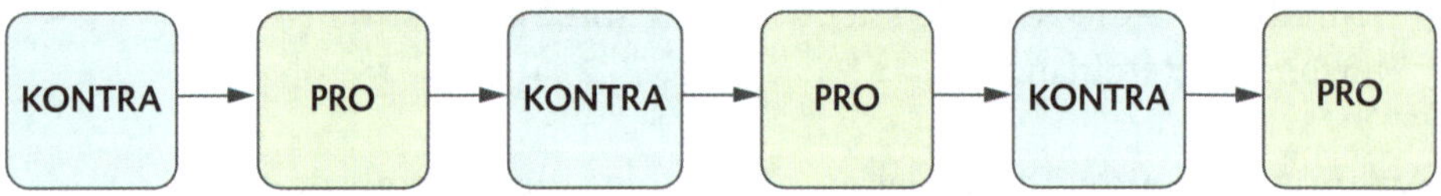

Schluss

Für den **Schluss** bietet sich z. B. ein **Ausblick** oder eine Einschätzung, aber auch ein **Appell**, ein **Aufruf** oder eine **Forderung** an.

- Ihre Gesamtausführung soll in einem Fazit enden, das die Sachdarstellung bzw. Ihre eigene Sehweise abschließend bündelt.
- Am Ende des informierenden Textes soll/muss das Thema so weit wie eben möglich dargestellt sein – überlegen Sie sich, wie Sie dies abschließend „auf den Punkt bringen".
- Legen Sie für argumentierende Texte Ihre eigene Position zum Thema fest.

4 Den Text schreiben

Nachdem Sie Ihren Schreibplan fertiggestellt haben, gilt es nun, den von Ihnen geforderten Text zu schreiben. Die beiden Aufgabenarten „**informierende Texte verfassen**" und „**argumentierende Texte verfassen**" weisen hierbei **neben inhaltlichen auch stilistische Besonderheiten bzw. Unterschiede** auf. Mithilfe der nachfolgenden Fragen treffen Sie Detailentscheidungen, wie Sie Ihren Text ausgestalten.

4.1 Einen informierenden Text schreiben

- Nennen Sie Fakten.
- Beschreiben Sie Sachverhalte möglichst konkret.
- Zeigen Sie sachliche Zusammenhänge auf.
- Benutzen Sie Schlüsselbegriffe, die den Sachverhalt eindeutig kennzeichnen.
- Verwenden Sie Fachbegriffe, wo immer möglich.
- Schreiben Sie objektiv und in der Standardsprache.
- Benutzen Sie keine wertenden (subjektiven) Adjektive.
- Benutzen Sie keine umgangssprachlichen Ausdrücke.
- Vermeiden Sie unübersichtliche, aus zu vielen Nebensätzen oder Verschachtelungen bestehende Satzkonstruktionen.
- Konstruieren Sie keine zu langen Sätze (max. 20 Wörter).
- Machen Sie deutlich, wo Sie die Meinung anderer wiedergeben, indem Sie indirekte Rede bzw. Konjunktiv verwenden.

4.2 Einen argumentierenden Text schreiben

- Zeigen Sie zunächst hinreichend umfangreich das Problem bzw. den Streitgegenstand auf.
- Halten Sie die von Ihnen gewählte Argumentationsstruktur ein (linear oder alternierend).
- Strukturieren Sie jedes einzelne Argument wie folgt: Behauptung – Begründung – Beispiel.
- Denken Sie an den „roten Faden", der Ihre einzelnen Argumentationselemente gedanklich miteinander verknüpfen soll.
- Unterstützen Sie Ihre Argumentation durch Beispiele.
- Verwenden Sie wesentliche Zitate aus dem Materialpool.
- Heben Sie jeweils Ihre eigenen Argumente durch rhetorische Mittel hervor. Im Folgenden finden Sie einen Überblick über wichtige sprachliche Gestaltungsmittel.

WISSEN

Rhetorische Mittel

- **Alliteration:** gleicher Anlaut aufeinanderfolgender Wörter
  Beispiel: *Spiel, Spaß, Spannung*
- **Anapher:** Wiederholung der Anfangswendung in aufeinanderfolgenden Sätzen, Versen, Strophen
  Beispiel: *Wir fordern, dass …*
  Wir fordern, dass …
- **Antithese:** Gegenüberstellung von Gegensätzlichem
  Beispiel: *heiß geliebt und kalt getrunken*
- **Ausruf:**
  Beispiel: *Oje!*
- **Euphemismus:** Beschönigung
  Beispiel: *entschlafen* (anstelle von sterben)
- **Hyperbel:** Übertreibung
  Beispiel: *ein Mund groß wie ein Scheunentor*
- **Ironie:** Es ist etwas anderes gemeint als gesagt.
  Beispiel: *Das ist aber ein ganz Schlauer!*
- **Klimax:** Steigerung
  Beispiel: *In jeder Partei gibt es Eifrige, Übereifrige und Allzueifrige.*
- **Metapher:** bildhafter vergleichender Ausdruck, einem anderen Bedeutungsbereich entnommen, ohne „wie" (vgl. Vergleich)
  Beispiel: *Er ist ein Löwe!*
- **Neologismus:** Wortneuschöpfung
  Beispiel: *Aufschieberitis*
- **Parallelismus:** gleichartiger Satzbau
  Beispiel: *Heiß ist die Liebe, kalt ist der Schnee.*
- **Personifikation:** Vermenschlichung eines Gegenstandes
  Beispiel: *Kunst und Wissenschaft gehen Hand in Hand.*
- **Rhetorische Frage:** Scheinfrage
  Beispiel: *Wer glaubt denn das noch?*
- **Symbol:** Sinnbild
  Beispiel: *Taube* (für Frieden)
- **Vergleich:** zur Erhöhung der Anschaulichkeit
  Beispiel: *Er ist stark wie ein Ochse.*
- **Wiederholung:** mehrfaches Vorhandensein eines sprachlichen Elementes (vgl. Alliteration, Anapher, Parallelismus)
  Beispiel: *Gut, richtig gut hast du das gemacht, wirklich richtig gut!*

- Setzen Sie beim Essay gezielt unterschiedliche Elemente der Textproduktion ein, z. B. deskriptive, narrative, expressive, reflexive, appellative.
- Je subjektiver Ihr Text aufgrund der vorgegebenen Textsorte sein darf, desto individueller sollten die von Ihnen gewählten Stilmittel sein, z. B. bei einem Essay:
  - das Spiel mit dem Klang von Wörtern bei der Wortwahl zum Beispiel durch Rückgriff auf Alliterationen,
  - Ironie und Wortwitz, häufig hervorgerufen durch Antithesen oder bewusst fehlerhaften Wortgebrauch,
  - eigene Wortneuschöpfungen,
  - Anspielungen auf Texte des Materialpools, ohne dass Sie die dortige Argumentation vollständig aufgreifen.
- Strukturieren Sie Ihre Ausführung auch optisch, indem Sie z. B. jedes Argument mit einem neuen Absatz beginnen.

4.3 Texte ansprechend gestalten

- „Wecken“ Sie bereits durch eine prägnante Überschrift und durch Ihre Einleitung das Interesse Ihrer Leser, indem Sie z. B. ein überraschendes Sachdetail präsentieren (informierender Text) oder ein pointiertes Statement abgeben (argumentierender Text).
- Veranschaulichen Sie allgemeine Aussagen, indem Sie Beispiele hinzufügen.
- Schreiben Sie klar und deutlich, indem Sie u. a. zu lange Satzgefüge vermeiden (nicht mehr als zwei Nebensätze; nicht zu verschachtelt).
- Vermeiden Sie Doppelungen bei der Wortwahl, benutzen Sie Synonyme statt Wiederholungen (z. B. bei Kausalzusammenhängen nicht immer *„weil“*, sondern abwechselnd *„da“*, *„weswegen“*, *„weshalb“*, *„aufgrund …“*, *„infolge …“*).
- Gestalten Sie die Satzkonstruktionen abwechslungsreich, indem Sie z. B. die Reihenfolge der Satzglieder variieren.
- Gestalten Sie Ihre Ausführung syntaktisch lebendig, indem Sie z. B. ab und zu gezielt kurze Hauptsätze bei wesentlichen Aussagen wie Thesen benutzen.
- Setzen Sie bewusst rhetorische Mittel ein, z. B. Bilder oder rhetorische Fragen. Letztere sprechen die Leserinnen und Leser quasi direkt an und wecken besonderes Interesse an dieser Stelle.

- Fügen Sie von Zeit zu Zeit prägnante, nicht zu lange Zitate ein.
- Nominalstil wirkt distanziert und auf Dauer ermüdend – setzen Sie stattdessen auf Verben, da diese lebendiger wirken. (z. B. nicht: *„Das Aufstellen von Wahlplakaten durch Mitarbeiter der Parteien mitten in der Nacht in der Kirchstraße rief bei den Bewohnern Protest hervor.“*; sondern: *„Die Bewohner der Kirchstraße protestierten dagegen, dass mitten in der Nacht Mitarbeiter der Parteien Wahlplakate aufstellten.“*)
- Verdeutlichen Sie Zusammenhänge zwischen Sätzen und Sachverhalten durch Konjunktionen wie *„weil“*, *„obwohl“* oder Adverbien wie *„deshalb“*, *„trotzdem“* u. a.
- Nutzen Sie die Möglichkeiten des Layouts, fügen Sie ausreichend Zwischenüberschriften und Absätze ein.

5 Den Text überarbeiten

Nachdem Sie Ihren Text fertig geschrieben haben, sollten Sie ihn einer letzten Überprüfung unter inhaltlichen, stilistischen und formalen Gesichtspunkten unterziehen.

Die folgende Checkliste hilft Ihnen dabei, alle relevanten Überprüfungsaspekte in den Blick zu nehmen:

Aspekte	ja	teil-weise	nein	weiß nicht
Inhalt				
▪ Habe ich die Textsorten-Anforderungen beachtet?	☐	☐	☐	☐
▪ Habe ich eine ansprechende Überschrift gewählt?	☐	☐	☐	☐
▪ Habe ich alle Sachaspekte berücksichtigt (vgl. Schreibplan)?	☐	☐	☐	☐
▪ Habe ich einen stimmigen Aufbau gewählt?	☐	☐	☐	☐
▪ Ist ein „roter Faden" erkennbar?	☐	☐	☐	☐
▪ Habe ich treffende Fachbegriffe verwendet?	☐	☐	☐	☐
▪ Habe ich Argumente durch Beispiele und Zitate abgesichert?	☐	☐	☐	☐
▪ Wurde mein eigener Standpunkt deutlich (argumentierender Text)?	☐	☐	☐	☐
Sprachliche Richtigkeit				
▪ Habe ich eine angemessene Sprachebene gewählt?	☐	☐	☐	☐
▪ Ist meine Aussage zum Sachgegenstand verständlich?	☐	☐	☐	☐
▪ Ist mein Ausdruck präzise und überzeugend?	☐	☐	☐	☐
▪ Ist meine Wortwahl variabel und zielgerichtet?	☐	☐	☐	☐
▪ Habe ich Wiederholungen vermieden?	☐	☐	☐	☐
▪ Habe ich den Satzbau abwechslungsreich gestaltet?	☐	☐	☐	☐
▪ Habe ich überzeugende rhetorische Mittel verwendet, um meine Aussageabsicht zu unterstreichen?	☐	☐	☐	☐
Formale Richtigkeit				
▪ Sind meine Rechtschreibung und Zeichensetzung fehlerfrei?	☐	☐	☐	☐
▪ Habe ich korrekt zitiert?	☐	☐	☐	☐
Äußere Gestaltung				
▪ Habe ich das Deckblatt schulkonform gestaltet?	☐	☐	☐	☐
▪ Habe ich die standardbezogenen Layout-Regeln beachtet?	☐	☐	☐	☐
▪ Habe ich durch Trennen den Rand beachtet?	☐	☐	☐	☐
▪ Habe ich die Fußnoten durchnummeriert und am Ende des Aufsatzes platziert?	☐	☐	☐	☐

Materialgestütztes Verfassen informierender Texte

Übungsaufgabe zum Thema „Leichte Sprache“

Immer mehr Behörden und öffentliche Einrichtungen legen Wert darauf, als zusätzliches Informationsangebot auch Texte in Leichter Sprache zu veröffentlichen.

Mit diesem Sprachkonzept beschäftigen Sie sich derzeit im Deutschunterricht im Rahmen des Themas Sprachvarietäten. In Ihrem Kurs fällt der Vorschlag, wichtige Texte wie etwa die Beschreibung des Schulprofils oder Rundbriefe in Zukunft auch in Leichter Sprache auf der Schulhomepage zur Verfügung zu stellen. Sie erklären sich bereit, ein informierendes Schreiben zu verfassen, das an die Mitglieder der Schulkonferenz[1] adressiert ist. In diesem Gremium soll der Vorschlag Ihres Deutschkurses beim nächsten Treffen diskutiert werden.

1 Die Schulkonferenz setzt sich zu je einem Drittel aus Lehrer-, Eltern- und Schülervertretern zusammen. Das Gremium entscheidet über Angelegenheiten, die die ganze Schulgemeinde betreffen.

Aufgabe

Verfassen Sie auf Grundlage der gegebenen Materialien sowie Ihrer Kenntnisse aus dem Unterricht ein Schreiben an die Schulkonferenz, in dem Sie …

- einleitend kurz den Vorschlag Ihres Deutschkurses vorstellen,
- das Konzept der Leichten Sprache umfassend erläutern und mögliche Kritikpunkte daran aufzeigen,
- abschließend Gründe für Ihren Vorschlag darlegen.

(Textlänge: ca. 600 Wörter)

Material 1

Gudrun Kellermann:
Leichte und Einfache Sprache – Versuch einer Definition

Leichte Sprache rückt in Deutschland zunehmend ins öffentliche Bewusstsein. Immer mehr Internetauftritte, Broschüren und Flyer werden in Einfacher Sprache gestaltet. Leichte Sprache, Einfache Sprache – ist es dasselbe? Oft werden beide Begriffe synonym verwendet. Da Leichte Sprache kein geschützter Begriff ist, kommen unterschiedliche Regeln zum Einsatz. Leichte Sprache im Sinne der UN-Behindertenrechtskonvention (UN-BRK) hat das Ziel, Menschen mit Leseschwierigkeiten die Teilhabe an Gesellschaft und Politik zu ermöglichen. Sie folgt bestimmten Regeln, die unter maßgeblicher Mitwirkung des Vereins Mensch zuerst entwickelt wurden, und zeichnet sich unter anderem durch kurze Hauptsätze aus, weitgehenden Verzicht auf Nebensätze, die Verwendung von bekannten Wörtern, während schwierige Wörter erklärt werden. Das Schriftbild sollte klar, ohne Schnörkel (Serifen) und ausreichend groß sein. Nach jedem Satzzeichen sowie bei sinnvollen Satzabschnitten wird ein Absatz gemacht. Die Optik von Bild und Schrift muss übersichtlich sein. Farben sind eher sparsam einzusetzen. Einfache Illustrationen sind besser als Fotos, auf denen zu viele Details zu sehen sind. […]

Einfache Sprache ist komplexer. Auch schwierigere Begriffe werden benutzt. […] Anders als bei der Leichten Sprache gibt es für die Einfache Sprache kein Regelwerk. Sie ist durch einen komplexeren Sprachstil gekennzeichnet. Die Sätze sind länger, Nebensätze sind zulässig und sämtliche im Alltag gebräuchlichen Begriffe werden als bekannt vorausgesetzt. Fremdwörter sollten allerdings auch hier nach Möglichkeit vermieden werden, ansonsten sind sie zu erklären. Nach Satzzeichen und Satzabschnitten muss nicht zwingend ein Absatz folgen, solange der Text überschaubar bleibt. Auch das optische Erscheinungsbild von Schrift und Bild ist weniger streng geregelt. Texte in Einfacher Sprache sind für viele Menschen hilfreich, etwa für Menschen mit Lese- und Rechtschreibschwäche, Menschen mit Hirnverletzungen, ältere Menschen und hörbehinderte Menschen mit geringerer Lautsprachkompetenz, Menschen mit geringen Deutschkenntnissen, Lernende einer Fremdsprache oder auch Touristinnen und Touristen. Selbst Menschen, die nicht zu den genannten Zielgruppen gehören, können von Einfacher beziehungsweise Leichter Sprache profitieren, wie eine Nutzerin der Leichten Sprache unterstreicht: „Bei einer Veranstaltung in Berlin erklärte ein Bundestagsabgeordneter, dass er regelmäßig ganz kurzfristig viele Texte und Entwürfe lesen und durcharbeiten muss. Einmal war er so sehr unter Zeitdruck, dass er froh war, dass es den Text auch in Leichter Sprache gab.“ […]

Quelle: Gudrun Kellermann: Leichte und Einfache Sprache – Versuch einer Definition?, https://www.bpb.de/apuz/179341/leichte-und-einfache-sprache-versuch-einer-definition, 19. 02. 2014

Material 2

Valentin Aichele: Leichte Sprache – Ein Schlüssel zu „Enthinderung“ und Inklusion

Die inklusive Gesellschaft ist ein fernes Ziel. Mit dem Übereinkommen der Vereinten Nationen über die Rechte von Menschen mit Behinderungen (UN-Behindertenrechtskonvention, UN-BRK) hat Deutschland einen Schub in die richtige Richtung erhalten: Menschen mit Behinderungen sollen ihre Menschenrechte gleichberechtigt ausüben und die volle und wirksame Teilhabe in der Gesellschaft genießen. In Leichter Sprache lassen sich die Ziele der Konvention wie folgt zusammenfassen:

- Frauen, Männer und Kinder mit Behinderungen dürfen nicht schlechter behandelt werden.
- Sie haben die gleichen Rechte wie alle anderen Menschen.
- Überall auf der Welt.
- Menschen mit Behinderungen sollen ihre Rechte nutzen.
- Deshalb sollen sie selbst über ihr Leben bestimmen.
- Deshalb sollen sie überall dabei sein.
- Deshalb sollen Menschen mit Behinderungen die Unterstützung und Hilfe bekommen, die sie brauchen.

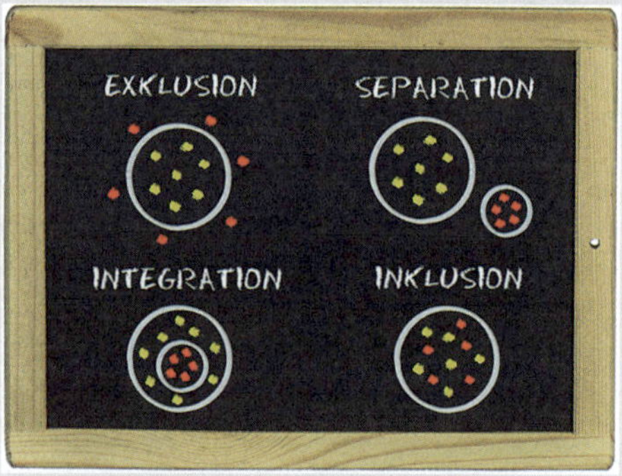

Der Staat hat sich zu geeigneten Schritten verpflichtet, die Rechte von Menschen mit Behinderungen einzuhalten, umzusetzen und den erforderlichen gesellschaftlichen Wandel zu organisieren. Auf dem Weg zur „enthinderten“ und inklusiven Gesellschaft sind zahlreiche Barrieren abzubauen und mehr Möglichkeiten für echte gesellschaftliche Teilhabe für Menschen mit Behinderungen zu schaffen. Bei der Enthinderung und Inklusion spielt auch Leichte Sprache eine wichtige Rolle. Zahlreiche Menschen, darunter auch Menschen mit Behinderungen, verstehen schwere Sprache nicht – ihnen kann Leichte Sprache wie ein Schlüssel die Tür zum Verständnis öffnen. [...]

Leichte Sprache richtet sich nicht an eine gesellschaftlich abgrenzbare Gruppe, sondern an alle Menschen. Die Idee ist, die deutsche Sprache so zu verwenden, dass sie von allen besser verstanden wird. Texte in Leichter Sprache erfreuen sich allgemein wachsender Beliebtheit. Für einige Personengruppen indes bietet Leichte Sprache entscheidende neue Möglichkeiten, um sich Zugänge zu gesellschaftlichen Bereichen zu verschaffen. Das gilt eben nicht nur für Menschen mit Behinderungen wie beispielsweise Menschen mit Lernschwierigkeiten, mit Lern- oder einer geistigen Behinderung, wie auch immer sie sich selbst bezeichnen mögen, sondern auch für Menschen mit eingeschränkten Deutschkenntnissen oder Deutsch als Fremd- und Zweitsprache, ältere Menschen und Jugendliche. Auch manche gehörlose Menschen berichten von den großen Vorteilen, die Leichte Sprache für sie hat. [...]

Alle Menschen stoßen bei Sprache irgendwann an die Grenze von Verständnis und Verständigung. Es muss nicht gleich die Kritik der reinen Vernunft von Immanuel Kant oder eine wissenschaftliche Abhandlung der Relativitätstheorie sein. Auch das alltägliche „Beamtendeutsch" gehört der schweren Sprache an und ist oftmals kaum verständlich: Wer hat es nicht schon erlebt, dass Formulare, die zum Beispiel Behördenvorgänge erläutern, sich einem nicht erschließen? Unklar bleibt, wohin man sich in solchen Fällen wenden kann.

In vielen Lebensbereichen müssen wir heute mit schwerer Sprache zurechtkommen. Dinge werden schwer gesagt und schwer geschrieben, obwohl sie auch leicht gesagt und leicht geschrieben werden könnten. Etwa bei der gesundheitlichen Aufklärung, wenn der Arzt oder die Ärztin komplizierte medizinische Begriffe benutzt, oder wenn uns der Beipackzettel eines Medikaments über Risiken und Nebenwirkungen im Unklaren lässt, weil wir den Text nicht verstehen. Gebrauchsanleitungen von Haushaltsgeräten sind häufig in Minimalgröße gedruckt und in vielen Fällen verwirrend. Texte aus der Wissenschaft oder Fachvorträge sind kompliziert und langatmig. Den Nachrichten des Tages zu folgen oder die überregionale Tageszeitung zu lesen, ermüdet – schon deshalb, weil Medienschaffende häufig viele Fremdwörter bemühen. Schwere Sprache ist also für viele Menschen eine nahezu unüberwindbare Hürde, Inhalte eines Textes zu verstehen. Das schränkt ihre Handlungsmöglichkeiten ohne Not ein. Leichte Sprache dagegen ist ein Ansatz, um diese Grenzen des Verständnisses von Informationen nicht künstlich eng zu halten, sondern auszuweiten und neue Zugänge zu erschließen. [...]

Quelle: Valentin Aichele: Leichte Sprache - Ein Schlüssel zu „Enthinderung" und Inklusion, https://www.bpb.de/apuz/179345/leichte-sprache-ein-schluessel-zu-enthinderung-und-inklusion?p=all, 19. 02. 2014

Material 3

Neue Zürcher Zeitung

Rainer Bremer: Schlimmer als Realsatire

Ein Interview von Tobias Ochsenbein, veröffentlicht am 08. 09. 2014

Der Bildungsexperte Rainer Bremer kritisiert die „Leichte Sprache" als bildungsfeindlich und befürchtet eine Abwertung der sprachlichen Bildung.

Für Menschen mit Leseschwierigkeiten gibt es die „Leichte Sprache". Was halten Sie davon?
Solange sie Menschen mit einzelnen identifizierbaren Lernschwächen, die aber kognitiv stark sind, den Zugang zu Fachliteratur erleichtert, ist dem nichts entgegenzustellen. Wenngleich der „Leichten Sprache" sehr harte Grenzen zu setzen sind. Man muss besonders aufpassen, für was diese eingesetzt wird. Denn normalerweise stehen die Sprache und die verwendeten Begriffe im direkten Verhältnis zu dem Gegenstand, den sie beschreiben sollen.

Was meinen Sie damit?
Nehmen wir ein Gesetzbuch: Dort stehen wesentliche Paragrafen, die unser aller Leben in Gut und Böse aufteilen. Und das in einer so schlichten Sprache, dass man es an Klarheit kaum mehr überbieten kann. Da werden Schutzklauseln, Schutzinteressen, persönliche oder wirtschaftliche Interessen usw. geregelt. Komplizierte Dinge, die das öffentliche Leben ordnen.

Die meisten Texte, die für den Alltag wichtig sind, sind nicht in „Leichter Sprache" verfasst: Formulare, Beipackzettel.
Natürlich gibt es kompliziertere Texte, etwa solche, die doppelte Verneinungen enthalten. Ich bestreite nicht, dass man einen erleichterten Zugang zu Texten erzielt, wenn man auf solche Konstrukte verzichtet. Ein Gerücht, das die Verfechter der „Leichten Sprache" aber gerne in die Welt setzen, ist, dass sogenanntes Beamtendeutsch unnötigerweise kompliziert wäre. Das stimmt nicht.

Die Probleme, die Menschen mit Leseschwäche und Verständnisproblemen haben, löst die „Leichte Sprache" nicht?
Wem es gelingt, komplizierte Sachverhalte in schlicht erscheinender Sprache zu formulieren, wird feststellen, dass bestimmte Menschen trotzdem nicht verstehen, worum es geht. Und den Menschen, die Dinge von sich aus nicht verstehen, können diese nicht durch „Leichte Sprache" plötzlich zugänglich gemacht werden. Vereinfacht man einen Text, ändert das immer auch etwas an seinem Wesen. Ich bin der Überzeugung, dass die meisten Menschen das nicht wollen. Ich sehe darum das grösste Problem in der Verbreitung des Glaubens, es wäre alleine die Sprache, an der man etwas ändern müsste, um diesen Menschen Zugang zum öffentlichen Leben zu ermöglichen.

Sie glauben also, dass das pädagogische Konzept der „Leichten Sprache“ falsch ist?
Ich nenne Ihnen ein Beispiel aus Bremen: Eine von der Landesregierung autorisierte Stelle hat den Auftrag, das Beamtendeutsch in „Leichte Sprache“ zu übersetzen. Nun möchte jemand, der politisch uninformiert ist, weil er vielleicht geistig behindert ist, wissen, was der Bürgermeister in Bremen eigentlich macht. Der kriegt dann gesagt: „Der Bürgermeister regiert im Rathaus. Er hat ungefähr 500 Mitarbeiter. Den Mitarbeitern sagt er jeden Morgen, was sie zu tun haben.“ Wenn man versucht, in der Demokratie politische Prozesse so zu erklären, ist niemandem gedient. Damit führt man die Menschen bloss in die Irre.

Verlieren Texte mit der Übersetzung von der Hochsprache in die „Leichte Sprache“ ihre „Seele“?
Ja. Texte werden inhaltsleer, wenn man nicht versucht, das Verständnis einer Sprache durch Bildung und Aufklärung heranzubilden, sondern umgekehrt, die Sprache an den Erkenntnisstand der Leute anpasst. Das ist im Kern bildungsfeindlich. Das ist zwar nicht neu. Neu ist aber, dass sich alle Welt davon überzeugen lässt und kaum jemand widerspricht.

Führen solche Angebote also zur Abwertung der Sprache?
Dahinter verbirgt sich natürlich ein Klientelismus[1]. Es gibt Leute, die schlagen sich auf die Seite der Benachteiligten und wollen damit eigentlich nur ein Geschäft betreiben. Indem sie gegen Geld eine sogenannte Dienstleistung erbringen, die im besten Fall zu einer Verfälschung führt.

Wofür stehen die Schlüsselkompetenzen Lesen und Schreiben eigentlich?
Die Schlüsselkompetenzen Lesen und Schreiben stehen für die Entwicklung des Kindes zum Erwachsenen. Für die Öffnung des Intellekts zu den Gedanken anderer. Dabei sind wir auf Sprache angewiesen. An Schulen und Universitäten gibt es die Erwartung gar nicht mehr, sich auf die Gedanken anderer überhaupt noch einzustellen. Stattdessen hält man erschrocken inne und sagt: „Oh, den Schülern gefällt das gar nicht mehr, die kommen nicht mehr mit, bieten wir ihnen etwas Einfacheres.“ Ab dem Moment werden die Bildungssysteme von innen heraus zerstört.

Was hat das für Folgen?
Das führt zu einer wirklich gefährlichen Abwertung der sprachlichen Bildung.

Wird durch „Leichte Sprache“ letztlich ein Lernzuwachs verhindert?
Die Leute, die die „Leichte Sprache“ propagieren, lassen sich komische Sätze einfallen, die sich wie Parodien auf behinderte Menschen lesen. Wie etwa beim Beispiel des Bremer Bürgermeisters. Das ist noch schlimmer als Realsatire. Und es hat auch einen moralischen Aspekt: Man nimmt diesen Menschen die Würde. Vor 20, 30 Jahren wäre das undenkbar gewesen, da wären die Behindertenverbände aufgestanden und hätten gesagt: „Ihr vermittelt ein fatales Bild von uns!“ Und heute sind sie stolz darauf.

Anmerkung:

1 Klientelismus: Politik, die auf Gruppeninteressen ausgerichtet ist

Quelle: © Neue Zürcher Zeitung AG

Material 4

Regeln für die Abfassung von Texten in Leichter Sprache	
Benutzen Sie einfache Wörter. **Beispiel:** ✗ **Schlecht** genehmigen ✓ **Gut** erlauben	**Benutzen Sie bekannte Wörter.** Verzichten Sie auf Fach- und Fremdwörter. **Beispiel:** ✗ **Schlecht** Workshop ✓ **Gut** Arbeits-Gruppe
Vemeiden Sie den Konjunktiv. Den Konjunktiv erkennt man an den Wörtern: hätte, könnte, müsste, sollte, wäre, würde. **Beispiel:** ✗ **Schlecht** Morgen könnte es regnen. ✓ **Gut** Morgen regnet es vielleicht.	**Vermeiden Sie den Genitiv.** Den Genitiv erkennt man an dem Wort des. Benutzen Sie lieber die Wörter: von, von dem oder vom. **Beispiel:** ✗ **Schlecht** Das Haus des Lehrers. Des Lehrers Haus. ✓ **Gut** Das Haus von dem Lehrer. Das Haus vom Lehrer.

Quelle: eigene Darstellung, nach: http://www.leichte-sprache.de/dokumente/upload/21dba_regeln_fuer_leichte_sprache.pdf

Material 5

Funktionaler Analphabetismus und fehlerhaftes Schreiben

1. Definition

„Funktionaler Analphabetismus gilt dann als gegeben, wenn die schriftsprachlichen Kompetenzen von Erwachsenen niedriger sind als diejenigen, die minimal erforderlich sind und als selbstverständlich vorausgesetzt werden, um den jeweiligen gesellschaftlichen Anforderungen gerecht zu werden."

Quelle: Funktionaler Analphabetismus und fehlerhaftes Schreiben, http://www.faw-notha.de, 28. 05. 2017

2. Tabelle

Literalität	Apha-Level	Anteil der erwachsenen Bevölkerung	Anzahl (hochgerechnet)
Geringe Literalität	α 1	0,6 %	0,3 Mio.
	α 2	3,4 %	1,7 Mio.
	α 3	8,1 %	4,2 Mio.
	α 1 – α 3	12,1 %	6,2 Mio.
Fehlerhaftes Schreiben	α 4	20,5 %	10,6 Mio.
	> α 4	67,5 %	34,8 Mio.
Summe		100 %	51,5 Mio.

Funktionaler Analphabetismus und fehlerhaftes Schreiben in der deutsch sprechenden erwachsenen Bevölkerung (18–64 Jahre), erhoben im Rahmen der Leo-Studie 2018

Unterscheidung der verschiedenen Alpha-Level

α 1: kein Lesen und Schreiben auf der Wortebene
α 2: Verstehen einzelner Wörter, aber Satzebene wird nicht erreicht
α 3: Bewältigung kurzer Sätze, aber kein Textverständnis
α 4: Fehler in der Schriftsprache auch bei gebräuchlichem Wortschatz

Quelle: eigener Text nach: https://leo.blogs.uni-hamburg.de/wp-content/uploads/2019/05/LEO2018-Presseheft.pdf

Material 6

Auszug aus der UN-Behindertenrechtskonvention (UN-BRK)

Die UNO-Generalkonferenz hat im Jahr 2006 eine Konvention verabschiedet, in der speziell die Rechte von Menschen mit Behinderung festgehalten wurden. Bis heute haben fast alle der 191 Mitgliedsstaaten unterzeichnet.

Übereinkommen über die Rechte von Menschen mit Behinderung

Artikel 4 – Allgemeine Verpflichtungen

(1) Die Vertragsstaaten verpflichten sich, die volle Verwirklichung aller Menschenrechte und Grundfreiheiten für alle Menschen mit Behinderungen ohne jede Diskriminierung aufgrund von Behinderung zu gewährleisten und zu fördern. Zu diesem Zweck verpflichten sich die Vertragsstaaten,

a) alle geeigneten Gesetzgebungs-, Verwaltungs- und sonstigen Maßnahmen zur Umsetzung der in diesem Übereinkommen anerkannten Rechte zu treffen;

[…]

d) Handlungen oder Praktiken, die mit diesem Übereinkommen unvereinbar sind, zu unterlassen und dafür zu sorgen, dass die staatlichen Behörden und öffentlichen Einrichtungen im Einklang mit diesem Übereinkommen handeln; […].

Artikel 9 – Zugänglichkeit

(1) Um Menschen mit Behinderungen eine unabhängige Lebensführung und die volle Teilhabe in allen Lebensbereichen zu ermöglichen, treffen die Vertragsstaaten geeignete Maßnahmen mit dem Ziel, für Menschen mit Behinderungen den gleichberechtigten Zugang zur physischen Umwelt, zu Transportmitteln, Information und Kommunikation, einschließlich Informations- und Kommunikationstechnologien und -systemen, sowie zu anderen Einrichtungen und Diensten, die der Öffentlichkeit in städtischen und ländlichen Gebieten offenstehen oder für sie bereitgestellt werden, zu gewährleisten. […]

Auszug aus der UN-Behindertenrechtskonvention

Schritt 1
Die Aufgabenstellung erfassen

Das **Thema** wird durch die Skizzierung der **Ausgangssituation** verdeutlicht. Die Formulierung liefert Ihnen Informationen, die für das Verständnis der konkreten **Aufgabenstellung** hilfreich und notwendig sind.

48 Geben Sie die Aufgabenstellung mit eigenen Worten wieder.

TIPP

Das Wissen um die Ausgangssituation ermöglicht Ihnen, Bezüge zu unterrichtlichem und eigenem Wissen herzustellen.

49 Notieren Sie Stichworte, die Ihnen aufgrund Ihres unterrichtlichen Wissens und Ihres Allgemeinwissens zum Thema „Leichte Sprache" einfallen.

50 Laut Aufgabenstellung soll ein „informierendes Schreiben" erstellt werden. Halten Sie fest, was dabei zu beachten ist.

51 Formulieren Sie im Sinne der Aufgabenstellung das Ziel Ihres Textes.

52 Verdeutlichen Sie sich den Adressatenbezug bzw. die Zielgruppe Ihres Schreibens. Welche Folgen haben Ihre Erkenntnisse für die Textproduktion?

TIPP

Beachten Sie auch das Kleingedruckte. So enthält die Beschreibung der Ausgangssituation eine Anmerkung, die Aufschluss über die Zusammensetzung des Adressatenkreises gibt.

53 Fassen Sie Ihre Erkenntnisse zur Aufgabenstellung nochmals zusammen.

Schritt 2 Informationen entnehmen

HINWEIS

Wissenswertes zur Auswertung des Materialpools finden Sie auf Seite 77 ff.

Zunächst sollen Sie sich einen Überblick über die Materialien verschaffen. Dies geschieht am besten, indem Sie die Texte M 1–M 6 in einem ersten Schritt durch „überfliegendes Lesen" sichten. Dabei sollten Sie die Aufgabenstellung sowie den Adressatenbezug und die zu schreibende Textsorte des Schreibauftrags (vgl. Schritt 1) im Hinterkopf behalten und somit eine erste Einordnung der Materialien M 1–M 6 vornehmen.

WISSEN

Wichtiges von Nebensächlichem unterscheiden

Die Materialien enthalten einen Informationsüberschuss, der zwar durchaus interessant sein kann, für die Schreibaufgabe aber nicht von Bedeutung ist. Ihre Aufgabe besteht darin, Wichtiges von Unwichtigem zu trennen. Keinesfalls müssen Sie alle Informationen der Materialien verwenden!

Aussagen, die Ihnen sehr wichtig erscheinen, können Sie mit ! (**für wichtig**) oder auch !! (**besonders wichtig**) kennzeichnen. So erkennen Sie später auf Anhieb, wo entscheidende Textstellen zu finden sind.

54 Lesen Sie die Materialien im Aufgabenzusammenhang. Kennzeichnen Sie dabei Sachfragen, Sachinhalte und größere inhaltliche Zusammenhänge (durch Markierungen, Unterstreichungen etc.).

TIPP

Sie sollten die Texte wirklich nur „überfliegen“ und sich nicht in Details verlieren. Stellen Sie deshalb am besten eine Stoppuhr: Innerhalb von **20 bis 30 Minuten** sollten Sie alle Texte einmal durchgelesen und entsprechend markiert haben.

55 Notieren Sie nun stichpunktartig und so kurz wie möglich die Textsorte (z. B. „Zeitungsbericht“; „Interview“) sowie die Quelle, damit Sie die Wertigkeit der jeweiligen Aussage(n) auf einen Blick erfassen können.

HINWEIS

Bei den kontinuierlichen Texten sind im Materialpool häufig die folgenden Textsorten zu finden: Berichte, Kommentare, Interviews, Auszüge aus Fachzeitschriften und Lexikonartikel.

Material	Textsorte und Quelle

56 Verfassen Sie zu den Materialien M 1–M 6 jeweils ein Abstract.

Schritt 3
Einen Schreibplan erstellen

In Ihrem Text sollte unterrichtliches und eigenes Wissen mit einfließen. Wenn Sie also über themenspezifisches Wissen zum Beispiel zu Sprachvarietäten verfügen, sollten Sie dieses einbringen, da so eine Verknüpfung bzw. Auseinandersetzung mit Inhalten aus dem Unterricht gewährleistet ist (vgl. S. 87 f.).

57 Ergänzen Sie Ihre Stoffsammlung um Ihr eigenes (Vor-)Wissen, z. B. aus dem Deutschunterricht oder auf Basis eigener Erfahrungen.

58 Erstellen Sie eine Übersicht über die zu beachtenden Aspekte.

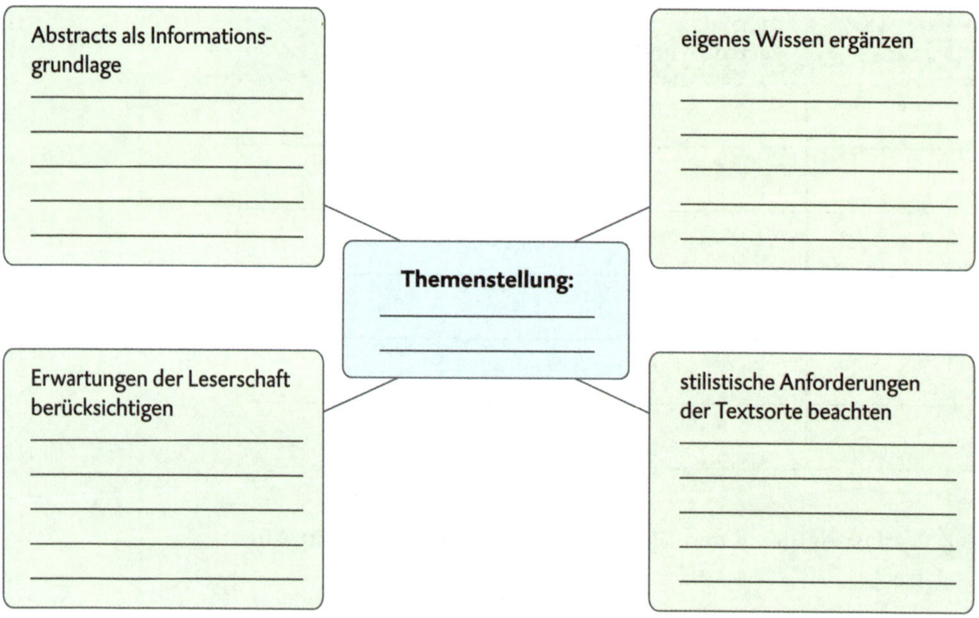

Anschließend geht es darum, Ihre Ausführungen zu **gliedern**. Strukturierungen können vom Abstrakten, Allgemeinen, Übergeordneten hin zum Konkreten, Speziellen, Untergeordneten (**Top-down**) oder auch in umgekehrter Richtung verlaufen (**Bottum-up**).

59 Erstellen Sie eine Gliederung nach dem Prinzip Einleitung – Hauptteil – Schluss.

TIPP

Hinweise zu Einleitung und Schluss finden Sie auf S. 92 ff.
In die rechte Spalte der folgenden Tabelle können Sie Formulierungshilfen eintragen, z. B. passende Konjunktionen oder Adverbien *(aber, trotzdem)* oder konkrete Formulierungen.

Gliederung	Inhalt	Formulierungsmöglichkeiten
Einleitung		
Hauptteil Definition von Leichter Sprache		
Regeln zum Verfassen von Texten in Leichter Sprache		
Kritik am Konzept der Leichten Sprache		
Schluss Gründe für die Umsetzung des Vorschlags		

Schritt 4
Den Text schreiben

Zur Gliederung Ihres Textes sollten Sie interessante **(Zwischen-)Überschriften** einfügen. Sie erleichtern die Lesbarkeit und wenn sie gut gewählt sind, machen sie neugierig und motivieren zum Weiterlesen.

60 Verfassen Sie einen entsprechenden informierenden Text (Textlänge /Wortzahl ca. 600 Wörter).

TIPP

Hinweise zum Schreiben informierender Texte und zum ansprechenden Gestalten finden Sie auf S. 95 ff.

Schritt 5
Den Text überarbeiten

Bei der Überarbeitung sollten Sie den Text noch einmal hinsichtlich seiner inhaltlichen und sachlichen Richtigkeit überprüfen (z. B.: Sind die Prozentzahlen und Fachbegriffe/Schlüsselbegriffe korrekt wiedergegeben?). Beim zweiten Korrekturdurchgang geht es darum, sprachliche und formale Fehler zu beseitigen sowie die äußere Gestaltung zu prüfen. Planen Sie für diesen letzten Arbeitsschritt etwa 10 bis 15 Minuten ein.

61 Überarbeiten Sie Ihren eigenen Text mithilfe der folgenden Checkliste.

Aspekte	ja	teil-weise	nein	weiß nicht
Inhalt				
■ Habe ich meinen Text in Einleitung – Hauptteil – Schluss gegliedert?	☐	☐	☐	☐
■ Habe ich einen stringenten, stimmigen Aufbau gewählt? Ist ein „roter Faden" erkennbar?	☐	☐	☐	☐
■ Habe ich den Begriff „Leichte Sprache" verständlich erklärt? Bin ich dabei auf Ziele, Adressaten und Mittel der Leichten Sprache eingegangen?	☐	☐	☐	☐
■ Habe ich Regeln zum Verfassen von Texten in Leichter Sprache dargelegt und anhand von Beispielen veranschaulicht?	☐	☐	☐	☐
■ Habe ich Kritikpunkte am Konzept der Leichten Sprache angeführt?	☐	☐	☐	☐
■ Habe ich Fachbegriffe wie z. B. „funktionaler Analphabetismus" korrekt verwendet und statistische Angaben richtig wiedergegeben?	☐	☐	☐	☐
Sprachliche Richtigkeit				
■ Habe ich hinsichtlich des zu berücksichtigenden Adressatenkreises (Schülerinnen und Schüler, Eltern, Lehrkräfte) eine angemessene und verständliche Sprache gewählt?	☐	☐	☐	☐
■ Habe ich meinen Text durch Absätze, Überschriften, Spiegelstriche etc. aufgelockert?	☐	☐	☐	☐
■ Habe ich rhetorische Mittel eingesetzt, z. B. Fragen oder Ausrufe, die Aufmerksamkeit bei den Leserinnen und Lesern erzeugen?	☐	☐	☐	☐
Formale Richtigkeit				
■ Ist meine Rechtschreibung fehlerfrei?	☐	☐	☐	☐
■ Habe ich die Regeln der Zeichensetzung beachtet?	☐	☐	☐	☐
■ Habe ich gegebenenfalls richtig zitiert?	☐	☐	☐	☐
■ Habe ich bei dem Schreiben Elemente des Briefs berücksichtigt (Betreff, Anrede)?	☐	☐	☐	☐

Test: Prüfungsaufgabe zum Thema „Inklusive Sprache“

Im Rahmen der Inklusion kommen immer mehr Kinder mit anerkanntem Förderbedarf an Ihre Schule. Für den Umgang miteinander und den Schulalltag hat die Schülervertretung angeregt, mehr Sprachsensibilität zu schaffen und auf diskriminierende Wörter zu verzichten. In diesem Zusammenhang soll ein Flyer in der Schule ausgelegt werden, der Schülerinnen und Schüler, aber auch Eltern und Lehrerschaft für dieses Thema sensibilisiert, Bewusstsein schafft und den öffentlichen Sprachgebrauch zur Kritik stellt.

Aufgabe

Verfassen Sie auf Grundlage der Materialien M 1–M 5 und Ihrer Kenntnisse aus dem Unterricht einen informierenden Text für den Flyer, in dem Sie zum Nachdenken über bzw. zum Verzicht auf verletzende Sprache sowie zum Gebrauch einer nicht diskriminierenden Sprache anregen.
(Textlänge: ca. 500–600 Wörter)

Material 1

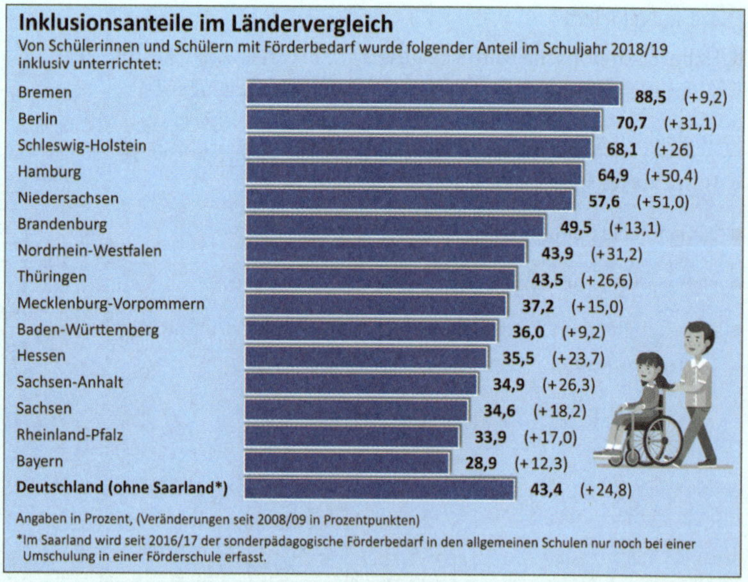

Quelle: eigene Darstellung, nach http://docs.dpaq.de/16446-studie_inklusion_bertelsmann_stiftung_2020.pdf (S. 37)

Material 2

ANSCHWUNG FÜR FRÜHE CHANCEN

„Worte tun im Herzen weh ..."

In Bildungseinrichtungen eine inklusive Sprache entwickeln

Aus aktuellem Anlass widmen wir die 3. Baustelle Inklusion dem Thema Sprache und Ausgrenzung. Es ist ein Thema, das uns seit Jahren beschäftigt, denn die Verankerung vorurteilsbewusster und inklusiver Praxis[1] in Erziehungs- und Bildungseinrichtungen fordert dazu auf, immer wieder den eigenen und den öffentlichen Sprachgebrauch kritisch zu hinterfragen: Wie finden wir zu einer respektvollen Sprache, die uns Unterschiede benennen hilft, ohne Abwertungen und Zuschreibungen[2] zu erzeugen? Welche Bezeichnungen sind besser geeignet als andere und warum? Welche Wirkung haben abwertende und diskriminierende öffentliche Diskurse[3] auf junge Kinder, wie bekommen sie diese überhaupt mit? Wie können wir Diskriminierung auf den Punkt bringen, ohne die diskriminierte Gruppe erneut zu stigmatisieren[4]? Immer wieder mündet unsere Bemühung um eine respektvolle Sprache in Verunsicherungen und konfrontiert mit der gereizten Frage: „Was darf man denn überhaupt noch sagen?"

Mit der Debatte um rassistische Bezeichnungen in Kinderbüchern Anfang des Jahres ist deutlich geworden, wie schwer es auch der „liberalen"[5] Öffentlichkeit fällt, sich kritisch mit abwertender Sprache zu beschäftigen. Die Debatte war gekennzeichnet von Abwehr, rassistische Bezeichnungen durch andere zu ersetzen, mit unterschiedlichen Argumenten: Man wolle nicht „politischer Korrektheit" wegen den Sprachgebrauch ändern. Man sei strikt gegen „Zensur". Man müsse das Original eines Autors oder einer Autorin erhalten, denn man sei der „Werktreue" verpflichtet.

Diese Argumente sind Weigerungen, sich eindeutig gegen Rassismus und Diskriminierung zu positionieren. Sie leugnen die Macht von Sprache bei der Konstruktion von Wirklichkeit und bei der Festigung und Erhaltung von ungleichen Machtverhältnissen. Sie ignorieren insbesondere die Wirkung von Sprache auf Identitäts- und Bildungsprozesse von jungen Kindern. [...]

Worterklärungen:

1 inklusive Praxis: Alltagsleben, an dem Menschen mit und ohne Behinderung gleichberechtigt teilhaben können
2 Zuschreibung: jemandem etwas unterstellen, nachsagen
3 Diskurs: Gespräch, Diskussion
4 stigmatisieren: jemanden in negativer Weise kennzeichnen, anprangern
5 liberal: hier im Sinne von vorurteilslos

Quelle: „Worte tun im Herzen weh ...": www.anschwung.de; aus einem Tagungsprogramm 2012 der Fachstelle KINDERWELTEN für vorurteilsbewusste Bildung und Erziehung; Institut für den Situationsansatz/ INA gGmbH an der Freien Universität Berlin

Material 3

Leidmedien.de
Über Menschen mit Behinderungen berichten

Ein politisch korrektes Blog[1]?

von Rebecca Maskos

„Und was macht das jetzt für einen Unterschied, ob ich »an den Rollstuhl gefesselt« sage oder »fährt im Rollstuhl«“? „Soll ich jetzt Behinderung schön reden?“ „Viele Menschen mit Behinderung sind doch wirklich benachteiligt. Darf ich das jetzt nicht mehr sagen?“

Wir behaupten nicht, dass Sprache die gesellschaftlichen Verhältnisse auf den Kopf stellen kann. Andere Ausdrucksweisen allein können nichts daran ändern, dass behinderte Menschen nach wie vor ökonomisch schlechter gestellt sind, oft in Sondereinrichtungen leben, in der Umwelt auf Barrieren stoßen und mehr Gewalt erfahren als Nichtbehinderte. Sprache kann Bewusstsein schaffen und veraltete Denkmuster aufschütteln – nicht weniger, aber auch nicht mehr. Als solche aber spielt sie eine wichtige Rolle im Prozess der Inklusion.
Ziel dieses Prozesses ist eine Gesellschaft, in der alle Menschen von vornherein dazu gehören – egal welche Bedingungen Körper, Geist und Psyche mitbringen. Dafür braucht man eine barrierefreie Umwelt, aber auch eine „barrierefreie Kultur“. Oft ist die Sprach-Kultur noch geprägt von Stereotypen[2] und Klischees[3] wie dem behinderten „Opfer“ oder „Helden“, der „hilflosen Spastikerin“[4] oder dem „lustigen Zwerg“. Eine nicht diskriminierende Sprache kann das Bewusstsein verändern hin zur Inklusion.

„Politische Korrektheit“

Wir wollen Bewusstsein schaffen für falsche Darstellungen, Klischees, Abwertungen und Reduzierungen. Dies verwechseln manche Leute mit dem Ruf nach Politischer Korrektheit.
Wir wissen nicht, was „korrekt“ ist – weil sich das ständig verändert. Wörter, die einst als „korrekt“ oder „neutral“ erdacht wurden – wie zum Beispiel „Senioren“ oder „Ausländer“ – haben mittlerweile einen abwertenden Beigeschmack bekommen. Auch das Wort „Behinderung“ hat einmal als beschönigender Oberbegriff alte diskriminierende Bezeichnungen wie „Krüppelhaftigkeit“, „Lähmung“ oder „Schwachsinn“ abgelöst. Mittlerweile ist „behindert“ ein gern gebrauchtes Schimpfwort auf Schulhöfen. Dass vermeintlich neutrale Worte sich ins Gegenteil verkehren können (die sogenannte Euphemismus-Tretmühle) ist uns bewusst.
Wörter kann man also nur in ihrem jeweiligen Kontext beurteilen – was heute neutral und wertfrei erscheint, kann morgen eine Diskriminierung sein. Was wir möchten, ist einen Blick auf diesen Kontext werfen – in seiner derzeitigen Form. Wir behaupten nicht, dass unsere Hinweise absolut gültig sind.
Und im Übrigen sollten immer die Betroffenen selbst entscheiden, wie sie genannt werden möchten oder mit welchen Worten ihr Leben beschrieben werden soll. Sie allein können wissen, was sie abwertet und was nicht.

Worterklärungen:

1 Blog: ständig aktualisierter und kommentierter elektronischer Tagebucheintrag
2 Stereotyp: vereinfachendes, verallgemeinerndes (stereotypes) Urteil
3 Klischee: eingefahrene, von Vorurteilen belastete Vorstellung
4 Spastikerin: eine an einer spasmischen Krankheit (= Verkrampfung) Leidende

Quelle: Rebecca Maskos: Ein politisch korrektes Blog?, http://leidmedien.de/uber_uns/ ein-politisch- korrektes-blog/

Material 4

„Inklusion bedeutet Achtung und Respekt vor allen Menschen, egal welchen Alters, Hautfarbe, Herkunft, ethnische Zugehörigkeit, Geschlechts, Religion, mit und ohne Handicap, und die vollständige, uneingeschränkte Teilhabe am gesellschaftlichen Leben und Lernen, allerorts und jederzeit."
(Claudia Egermann, Mutter eines autistischen Sohns)

„Was im Vorhinein nicht ausgegrenzt wird, muss hinterher auch nicht eingegliedert werden!"
(Richard von Weizsäcker, ehemaliger deutscher Bundespräsident)

„Inklusion ist ein Prozess und gleichzeitig ein Ziel, menschliche Verschiedenheit als Normalität anzunehmen und wertzuschätzen."
(Georg Staudacher, Geschäftsführer des Vereins Spielratz e.V., Verein für pädagogische Ferien- und Freizeitaktionen)

„Dabei sein ist **nicht** alles."
(Abwandlung des olympischen Gedankens)

Quelle: aus www.definitiv-inklusiv.org

Material 5

Die UN-Konvention

Das Übereinkommen über die Rechte von Menschen mit Behinderung

Im Dezember 2006 hat die Generalversammlung der Vereinten Nationen (UN) das Übereinkommen über die Rechte von Menschen mit Behinderung verabschiedet. Ziel der UN-Konvention[1] ist es, ihnen die Teilhabe an allen gesellschaftlichen Prozessen zu garantieren. Dieses Menschenrecht in den Alltag umzusetzen ist nun Aufgabe der UN-Mitgliedsstaaten: Seit März 2007 sind sie dazu aufgerufen, den Vertrag zu unterschreiben und damit die Rechte von Menschen mit Behinderung durchzusetzen.

Impulse setzen, Gesetzgebung weiterentwickeln

Mittlerweile haben 155 Länder die Konvention unterzeichnet (Stand März 2013). Damit verpflichten sie sich, den Vertrag zu ratifizieren[2], ihn also in die nationale Gesetzgebung zu übertragen. In 126 Staaten sowie in der Europäischen Union ist die UN-Konvention nach Ratifizierung geltendes Recht (Stand März 2013)[3]. In Deutschland ist die Vereinbarung im März 2009 in Kraft getreten. Zwar waren in der deutschen Gesetzgebung schon vorher einige Regelungen enthalten, um die Gleichberechtigung von Menschen mit Behinderung durchzusetzen: So verbietet beispielsweise das Grundgesetz die Benachteiligung von Menschen mit Behinderung (Art. 3 Abs. 3). Auch das Behindertengleichstellungsgesetz (BGG) verfolgt dieses Ziel und im Sozialgesetzbuch ist das Recht auf Teilhabe am gesellschaftlichen Leben festgelegt (SGB IX). Dennoch gibt es viele Bereiche, in denen die UN-Konvention weiter geht und der deutschen Gesetzgebung wichtige Impulse gibt. Ein Beispiel dafür ist das Bildungssystem: In Deutschland besuchen bisher nur wenige Kinder mit Behinderung eine Regelschule[4]. Die UN-Konvention fordert jedoch von allen Vertragsstaaten erhebliche Anstrengungen im Schulbereich – Kinder mit und ohne Behinderung sollen also in Zukunft gemeinsam unterrichtet werden können. Die Bundesländer sind daher verpflichtet, ihre Schulgesetze anzupassen und Voraussetzungen für den gemeinsamen Unterricht zu schaffen.

50 Artikel für ein gleichberechtigtes Leben

Bildung ist nicht der einzige Lebensbereich, auf den die UN-Behindertenrechtskonvention eingeht. In 50 Artikeln setzt sich das Abkommen intensiv mit alltäglichen Themen auseinander. Dies liegt nicht zuletzt daran, dass sehr früh Menschen mit Behinderung in die Verhandlungen einbezogen wurden. Das Ergebnis sind also präzise und sehr konkrete Regelungen, wie beispielsweise das Recht auf Barrierefreiheit: Die Vertragsstaaten werden verpflichtet, Gebäude, Straßen oder Transportmittel so zu gestalten, dass sie für jeden zugänglich sind (Artikel 9). Oder beim Recht auf ein selbstbestimmtes Leben: Menschen mit Behinderung sollen die Möglichkeit bekommen „ihren Aufenthaltsort zu wählen und zu entscheiden, wo und mit wem sie leben" (Artikel 19) möchten. Und die UN-Konvention fordert einen offenen Arbeitsmarkt, auf dem Menschen mit und ohne Behinderung tätig sind (Artikel 27). […]

Anmerkungen:

1 Konvention: Übereinkunft, Abkommen
2 ratifizieren: einen völkerrechtlichen Vertrag bestätigen / in Kraft setzen
3 Bis 2020 wurde die Konvention von 182 Staaten ratifiziert.
4 Regelschule: hier im Sinne einer normalen Schule

Quelle: Die UN-Konvention – Das Übereinkommen über die Rechte von Menschen mit Behinderung

Materialgestütztes Verfassen argumentierender Texte

„Sie können meiner Meinung sein oder Sie können falsch liegen."

Übungsaufgabe zum Thema „Wahlplakate“

Nach dem letzten Wahlkampf wurde – wie schon bei anderen Wahlkämpfen – diskutiert, ob es noch zeitgemäß ist, Wahlplakate zu verwenden. In Ihrer Lokalzeitung wird zu einem Meinungsaustausch über das Thema aufgerufen.

Aufgabe

Verfassen Sie auf der Grundlage der Materialien M 1 – M 5 einen Leserbrief, in dem Sie zu dem Thema „Sind Wahlplakate noch zeitgemäß?“ Stellung beziehen.

Material 1

Bundestagswahl – Zeitgemäße Wahlwerbung am Straßenrand?

[…] „In Deutschland spielt das Wahlplakat noch immer eine große Rolle“, sagt Coordt von Mannstein, Professor für Visuelle Kommunikation und Inhaber einer Werbeagentur, die schon mehrere FDP-Wahlplakate entwarf.

Effizientes Werbemittel mit großer Reichweite

„Das Plakat ist das öffentlichste Werbemittel, welches vor allem in Ballungszentren innerhalb kürzester Zeit Millionen von Wählern erreichen kann“, sagt der Werbefachmann im Interview mit der DW.

In Deutschland gibt es nur wenige Auflagen für die Parteien in puncto Plakatwerbung. Die Parteien haben gegenüber Unternehmen sogar den Vorteil, dass ihnen Städte und Kommunen vor Wahlen exklusiv Flächen für Werbung zur Verfügung stellen. Zahlen müssen sie dafür nichts. Einzige Auflagen: Die Plakate dürfen den Verkehr nicht beinträchtigen und das Plakatieren an Bäumen wird nicht gern gesehen. Es gibt auch keinen Schlüssel, wie viel Prozent der Fläche Partei A oder Partei B zusteht, bestätigt die Stadt Bonn auf Nachfrage. Das Rennen um die begehrtesten Plätze ist völlig offen. Hier entscheidet also oft, wer am meisten freiwillige Wahlhelfer aufbieten kann, um die Plakate anzubringen und wer zuerst an Ort und Stelle ist. Auch Alexander Schimansky, Marketing-Professor an der ISM Dortmund, sieht vor allem die geringen Kosten als Vorteil des Plakats: „Es ist das günstige Massenmedium. Der Druck ist einfach, selbst die kleinen Parteien können ihre Plakate mittlerweile selber drucken und verteilen.“

Präsenz auf allen Kanälen

In einem Wahlkampf in der heutigen Zeit kommt es vor allem auf die Kombination aus verschiedenen Medien an: Online, Plakate, Printanzeigen, TV-Werbung und persönliche Wahlkampfauftritte. Keine Partei könne es sich erlauben, einen der Kanäle zu vernachlässigen, sagt der Hamburger PR-Berater Wolfgang Raike. Im Internet erreiche man beispielsweise viele ältere Stammwähler nicht und über Printanzeigen nicht mehr die Jungen, die sich keine Tageszeitung mehr kaufen. „Selbst die internetaffine Piratenpartei gibt zwei Drittel ihres Wahlkampfbudgets für Plakate aus", sagt Werbefachmann Coordt von Mannstein. Das Plakat scheint da noch das effizienteste Medium zu sein. Irgendwann wird zwangsläufig jeder Wähler einen dieser Werbeträger sehen. Aus der Mode ist das Plakat also noch lange nicht.

Ob es die Erfolgsformel für das perfekte Wahlplakat gibt? Einig sind sich die Experten, dass in jedem Fall ein Foto auf das Poster gehört. Heute werde eben viel mehr über Bilder kommuniziert, so von Mannstein im Gespräch mit der Deutschen Welle. Durch Bilder könne sich der Wähler eben ein „Bild" von einer Person oder einer Partei machen. Das Foto sollte möglichst ein positives, sympathisches Erscheinungsbild haben und dazu einen prägnanten Text, der noch nicht einmal ein vollständiger Satz sein muss. Möglichst mit einer klaren Aussage: „Für Gerechtigkeit", sagt Alexander Schimansky oder „für die Familie". [...]

Auch der Einsatz von Bildbearbeitung und Fotoretuschierung sei mit Bedacht zu gebrauchen. „Plakate müssen authentisch sein. In einem Wahlkampf muss der Bürger seinen Politiker authentisch erleben", sagt von Mannstein. „Da können auch ruhig einmal ein paar Falten zu sehen sein", ergänzt PR-Mann Raike. Die Menschen würden Politiker nicht wegen ihrer jugendlichen Frische wählen, sondern wegen ihrer politischen Erfahrung. Ein paar Falten dienen dann als Beweis für ausreichend Lebenserfahrung.

Verzicht auf Politikerfotos

Doch der Trend geht in diesem Wahlkampf offenbar sowieso in eine andere Richtung. Ob retuschiert oder nicht: Die Parteien verzichten weitgehend auf Porträts ihrer Politiker. Die CDU setzt stattdessen stark auf „Heile-Welt-Bilder", die Familien in positiven und sympathischen Lebenssituationen zeigen. Kanzlerin Angela Merkel soll erst später im Wahlkampf auf den Plakaten ihrer Partei auftauchen.

Auch die SPD plakatiert Menschen in ihrem Alltag, lässt aber Motive drucken, auf denen beispielsweise Probleme von alleinerziehenden Müttern zu sehen sind oder Familien, die mit steigenden Mieten zu kämpfen haben. „Die Grünen setzen hingegen stark auf die Farbe Grün und sprechen auch den Wähler mit ihrem Spruch: ‚Und Du?' an. Dazu verweisen sie auf das Internet, das ist schon sehr gelungen", sagt Christoph Moss.

Alle Plakate teilen jedoch das gleiche Schicksal: Sie werden im Herbst im Altpapier landen. Denn spätestens am Tag nach der Bundestagswahl am 22. September dürfen die Städte nicht mehr mit Wahlplakaten zugepflastert sein. Die Parteien müssen ihre Werbung unverzüglich entfernen, ansonsten droht ihnen eine Ordnungsstrafe.

Quelle: Arne Lichtenberg, Deutsche Welle, DW.DE vom 15.08.2013

Material 2

Plakate aus dem Wahljahr 2017

Quelle: ullstein bild – CARO/Marius Schwarz (links); picture alliance/dpa (rechts/unten)

Material 3

STUTTGARTER-NACHRICHTEN.DE

Wahlplakat-Analyse

Unterbewusst Gefühle wecken

Stuttgart – Wahlkämpfer im Endspurt: Die Spitzenkandidaten fahren jeden Tag etliche Kilometer durchs Land. Von einer Wahlkampfveranstaltung zur nächsten. Doch egal wohin sie kommen, sie sind schon da. Überall lächeln sie sich selbst von den Plakatwänden an. Dabei geht es den Wahlkämpfern wohl nicht anders als ihrem Wahlvolk. Sie schenken ihrem Konterfei auf den Wahlplakaten vermutlich keine allzu große Aufmerksamkeit. „Unsere Untersuchungen haben ergeben, dass die Wahlplakate durchschnittlich nur etwa 1,5 bis zwei Sekunden betrachtet werden“, sagt Jan Kercher, Kommunikationswissenschaftler an der Universität Hohenheim.

Unterbewusstsein spielt große Rolle

Dennoch sind die Plakate ein wirkungsvolles Mittel im Kampf um die Wählergunst. „Kein anderes Mittel in der Wahlkampagne erzielt eine so große Reichweite wie die Plakate“, sagt Jan Kercher. Kein Wähler kann sich dagegen wehren. Doch was bringt diese plakative Dauerpräsenz am Straßenrand? In der von Jan Kercher geleiteten Studie der Universität Hohenheim wurden jüngst 419 Bürger zu den Plakaten der fünf großen Parteien befragt. Viele der Befragten seien davon überzeugt, erzählt Kercher, dass die Plakate keinerlei Wirkung auf ihr Wahlverhalten hätten. Doch da täuschen sie sich, meint der Kommunikationswissenschaftler. Bei Wahlplakaten spielt das Unterbewusstsein eine große Rolle. Die Plakate wecken Emotionen, auch wenn der Betrachter ihre Wirkung nicht unbedingt bewusst wahrnehme, sagt Kercher. Zwar räumt er ein, „dass Plakate es nicht schaffen werden, aus einem CDU-Wähler einen SPD-Wähler zu machen“. Darauf seien Plakatkampagnen aber auch nicht ausgerichtet. Sie zielen viel mehr darauf ab, die eigenen Anhänger zu mobilisieren. Darüber hinaus buhlen die Parteien mit den Plakaten um die Gunst unentschlossener Wähler und versuchen, im selben politischen Lager zu wildern. Also aus einem FDP-Anhänger einen CDU-Wähler zu machen oder aus einem SPD-einen Grünen-Wähler.

Schulnoten für die Wahlplakate

Und wie erreichen sie das? Mit guten Plakaten. Doch was macht ein Wahlkampfplakat zu einem guten Wahlkampfplakat? „Zunächst einmal muss das Plakat zum Hingucken anregen“, sagt Kercher. Das erreicht man mit einem guten Fotomotiv, am besten eines, das Menschen zeigt. Der Blick des Betrachters sollte im nächsten Schritt auf die Botschaft gelenkt werden. Wobei der Slogan zum Bildmotiv passen und verständlich sein sollte. Generell gilt: „So kurz wie möglich.“ Schließlich müssen 1,5 bis zwei Sekunden ausreichen, um die Botschaft zu vermitteln. Zudem sollte das Plakat auch noch so gestaltet sein, dass der Betrachter es der jeweiligen Partei zuordnen kann, auch ohne das Partei-Logo wahrzunehmen. Denn häufig werde dieses Logo gar nicht beachtet.

Quelle: Marko Belser, Stuttgarter Nachrichten vom 22.03.2011, http://www.stuttgarter-nachrichten.de/inhalt.wahlplakat-analyse-unterbewusst-gefuehle-wecken.fd3bb404-5bf5-42a1-8ce3-5d62e9935ef1.html

Material 4

adhibeo. **Der Wissenschaftsblog der Hochschule Fresenius**

Trotz Social Media: „Wahlplakate werden auch künftig eine große Bedeutung haben“

Um auf Stimmenfang zu gehen, setzen die Parteien auch in diesem Wahlkampf wieder auf ein altbewährtes Mittel: das Wahlplakat. Hunderttausende von ihnen hängen derzeit an Laternenmasten oder Bäumen im ganzen Land. Doch welche Wirkung erzielen Wahlplakate eigentlich beim Betrachter? Und sind sie in Zeiten des Internets überhaupt noch nützlich, um Wahlentscheidungen zu beeinflussen? Prof. Dr. Wera Aretz, Studiendekanin für Wirtschaftspsychologie an der Hochschule Fresenius Köln, gibt Antworten auf diese Fragen.

adhibeo: Frau Prof. Aretz, Loriot hat einmal gesagt: „Der beste Platz für den Politiker ist das Wahlplakat. Dort ist er tragbar, geräuschlos und leicht zu entfernen.“ Neben seiner satirischen Botschaft transportiert das Zitat eine wichtige Information: Ein Wahlplakat spricht nur den visuellen Kanal des Rezipienten an. Kann man auf diese Weise wirklich Wahlentscheidungen beeinflussen?

Wera Aretz: Das visuelle System hat eine sehr große Bedeutung für die werbliche Kommunikation. Allerdings ist der Einfluss von Wahlplakaten auf die Wahlentscheidung nur schwer zu ermitteln. Wahlberechtigte sind ja insbesondere unmittelbar vor der Wahl mit ganz verschiedenen Faktoren konfrontiert, die einen Einfluss auf ihre Entscheidung ausüben können: den Wahlplakaten, der Berichterstattung in den Massenmedien, Informationsständen einzelner Parteien und direkten Gesprächen mit Parteivertretern, Gesprächen mit Freunden und Verwandten und nicht zuletzt einer eigenen politischen Haltung und emotionalen Bindung zu einer Partei. Wahlplakate sind also nicht die einzige Einflussquelle einer politischen Entscheidung.

Dennoch geben die Parteien Millionen für dieses Wahlkampfmittel aus. Was genau soll und kann politische Kommunikation durch Wahlplakate erreichen?

Auf der Seite der Partei geht es oftmals darum, Wählerstimmen zu maximieren und sich möglichst prägnant, eindeutig, positiv und im Vergleich zu den anderen Parteien trennscharf darzustellen und zu positionieren. Untersuchungen zeigen, dass die politische Kommunikation hierbei grundsätzlich drei Wirkungen erzielen kann: Erstens, den Wähler verstärken, zweitens, den Wähler aktivieren und drittens, beim Wähler eine Meinungsänderung auszulösen.

[...] Mit dem Begriff der Verstärkung ist zunächst gemeint, dass durch die Wahlplakate die grundsätzliche Entscheidung des Wählers bestärkt werden kann, er so Sicherheit und Orientierung erlangt, was ihn zur Wahl mobilisieren kann und dadurch auch eine Abwanderung zu einer anderen Partei verhindert wird.

Wenn jemand also ein Plakat seiner Partei sieht, mit der er sich identifizieren kann, kann ein Verstärkungseffekt eintreten und er geht zur Wahl, um „seine" Partei zu wählen. Auf der anderen Seite können Wahlplakate auch dazu beitragen, noch nicht eindeutige Vorentscheidungen bei dem Wähler zu aktivieren und eine latente politische Meinung in eine deutliche Stimmabsicht umzuwandeln. Hierbei fällt der Wahlkampfkommunikation insbesondere die Aufgabe zu, Aufmerksamkeit und Interesse des Wählers zu wecken und ihn zu binden. Diesem Aspekte kommt heutzutage durch die allgemeine Wahlmüdigkeit eine besondere Bedeutung zu. Viele Wähler sind noch indifferent, ob und welche Partei sie wählen sollen. Wahlplakate können hier also für Klarheit sorgen.

Drittens kann Wahlkampfkommunikation zu einer Meinungsänderung führen und den Wähler zu einem Wechsel der bisherigen Wahlentscheidung bewegen. Dieser würde dann eine andere Partei wählen, zu der er bislang eine eher negative Haltung hatte. Diese Wirkung stellt nach bisherigen empirischen Befunden aber wohl eher die Ausnahme dar.

Egal, welche Ziele man nun mit Hilfe eines Wahlplakates erreichen will: Wie sollte es aus werbepsychologischer Sicht denn gestaltet sein?

Aus der Werbepsychologie weiß man, dass Werbung seitens der Rezipienten nicht besonders gesucht wird und die durchschnittliche Betrachtungsdauer von großformatiger Außenwerbung nur zwischen zwei und drei Sekunden liegt. Damit ein Wahlplakat in Gänze wahrgenommen werden kann, sollte es begrenzt und reduziert sein: Wenig Text, eindeutige, prägnante Bilder, die eine klare Aussage oder ein eindeutiges Gefühl transportieren und sich in Gestaltung, Farbe, Text von den Plakaten anderer Parteien abheben – diese Aspekte könnte man als Mindestanforderungen definieren. [...]

Wahlplakate spielen im Wahlkampf trotz aller Kritik eine wichtige Rolle. Wird sich daran in Zukunft etwas ändern?

Politische Wahlplakate haben eine lange Tradition. Ihre Bedeutung mag sich allerdings in den letzten Jahren etwas verändert haben – spätestens seit dem Obama-Wahlkampf im Jahre 2008 wissen wir, dass dem Internet und sozialen Netzwerken eine nicht unerhebliche Bedeutung zukommen kann: Der Erfolg der Obama-Kampagne wird vor allem mit dem Einsatz von Social Media zur Wählermobilisierung in Verbindung gebracht. So zeigen auch aktuelle Studien aus Deutschland, dass fast jeder Bundestagsabgeordneten ein Profil bei einem sozialen Netzwerk hat und digitale Medien für den Wahlkampf genutzt werden. [...]

Fasst man diese Ergebnisse zusammen, lässt sich sagen, dass soziale Medien eine weitere Möglichkeit bieten, gerade junge Wähler zu informieren und zu mobilisieren. Meiner Meinung nach werden Wahlplakate auch künftig eine große Bedeutung haben. Aus der Medienpsychologie wissen wir: Ein neues Medium löst das alte Medium nicht komplett ab. Lediglich die Funktion der einzelnen Medien verändert sich.

Quelle: adhibeo-Redaktion, 20. 05. 2014, http://www.adhibeo.de/2014/05/20/interview-zum-thema-wahlplakate-zur-europawahl-mit-wera-aretz/; Lizenzgeber: adhibeo. Der Wissenschaftsblog der Hochschule Fresenius

Material 5

Quelle: Berndt A. Skott

Schritt 1
Die Aufgabenstellung erfassen

Zu Beginn Ihrer Arbeit müssen Sie sich darüber klar werden, was die Aufgabenstellung von Ihnen verlangt.

62 Geben Sie die Aufgabenstellung mit eigenen Worten wieder.

63 Gefordert ist das Verfassen eines Leserbriefs. Notieren Sie stichwortartig, was bei einem Leserbrief besonders zu beachten ist.

TIPP

Allgemeines zu den verschiedenen Textsorten finden Sie auf S. 76

64 Kreuzen Sie unter Beachtung des thematischen Streitpunkts die richtige(n) Aussage(n) zu Ihrem Schreibziel an.

Das Ergebnis meiner Arbeit soll ein Leserbrief sein, in dem …

- ich die Leserinnen und Leser überzeuge, dass Wahlplakate altmodisch sind und abgeschafft werden müssen. .... ☐
- ich die Vor- und Nachteile von Wahlplakaten abwäge und meine eigene Position zu dem Thema schlüssig darlege. .... ☐
- ich ausführlich beschreibe, wie ein gutes Wahlplakat gestaltet sein sollte. .... ☐

Zum Aufgabentyp des materialgestützten Schreibens gehört es, dass Sie Ihren Text an eine bestimmte **Adressatengruppe** richten (vgl. S. 76 f.). Mit den Fragen in der folgenden Tabelle können Sie diese Adressatengruppe näher beschreiben.

TIPP

Die Fragen a bis g können Sie als Checkliste für verschiedenste Adressatengruppen und Aufgabenstellungen nutzen.

65 Beantworten Sie stichwortartig die folgenden Fragen zur Adressatengruppe Ihres Leserbriefs. Beziehen Sie auch Ihr Unterrichtswissen zum Thema „Zeitung(lesen)“ mit ein.

- **a** Ist die Adressatengruppe eher einheitlich oder spreche ich sehr unterschiedliche Adressaten an?
- **b** Richte ich mich an ein bestimmtes Geschlecht?
- **c** Welche Altersstruktur hat die Adressatengruppe?
- **d** Welche Vorbildung besitzt die Adressatengruppe?
- **e** Wende ich mich an bestimmte Berufsgruppen?
- **f** Welche Erfahrung haben vermutlich die Leserinnen/Leser meiner Lokalzeitung mit dem Thema?
- **g** Zu welcher Meinung neigt vermutlich ein Großteil der Leserinnen/Leser vor der Lektüre meines Leserbriefs?

66

- **a** Fassen Sie Ihre Erkenntnisse über den Adressatenkreis Ihres Leserbriefs zusammen.
- **b** Welche Konsequenzen ziehen Ihre Erkenntnisse für Ihre Textproduktion nach sich?

67 Bringen Sie nun Ihre Erkenntnisse zur Aufgabenstellung auf den Punkt.

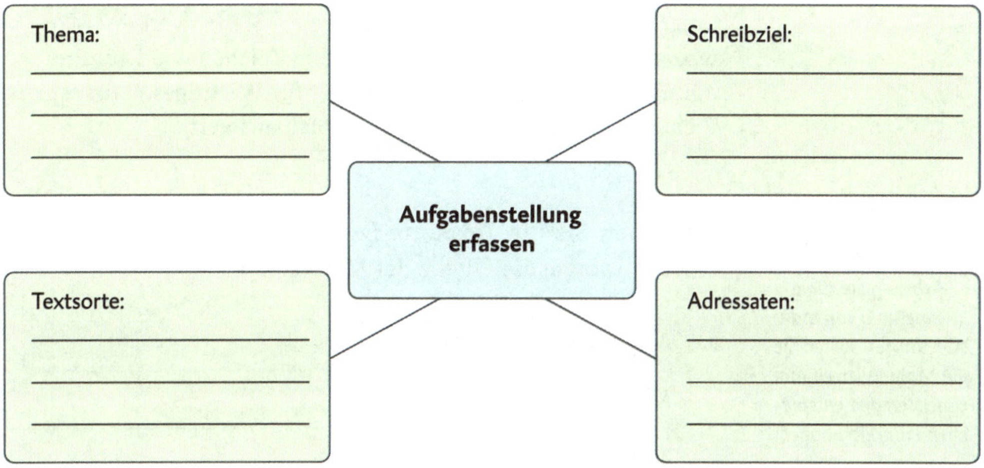

Schritt 2
Informationen entnehmen

In diesem zweiten Schritt geht es darum, dass Sie die Materialien sichten und aus diesen die für Sie bzw. das Thema relevanten Informationen entnehmen.

68 Bearbeiten Sie die Materialien wie folgt:

- Sichten Sie die Materialien durch „**überfliegendes Lesen**".
- Kennzeichnen Sie dabei die Schlüsselbegriffe im Text mit einem Marker.
- Markieren Sie die Textinformationen zum Autor bzw. zur Autorin, zur Quelle usw. andersfarbig.
- Bei den Fotos und der Karikatur markieren Sie die thematisch wichtigen Bildteile bzw. das, was Ihnen besonders auffällt.

WISSEN

Relevante Informationen kennzeichnen

Notieren Sie am Rand Anmerkungen zum Stellenwert des Markierten. Die Verwendung von grafischen Zeichen wie + für Pro-Argumente, – für Kontra-Argumente, ! für Wichtiges, !! für sehr Wichtiges oder ? für Unklares ist empfehlenswert.

TIPP

*Arbeiten Sie zügig – innerhalb von **max. 20 Minuten** sollten Sie alle Materialien einmal durchgelesen und entsprechend markiert haben.*

69 Nennen Sie die Textsorte (z. B. „Zeitungsbericht“, „Interview“) sowie die Quelle der Materialien.

Material	Textsorte und Quelle
M 1	
M 2	
M 3	
M 4	
M 5	

70 Liefern die Materialien für die Diskussion um die Wahlkampfplakatierung eher **Pro-** oder eher **Kontra**-Argumente? Ergänzen Sie die folgenden Aussagen.

überwiegend Pro-Argumente liefern die Materialien:	überwiegend Kontra-Argumente liefern die Materialien:

71 Die Aussagen in den Texten M 1, M 3 und M 4 besitzen eine hohe Glaubwürdigkeit. Erläutern Sie knapp, wodurch dieser Eindruck hervorgerufen wird.

Nachdem Sie sich einen Überblick über die Materialien verschafft haben, geht es nun darum, die wesentlichen Aussagen knapp zusammenzufassen, um sie später ggf. in die eigene Argumentation einbauen zu können.

72 Verfassen Sie zu den fünf Materialien jeweils ein Abstract.

Schritt 3
Einen Schreibplan erstellen

In diesem Schritt geht es zunächst darum, dass Sie mithilfe der Informationen aus den Materialien und Ihres eigenen Vorwissens eine Argumentationsrichtung entwickeln.

73 Ergänzen Sie die folgende Tabelle um Ihr eigenes (Vor-)Wissen.

Sind Wahlplakate sinnvoll? – eigenes Vorwissen	
Deutschunterricht	
Kunstunterricht	
Geschichtsunterricht	
Politikunterricht	
Sonstiges	

TIPP

Fassen Sie sich kurz – halten Sie nur jene Elemente fest, die Sie später tatsächlich auch verwenden möchten.

74 Erstellen Sie eine zusammenfassende Übersicht über die zu beachtenden Aspekte.

Abstracts als Informationsgrundlage

eigenes Wissen ergänzen

Themenstellung:

Erwartungen der Leserschaft berücksichtigen

stilistische Anforderungen der Textsorte beachten

75 Tragen Sie mithilfe der Abstracts die wichtigsten Pro- und Kontra-Argumente aus den Materialien in die nachfolgende Tabelle ein.

pro Plakatierung	kontra Plakatierung

76 Ergänzen Sie die Pro- und Kontra-Argumente durch Ihr eigenes Vorwissen.

An dieser Stelle müssen Sie das Schreibziel festlegen, in welche Richtung Sie argumentieren möchten: für oder gegen die Plakatierung im Wahlkampf.

WISSEN

Die eigene Position bestimmen

Sehen Sie sich noch einmal die gesammelten Pro- und Kontra-Argumente aus Aufgabe 75 und 76 an. Überlegen Sie:
Auf welcher Seite gibt es mehr Argumente?
Welche Argumente haben die größte Überzeugungskraft?
Welche Argumente können Sie durch ein Gegenargument leicht entkräften?
Zu welchen Argumenten fallen Ihnen passende Beispiele ein?
Entscheiden Sie sich für die Position, die Sie persönlich am überzeugendsten finden.

77 Entscheiden Sie sich für eine Position.

Meiner Meinung nach …

___

___

___

TIPP

- In Ihrem Leserbrief müssen Sie nicht unbedingt Argumente der Gegenseite berücksichtigen. Es ist aber empfehlenswert, zu Beginn des Hauptteils ein Gegenargument zu entkräften. So zeigen Sie, dass Sie nicht voreingenommen sind.
- Im Lösungsteil wird z. B. eine Argumentation „Pro Wahlplakate“ vertreten, wobei auch Nachteile der Wahlplakatierung genannt werden.

Im nächsten Schritt geht es darum, eine **Gliederung** vorzunehmen. Dabei müssen Sie …

- einen Gedanken für **Einleitung** und **Schluss** finden,
- die Aspekte des **Hauptteils** in eine **sinnvolle Reihenfolge** bringen,
- entscheiden, an welcher Stelle Sie Ihre **Position** direkt formulieren.

WISSEN

Die Einleitung eines Leserbriefs verfassen

Ein Leserbrief beginnt mit der Bezugnahme auf den Sachverhalt, auf den der Brief reagiert. Die Leserinnen und Leser sollen schließlich wissen, um welches Thema es überhaupt geht. Gleichzeitig soll die Einleitung Ihres Briefs möglichst interessant sein, um die Adressaten des Briefs zum Weiterlesen zu motivieren.

78 Nennen Sie konkrete Ideen für eine interessante, themenbezogene Einleitung zu Ihrem Leserbrief.

TIPP

Hinweise für das Verfassen der Einleitung finden Sie auf S. 92.
Wichtig: Nehmen Sie in der Einleitung keine Argumente vorweg, die in den Hauptteil gehören!

79 Überlegen Sie schon jetzt, welche Aspekte Sie im Schlussteil anführen möchten.

TIPP

Hinweise für das Verfassen des Schlussteils finden Sie auf S. 94. **Wichtig:** Achten Sie darauf, im Schlussteil keine Argumente zu wiederholen, die Sie schon im Hauptteil angeführt haben. Ebenfalls sollten Sie auch keine neuen Argumente vorbringen, die Ihnen vielleicht nachträglich noch einfallen.

WISSEN

Die Argumentation strukturieren

Für die Gliederung des Hauptteils gibt es zwei Möglichkeiten, die Argumente anzuordnen: Entweder Sie stellen jedem Pro-Argument direkt ein Kontra-Argument gegenüber oder Sie ordnen zunächst alle Pro-, dann alle Kontra-Argumente an (vgl. S. 94). Die Anordnung, jedem Pro- gleich ein entkräftendes Kontra-Argument folgen zu lassen, ist in der Regel eleganter, aber schwieriger. Beachten Sie zudem: Das Argument mit der größten Überzeugungskraft sollte am Ende des Hauptteils stehen.

80 Entscheiden Sie sich für eine Anordnung.

81 Nummerieren Sie die Argumente aus den Aufgaben 75/76 nach dem Prinzip der Steigerung (d. h. 1 = am wenigsten wichtig, etc.).

82 Erstellen Sie eine eigene Gliederung nach dem Prinzip Einleitung – Hauptteil – Schluss.

Gliederung	Inhalt	Formulierungsmöglichkeiten
Einleitung		
Hauptteil Problemaufriss		
Pro-/Kontra-Argumente aufzeigen und abwägen		
eigene Schlussfolgerung/ evtl. Forderung		
Schluss		

Schritt 4
Den Text schreiben

Um die Leser zu überzeugen, kommt es nicht nur auf den Inhalt, sondern auch auf die Darstellung an.

TIPP

Lesen Sie zunächst die Hinweise „Einen argumentierenden Text schreiben" (S. 95 ff.) und „Texte ansprechend gestalten" (S. 97 f.).

83 Kreuzen Sie die richtige(n) Aussage(n) an.

Aussage

- Verwenden Sie einen lockeren, an der Jugendsprache orientierten Sprachstil, damit die Leserinnen und Leser gut Ihr Alter erkennen können. .... ☐
- Drücken Sie sich klar und verständlich aus. .... ☐
- Gehen Sie von einer eher naiven Leserschaft aus. Erläutern Sie daher ausführlich und allgemein, welche Bedeutung Wahlen für die Demokratie haben. .... ☐
- Ausschließlich am Anfang des Leserbriefs darf Ihre eigene Meinung formuliert werden. .... ☐
- Vermeiden Sie Verallgemeinerungen (Alle Wahlplakate sind schlecht), Übertreibungen (Ohne Wahlplakatierungen droht das Ende der Demokratie in Deutschland) und die Darstellung persönlicher Gefühle (Ich kann den Politiker XY nicht leiden). ☐

84 Formulieren Sie nun unter Beachtung der erarbeiteten Gliederung den Leserbrief (Textlänge: ca. 600 Wörter).

Schritt 5
Den Text überarbeiten

Nach dem Schreiben sollten Sie Ihren Leserbrief noch einmal hinsichtlich seiner inhaltlichen und sachlichen Richtigkeit überprüfen. Auch sprachliche und formale Fehler sowie die äußere Gestaltung gilt es zu prüfen und ggf. zu überarbeiten (vgl. S. 98 f.).

85 Überarbeiten Sie Ihren eigenen Text mithilfe der folgenden Checkliste.

Aspekte	ja	teilweise	nein	weiß nicht
Inhalt				
■ Habe ich am Anfang des Leserbriefs den Bezug zum Thema deutlich gemacht?	☐	☐	☐	☐
■ Enthält meine Einleitung eines der folgenden Elemente: Bezug zu aktuellem Anlass, Schilderung eines persönlichen Erlebnisses, Zitieren einer passenden Redewendung/eines Sprichworts, Formulierung einer gewagten These?	☐	☐	☐	☐
■ Habe ich als Pro-Argumente mindestens die Aspekte *geringe Kosten – große Reichweite* angeführt, als Kontra-Argumente mindestens die Aspekte *Verschandelung der Landschaft – Einfluss schwer zu ermitteln?*	☐	☐	☐	☐
■ Habe ich die Abbildungen M 2 und M 5 v. a. für die Formulierung von Kontra-Argumenten genutzt?	☐	☐	☐	☐
■ Habe ich meinen eigenen Standpunkt deutlich formuliert und argumentativ erläutert?	☐	☐	☐	☐
■ Habe ich auch Gegenargumente genannt, diese jedoch durch eigene Argumente relativiert?	☐	☐	☐	☐
■ Habe ich meinen Brief durch Absätze gegliedert?	☐	☐	☐	☐
Sprachliche Richtigkeit				
■ Habe ich auf jugendsprachliche Begriffe verzichtet, um Verständnisprobleme bei der eher älteren Leserschaft zu vermeiden?	☐	☐	☐	☐
■ Habe ich mindestens zwei der folgenden Stilmittel verwendet: rhetorische Frage, Alliteration, Vergleich, Hyperbel, Antithese?	☐	☐	☐	☐
Formale Richtigkeit				
■ Ist meine Rechtschreibung fehlerfrei?	☐	☐	☐	☐
■ Habe ich die Regeln der Zeichensetzung beachtet?	☐	☐	☐	☐
■ Habe ich gegebenenfalls richtig zitiert?	☐	☐	☐	☐

Test: Prüfungsaufgabe zum Thema „Schreiben im digitalen Zeitalter“

Im Deutschunterricht haben Sie sich zwei Monate lang mit dem Thema „Sprachentwicklung“ und „Kommunikation“ beschäftigt. Zum Abschluss soll als gemeinsames Produkt ein Themenheft produziert werden, das Eltern sowie Schülerinnen und Schülern am Informationstag der Oberstufe präsentiert werden soll.

Aufgabe

Schreiben Sie unter Verwendung der Texte des Materialpools einen Essay zu dem Thema:
„Untergang des Abendlandes oder neue Kreativität? Schreiben im digitalen Zeitalter“ (Textlänge: ca. 1 000 Wörter).

Material 1

ZEIT ONLINE | SCHULE

Schreiben in der Schule

„Voll eklich wg schule *stöhn*“

Simsen macht Schüler nicht dumm. Aber ihre Texte sind heute fehlerhafter als früher.

Von Wolfgang Krischke

Kinder lesen zu wenig? Von wegen. Wohl noch nie zuvor haben sie so viel gelesen und geschrieben wie heute. Täglich tippen sie Millionen von Wörtern auf ihren Handy- und Computertastaturen, verbringen Stunden mit der Lektüre von SMS-Nachrichten, Chat-Sprüchen, E-Mails und Internet-Infos. Trotzdem kommt bei Pädagogen und Ausbildern keine rechte Freude auf. Denn den Simsern, Chattern und Twitterern dient die Schrift vor allem als Plaudermedium. Von den Normen der Hochsprache ist ihre Sprechschreibe Lichtjahre entfernt. Gebilde wie »booaaa mein dad voll eklich wg schule *stöhn* haste mozeit? hdgdl [= hab dich ganz doll lieb]« lässt Freunde des Dudens und ganzer Sätze noch immer zusammenzucken. Kein Wunder, dass Handy- und Internetkommunikation immer mal wieder in den Verdacht geraten, die Schreibkultur zu untergraben: Können Jugendliche, die sich in diesen sprachlichen Trümmerlandschaften bewegen, überhaupt noch einen lesbaren Aufsatz, einen präzisen Bericht, ein angemessenes Bewerbungsschreiben verfassen?

Die Germanistik-Professorin Christa Dürscheid von der Universität Zürich ist dieser Frage auf den Grund gegangen. [...] Das Ergebnis: In keinem dieser Bereiche haben die sprachlichen Eigenarten der Netzkommunikation nennenswerte Spuren in den Schultexten hinterlassen. Das gilt für Berufsschüler ebenso wie für Gymnasiasten. »Die Schüler können die Schreibwelten durchaus trennen. Sie wissen, dass in der Schule und der formellen Kommunikation andere Regeln gelten als beim Chatten mit Freunden«, sagt Christa Dürscheid. Allenfalls ließe sich darüber spekulieren, ob die Lockerheit des elektronischen Schreibschwatzens auf Dauer die Sorgfalt beim »ernsthaften« Schreiben beeinträchtigen könnte. Belege dafür gibt es aber nicht. [...]

Die orthografischen Fähigkeiten der Schüler haben stark nachgelassen

Grund für die Deutschlehrer, sich entspannt zurückzulehnen, liefert die Zürcher Studie trotzdem nicht. Denn auch wenn die elektronische Kommunikation als Verursacher ausscheidet – die Schultexte, die die Germanisten untersucht haben, sind alles andere als fehlerfrei. Vor allem in der Rechtschreibung und Zeichensetzung weisen sie deutliche Defizite auf. Darin spiegele sich ein generelles Problem mangelnder Normbeherrschung, konstatiert Christa Dürscheid. Ähnlich sehen das die Deutschlehrer, die die Germanistin befragt hat. Die Mehrheit glaubt, dass die orthografischen und grammatikalischen Fähigkeiten der Schüler in den vergangenen zehn Jahren nachgelassen haben. [...] eine Tendenz zeichnet sich bereits ab. Die gute Nachricht: Heute schreiben die Schüler lebendiger und interessanter als früher. Die weniger gute: Orthografie- und Grammatikfehler haben zugenommen. Allerdings wird im Deutschunterricht auf diese formalen Fähigkeiten auch nicht mehr so viel Wert gelegt wie früher.

Der Unterschied zwischen den Schichten ist größer geworden

[...] Wirklichen Aufschluss bringt [...] der Blick hinter die Durchschnittswerte auf die soziale Herkunft der Schüler. Dort zeigt sich eine beträchtliche Schieflage: Kinder aus der Unterschicht haben einen viel höheren Anteil an der Zunahme der Rechtschreibfehler als ihre Klassenkameraden aus der Mittelschicht. Auf deren Konto allein geht dafür der Zuwachs im Wortschatz, während das Vokabular bei den Unterschichtkindern im Vergleich zu 1972 sogar geschrumpft ist. Ähnliche Tendenzen fanden die Forscher bei der Satz- und Textlänge, bei der Fähigkeit, Nebensätze zu bilden, oder der korrekten Flexion. [...]

Quelle: Wolfgang Krischkke, DIE ZEIT N 09/2011, 28.02 2011, http://www.zeit.de/2011/09/C-Schreibkompetenz;
Foto: © Scott Griessel / Fotolia

Material 2

personalmarketing2null

Machen Social Media dumm?

Über das Ende der deutschen Rechtschreibung

Machen Social Media eigentlich dumm? Verroht, wenn man so will, die deutsche Sprache? Spielt Rechtschreibung im Kontext von Social Media eigentlich überhaupt keine Rolle mehr? Diesen Eindruck könnte man manchmal – oder sollte ich besser sagen – ziemlich häufig? haben, wenn man sich insbesondere Statusmeldungen auf Facebook oder Tweets auf Twitter anschaut. Abgesehen von der Orthographie und der Grammatik an sich, wird dort in der Regel alles kleingeschrieben […].

Es ist also tatsächlich so, dass im Zeitalter des immer schneller und dynamischer werdenden Social Web […] Schreibstil und Rechtschreibung leiden. Auf Twitter sind diese Auswüchse besonders extrem. Hier hat man aufgrund der knappen Zeichenwahl (140 Zeichen) ja nun nicht mehr viel Möglichkeiten, sich klar zu artikulieren und so findet man hier Meldungen, deren kryptische RT Zeichen für viele wie @Böhmische #Dörfer wirken mögen. […]

Bewerber-Anfragen auf Karriere-Pages – Rechtschreibung überbewertet?

Aber auch auf Facebook nimmt man es mit der deutschen Sprache respektive Rechtschreibung nicht so genau. Was man so im Privaten und Verborgenen tut, ist die eine Sache. Wenn man nun aber als Fan einer Karriere-Page respektive Bewerber Kontakt zu seinem potenziellen Arbeitgeber aufnimmt, so ist das schon was anderes. Letztendlich geht's ja beim Kontakt zum potenziellen Arbeitgeber darum, einen perfekten Eindruck zu hinterlassen – sei es am Telefon, im E-Mail-Verkehr oder anderer Bewerberkorrespondenz. Nach wie vor ist es so, dass viele Bewerbungen schon aussortiert werden, nur weil sie Rechtschreibfehler aufweisen […]

Rechtschreibfehler schlecht für Unternehmensreputation

Aber selbst viele Unternehmen geben bei der Außendarstellung ein schlechtes Bild ab […], diejenigen, die immer von ihren Bewerbern fordern, möglichst akribisch und sorgfältig ihre Unterlagen zu erstellen, gehen selbst mit schlechtem Beispiel voran. […]. Aber auch (oder gerade) auf Facebook-Pages oder auf Twitter sieht es nicht besser aus. Hier geben sich rechtschreibtechnisch Bewerber und Unternehmen die Klinke in die Hand.

Ich meine, ich äußere mich da in aller Weltöffentlichkeit als potenzieller Bewerber auf einer Karriere-Page, wo JEDER mitlesen kann, dann strotzt so ein Post nur vor Fehlern und dann soll ich als Unternehmen ernsthaft darauf eingehen? Gut, wie gesagt, auf einigen Pages sieht man von Arbeitgeberseite her nicht unbedingt Besseres. […]
In den USA gab es sogar 2008 eine Untersuchung dazu, welche Auswirkungen die Kommunikation im (Social) Web auf die schriftliche Ausdrucksfähigkeit hat. Und tatsächlich hat die Ausdrucksweise durch die 140-Zeichen-Welt gelitten (damals wurden nur Teenager befragt, ich bin aber davon überzeugt, dass es „Erwachsene“ genau so trifft):

- 50 % der befragten Teenager verwenden in Hausaufgaben nicht die richtige Groß- und Kleinschreibung und Zeichensetzung
- 38 % übernehmen Instant Messaging- oder E-Mail-Abkürzungen wie etwa LOL (was im Übrigen nicht für „Lots of Love“ steht, wie der ein oder andere meinen mag, sondern für „Laughing out loud“)
- 25 % haben ;-) und andere Emoticons verwendet.

Wie auch immer, ich plädiere für eine Liberalisierung der deutschen Rechtschreibung. Dann müssen wir auch nicht mehr über Groß- und Kleinschreibung diskutieren. LOL!

Social Media machen nicht dumm
Ach ja, und um noch einmal auf die Überschrift zurückzukommen: Social Media machen nicht dumm. Im Gegenteil. Allein das Auseinandersetzen mit dem Thema und das Verstehen dieser Medien sichert anderen gegenüber einen immensen Wissensvorsprung. Darüber hinaus können über Social Media viele Informationen abgerufen und geteilt werden, es kann gemeinsam an Projekten von all überall auf der Welt gearbeitet werden, in einer Form, die so niemals möglich gewesen wäre. […]

Quelle: knabenreich consult GmbH, http://personalmarketing2null.de/2011/06/16/machen-social-media-dumm-ueber-das-ende-der-deutschen-rechtschreibung/

Material 3

Perfekte Rechtschreibung im Blog?

[…] Ich liebe das Kribbeln einer Idee und es genau dann zu teilen. In Marketingworten könnte ich sagen: Der Blog dreht sich nicht um perfekte Texte, sondern um Impulse und Gelerntes. Was mir dabei wichtig ist? Wer es liest, versteht es und muss kein Marketingbla und Wiederholungen ertragen. Ich nenne das blogtauglich.
Ein Blog-Beitrag zeigt ein Stück von mir, wie ich denke und was mich inspiriert. Und auch, dass ich keine Bindestriche mag ☺ Obwohl diese für die Suche wertvoll sind […]. Für mich gibt es Textsorten, die „unterwegs entstehen" und solche, die fehlerfrei sein sollten.
[…] Gefühlt sind für mich zwei Fehler pro Blog-Beitrag ok. In einer Zeitung stört mich schon ein Fehler auf einer Seite. […]
Manchem Tweet sieht man an, ob er am Smartphone, unterm Laufen oder mit einer Tastatur getippt wurde. Vielleicht verändern die schnellen Möglichkeiten tatsächlich unsere Schreibweise, wie es Elisabeth in den Raum stellt. Eine Studie konnte ich nicht finden. Aber hier ist ein Beitrag von Blogwerk über typische Fehler.
Beim Bloggen bleib' ich erstmal dabei: Raus mit dem Inhalt, dann prüfen und so recht wie möglich schreiben. Meistens freu' ich mich, wenn ich noch rechtzeitig Fehler korrigieren kann (also wenn ich sie sehe). Und wenn nicht, ist's auch ok. Ja, bei Medienmitteilungen und Glückwunschkarten versuche ich, perfekt zu sein. Hier sind ein paar praktische Hilfen für Schreiberlinge: Duden; Korrekturen, Word Prüfung, Verständlichkeit, leicht lesbar und das Blablameter. Kein Bla-Bla gehört ja auch zum guten Stil.

Von Su Franke am 1. Oktober 2013, http://corporate-dialog.ch/2013/10/01/rechtschreibung-im-blog/

Manchmal eilt es einfach, manchmal weiss ich es nicht besser, manchmal sehe ich es nicht, manchmal meldet mir das Korrekturprogramm nichts, manchmal finde ich es schöner so, manchmal ist sich auch der Duden nicht ganz sicher und manchmal finde ich es nicht so wichtig. Doch ich kann versichern, dass es nichts mit fehlendem Respekt für den Leser oder die Leserin zu tun hat, wenn hier öfter Sätze stehen, die nicht gemäss den momentan gültigen Regeln der Rechtschreibung der deutschen Standardsprache geschrieben wurden.

Von Andreas von Gunten am 4. Oktober 2013, http://andreasvongunten.com/blog/es-fehlt-nicht-an-respekt

Obgleich wir nach wie vor der Meinung sind, dass natürlich auch eine, sagen wir es einmal vorsichtig, salonfähige Rechtschreibung und Zeichensetzung für ein dauerhaft erfolgreiches Listing in Suchmaschinen mit Sicherheit nicht schaden kann, kommt es bei Texten im Internet natürlich in erster Linie darauf an, dass sie am Ende auch einen Inhalt transportieren, der als solcher auch so wahrgenommen und wenn möglich auch so weitergegeben wird. ☺ Eure SEO-united.de Blogger

http://www.seo-united.de/blog/google/rechtschreibung-ist-dann-doch-nicht-alles-151.htm

Material 4

Studenten schätzen ihre Schreibkompetenz ein

Universität Bielefeld

Fakultät für Linguistik und Literaturwissenschaft
Fakultät für Physik

Anmerkung: An der Befragung nahmen 344 Studierende der Germanistik und 185 bzw. 176 Studierende aus der Physik teil.

LiKoM
Literale Kompetenzen

Schreiben bereitet mir Probleme.

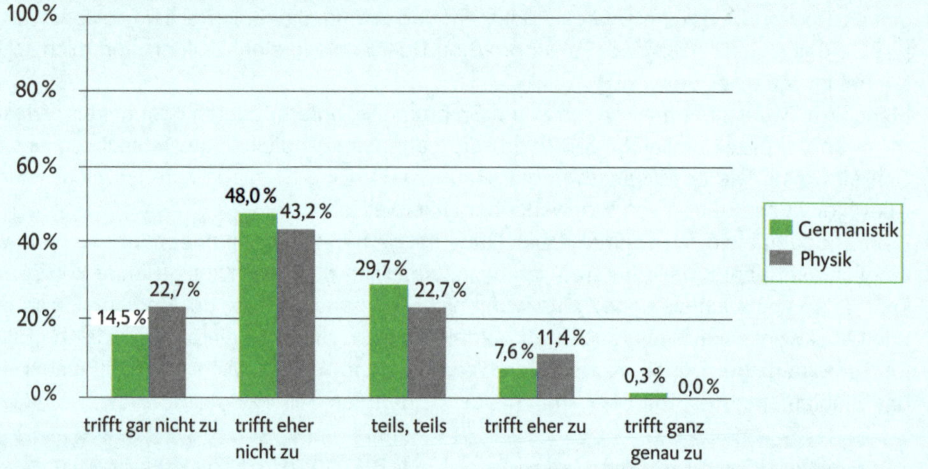

Eine korrekte Anwendung der Rechtschreibung und Grammatik fällt mir leicht.

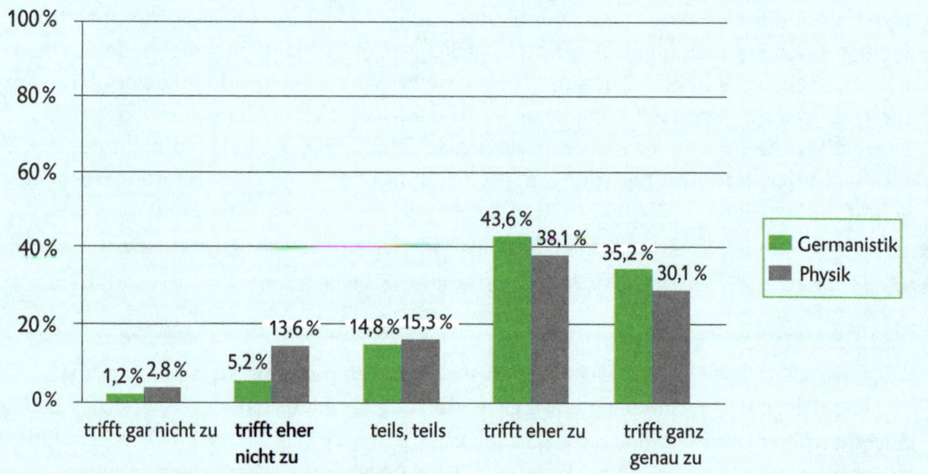

Quelle: Uni Bielefeld LiKOM Projekt: Fragebogen zur Selbsteinschätzung der Schreibkompetenz, http://www.uni-bielefeld.de/lili/projekte/likom/downloads/Fragebogen-zur-Selbsteinschaetzung-der-Schreibkompetenz.pdf; Autoren: Nadja Sennewald/Nicole Mandalka/Jonas Damme

Material 5

Essay und digitales Zeitalter

Ich soll einen Essay zum Thema „Der Stift ist mächtiger als das Schwert" schreiben. Zuerst muss ich bei Google nachsehen, was ein Stift ist.

Quelle: © Randy Glasbergen/www.glasbergen.com

Lösungen

Übungsaufgabe zum Thema „geschlechtergerechte Sprache“

Schritt 1: Die Aufgabenstellung erfassen

1 Den Text zu erschließen bedeutet, dessen **Inhalt zu erfassen** und den **gedanklichen Aufbau** nachzuvollziehen, und zwar unter besonderer Berücksichtigung der **Autorposition** und seiner **Argumentationsstrategie**. Dazu bedarf es auch einer eingehenden **Sprachbetrachtung** (rhetorische Mittel, Wortwahl, Syntax etc.).
Eine Stellungnahme verlangt die Formulierung einer **eigenen Meinung zur Position des Autors** in Auseinandersetzung mit den von ihm vorgebrachten Argumenten.

2 Es geht um die Frage nach der **Notwendigkeit einer geschlechtergerechten Sprache**.

Schritt 2: Den Text erschließen

3 Zusammenfassung der einzelnen Abschnitte

- [...]
- **Z. 16–41:** Gegenüberstellung der wesentlichen Argumente für und wider gendergerechte Sprache
- **Z. 42–65:** Verdeutlichung der Alters- und Geschlechtsunabhängigkeit der Haltung in der Debatte sowie ihrer Widersprüchlichkeit

- **Z. 66–71:** Erklärung, dass die Debatte geisteswissenschaftlichen Charakter trägt und offener geführt werden muss; daneben: Zweifel an der Bedeutung der Debatte (durch Verweis auf die Prägekraft von sozialen Rollen)
- **Z. 72–78:** Vorwurf, dass an der Humboldt-Maxime von der Prägekraft der Sprache kritiklos festgehalten wird, und Forderung zur praktischen Gleichstellung von Frauen (im Gegensatz zur bloß sprachlichen Berücksichtigung)
- **Z. 79–84:** Fortführung der Kritik an den deutschen Linguisten in Bezug auf ihren unkritischen Gebrauch des Begriffs „generisches Maskulinum"
- **Z. 85–94:** Missbilligung blinden Engagements zugunsten politisch korrekter Sprache → Ausdruck von Ignoranz und fehlendem Verständnis für künstlerische Ausdrucksformen und für die Schönheit der Sprache

4 Beobachtungen zu den sprachlich-stilistischen Mitteln

- **Plural** „Debatten" (Z. 1 f.) zur Verdeutlichung des Ausmaßes des Gender-Streits
- **ironisches Wortspiel** bei der Rede von der „Ratlosigkeit" (Z. 12) beim „Rat für Deutsche Rechtschreibung" (ebd.) als Verweis auf die Unentscheidbarkeit der Debatte
- **Konjunktiv** (vgl. u. a. Z. 18–36) zur Wiedergabe von Expertenmeinung
- **Pejorativ** (herabsetzender Ausdruck) „Psychotests" (Z. 68) und damit Entkräftung der Gegenposition
- **ironische Bezeichnung** der Befürworter gendergerechter Sprache als „Gerechtigkeitshersteller" (Z. 30); Distanzierung des Autors von der Gegenseite
- **Umgangssprache** („wenn's ums große Menschheitsganze geht", Z. 35 f.): Unterstreichung der vermeintlichen Unüberlegtheit der Gegenposition
- **Fachbegriffe** („Genus", Z. 20; „Sexus", Z. 21) und (sinngemäßes) **Zitieren aus Fachliteratur** (vgl. z. B. Z. 48–52) als Nachweis der eigenen Expertenschaft
- **Neologismus** „German Linguistic Angst" (Z. 73): Andeutung der Voreingenommenheit der Gegenseite und Schüren von Zweifeln an der Rationalität der gegnerischen Argumentation
- **Bild** von der Sprachbetrachtung „durch den Ausschnitt [...] [von] Computerbildschirme[n]" (Z. 87 f.): Verdeutlichung der eingeschränkten Sichtweise der Gegenseite

- Mittel der **Steigerung** („nicht nur unwichtig“, Z. 90; „gar nichts“, ebd.) und **Apposition** (vgl. Z. 92 f.) zur Kritik am fehlenden Verständnis für die Schönheit der Sprache
- Herabsetzung der Gender-Befürworter durch einen **Vergleich** (ihres Einsatzes für gerechte Sprache auf Kosten der Sprachästhetik mit der Borniertheit von Verwaltungsbeamten, die eine Energiesparverordnung ohne Rücksicht auf die Architektur umsetzten; vgl. Z. 91 ff.)
- **Metapher** vom „Schimmelteppich aus Korrektheitssignalen“ (Z. 94) zur Warnung vor den möglichen Folgen des Genderns für die deutsche Sprache

5 Ordnung der Ergebnisse zur Sprachanalyse

Ziel, Funktion, Wirkung	sprachlich-stilistische/s Gestaltungsmittel
Steigerung der Überzeugungskraft	■ […] ■ Verwendung von **Fachbegriffen** („Genus“, Z. 20; „Sexus“ Z. 21; „Indogermanisch[ ]“ Z. 39; „generisches Maskulinum“, Z. 80) ■ Wiedergabe unterschiedlicher Positionen im **Konjunktiv** (vgl. Z. 18 – 36)
Präzisierung der Position, Zuspitzung	■ […] ■ **antithetischer Verweis** auf die „Ratlosigkeit“ (Z. 12) beim „Rat für deutsche Rechtschreibung“ (ebd.) als Verweis auf die Unentscheidbarkeit der Gender-Debatte
Abgrenzung von der Gegenseite	■ […] ■ **ironische Bezeichnung** der Befürworter gendergerechter Sprache als „Gerechtigkeitshersteller“ (Z. 30) zur Distanzierung von der Gegenseite ■ **Umgangssprache** (vgl. Z. 35 f.) zur Unterstreichung der vermeintlichen Unüberlegtheit der Gegenposition ■ **Metapher** vom die Schönheit der Sprache erstickenden „Schimmelteppich aus Korrektheitssignalen“ (Z. 94) zur Warnung vor den möglichen Folgen des Genderns ■ **Bild** von der Sprachbetrachtung „durch den Ausschnitt […] [von] Computerbildschirme[n]“ (Z. 87) zur Verdeutlichung der eingeschränkten Sichtweise der Gegenseite ■ **Neologismus** „German Linguistic Angst“ (Z. 73) zur Andeutung der Voreingenommenheit der Gegenseite und zum Schüren von Zweifeln an der Rationalität ihrer Argumentation

6 Der Autor **informiert** über ein aktuelles Ereignis und **kommentiert** dieses. Aus der sprachlichen Gestaltung (vgl. Ironie) geht außerdem hervor, dass der Verfasser die Leser **unterhalten** möchte. Diese gehören dem **Bildungsbürgertum** an, worauf das Thema des Beitrags und die Verwendung von Fachbegriffen schließen lassen.

7 Heines Text zielt eindeutig auf Beeinflussung der Meinungsbildung bei den Leserinnen und Lesern durch persönliche, fundierte **Stellungnahme des Autors** zu einem aktuellen Sachverhalt. Dass der Autor den Text nicht assoziativ aufgebaut, sondern logisch durchstrukturiert hat, spricht gegen das Vorliegen eines Essays. Ebenso wenig handelt es sich um eine Glosse. Zwar weist der Text ironische Passagen auf. Aber insgesamt bleibt die sprachliche Gestaltung sachlich. All das deutet auf die Textsorte **Kommentar**.

Schritt 3: Stoff für die Stellungnahme sammeln

8 Position des Autors

- a Geschlechtergerechte Sprache ist nicht notwendig, um die Gleichstellung der Frau voranzubringen. ☐
- b Um Geschlechtergerechtigkeit durchzusetzen, muss man bei der Bewusstseinsbildung durch geeignete weibliche Rollenvorbilder in Männerdomänen ansetzen. ☒
- c Geschlechtergerechte Sprache ist keine Alternative zum generischen Maskulinum. ☐
- d Die Diskussion um geschlechtergerechte Sprache lenkt ab von den eigentlichen Herausforderungen bei der Gleichstellung der Geschlechter. ☐

9 Stoffsammlung

pro geschlechtergerechte Sprache als wirksames Instrument zur Verwirklichung von Geschlechtergerechtigkeit	kontra geschlechtergerechte Sprache als wirksames Instrument zur Verwirklichung von Geschlechtergerechtigkeit
▪ Benachteiligung der Frau durch das generische Maskulinum: Frauen zwar mitgemeint, aber nicht immer mitgedacht ▪ Umsetzung von geschlechtergerechter Sprache als Zeichen der Anerkennung des Gleichheitsgrundsatzes zwischen Mann und Frau ▪ Sprache als Ausgangspunkt für einen Bewusstseinswandel, der eine Voraussetzung für die Verwirklichung von Geschlechtergerechtigkeit ist	▪ Genus ungleich Sexus: generisches Maskulinum ohne Bezug zum natürlichen Geschlecht ▪ stärkere Auswirkungen von Rollenbildern im Vergleich zum Einfluss von Sprache ▪ Verwirrung durch ständig neue Formen zur Abbildung des Gleichheitsprinzips. Folge: fehlende Praktikabilität im Alltag und Gefahr von Trotzreflexen statt des erhofften gesellschaftlichen Bewusstseinswandels

10 Individuelle Lösung zum persönlichen Fazit

Schritt 4: Eine Gliederung erarbeiten

11 Ideensammlung für Einleitung und Schluss

Einleitung	Schluss
Gleichberechtigung von Mann und Frau laut Artikel 3 des Grundgesetzes	mehr Gleichberechtigung: eine Chance für alle Geschlechter
Kampf für gleiche Löhne am *Equal Pay Day*	Gleichberechtigung zwischen Mann und Frau: eine langer Weg – auch im Kampf um Lohngerechtigkeit

12 **Vorteil:** Die sprachliche Gestaltung steht in einem funktionalen Zusammenhang mit der Gedankenführung des Autors, sodass sich die sprachliche Analyse sinnvoll mit der Erschließung von Inhalt und Aufbau verknüpfen lässt.

Nachteil: Die Berücksichtigung aller relevanten sprachlichen Gestaltungsmittel im Rahmen der Erschließung von Inhalt und Aufbau setzt einen differenzierten Schreibplan voraus. Andernfalls besteht die Gefahr, die Argumentationsstruktur des zugrunde liegenden Textes aus den Augen zu verlieren.

13 Nach der Erschließung von Inhalt und Aufbau liegt es gedanklich-logisch nahe, die Überzeugungskraft der **Argumentation** des zugrunde liegenden Textes zu bewerten und in diesem Zusammenhang die vom Autor gewählten **rhetorischen/sprachlichen** Mittel unter die Lupe zu nehmen. Die **Abgrenzung** von der Gegenseite ist eine rhetorische Strategie zur Beeinflussung. So ergibt sich ganz natürlich die Frage nach einer Stellungnahme zur **Position** des Autors. Deshalb ist es klug, die Textbeobachtungen zu dieser rhetorischen Strategie ans **Ende** der Ausführungen zur sprachlichen Gestaltung zu stellen und quasi als **Überleitung** zur Stellungnahme zu verwenden.

Schritt 5: Textzusammenfassung und Sprachanalyse schreiben

14 Die Idee, die Nationalhymne zu ändern, wirft die **Frage nach der Notwendigkeit einer geschlechtergerechten Sprache** auf. Damit setzt sich auch **Matthias Heine** in seinem **Kommentar „Warum die Gendersternchen-Debatte so deprimierend ist“** auseinander, der am **8. Juni 2018** in der Tageszeitung **„Die Welt“** erschienen ist.

15 Passender Einleitungsgedanke

a Neil Armstrong war der erste Mann auf dem Mond. Dass bereits im Jahre 1969 ein Mensch auf dem Mond landen konnte, ist ein Verdienst zahlreicher Ingenieure, Physiker und Techniker. Die starren Rollenbilder von Mann und Frau in den 1960er-Jahren führten dazu, dass relativ wenige Frauen die Möglichkeit erhielten, an diesem Meilenstein in der Menschheitsgeschichte teilzuhaben. Doch ist das heutzutage anders? ☐

b Psychischen Studien zufolge stellt sich die Mehrheit der Menschen einen Mann vor, wenn der Begriff „Astronaut“ fällt. Linguisten weisen aber darauf hin, dass mit diesem Begriff auch Astronautinnen gemeint sein können, da das Genus eines Wortes nichts zu tun haben muss mit dem Sexus. ☐

c Jahr für Jahr gehen Frauen am *Equal Pay Day* auf die Straße. An diesem Tag wird symbolisch darauf hingewiesen, dass Frauen auch heutzutage für gleichen Lohn in etwa drei Monate länger arbeiten müssen als ihre männlichen Kollegen, bzw. rechnerisch bis Anfang März umsonst gearbeitet haben. Um die Gleichstellung der Geschlechter zu fördern, wollen einige den Gebrauch der Sprache ändern. ☒

Begründung für bzw. gegen den Einleitungsgedanken

a Der Aspekt der Sprache wird bei der Frage der Ungleichheit zwischen den Geschlechtern ausgeblendet.

b Inhalte aus dem Hauptteil werden vorweggenommen. Zudem stiftet der Einleitungsgedanke eher Verwirrung.

c Der Gesichtspunkt der sozialen Ungleichheit zwischen Männern und Frauen wird verknüpft mit der Frage nach dem Einfluss von Sprache auf die Wirklichkeit.

16 Untersuchung einer Inhaltsangabe

Zusammenfassung des Inhalts	Aufbau der Inhaltsangabe
Der Autor bezweifelt, dass die Verpflichtung zur gendergerechten Sprache der richtige Weg ist, um die Gleichstellung der Frauen voranzubringen. Ausgangspunkt für die Förderung der Geschlechtergerechtigkeit sei vielmehr die Bewusstseinsbildung durch geeignete weibliche Rollenvorbilder in Männerdomänen.	Zusammenfassung der Autorposition
Argumentativ entwickelt der Autor diese Position in mehreren Schritten.	Überleitung zur eigentlichen Inhaltsangabe
Im Rahmen der Einleitung (Z. 1–11) vergleicht der Autor die aktuelle Debatte über gendergerechte Sprache mit einem Glaubensstreit vergangener Zeiten. Seines Erachtens werden unsere Nachfahren einmal ebenso irritiert von der Diskussion ums generische Maskulinum sein wie wir heute von den Glaubensstreitigkeiten des Mittelalters. Auf diese Weise weckt der Autor nicht nur das Interesse der Leser, sondern stellt zugleich die ganze Diskussion über geschlechtergerechte Sprache infrage.	Erschließung von Z. 1–11 in Bezug auf Inhalt, Aufbau sowie Argumentationsstruktur
Angesichts dessen begrüßt Heine die Entscheidung des Rates für deutsche Rechtschreibung, die Empfehlung für gendergerechtes Schreiben zu vertagen (Z. 12–15).	Erschließung von Z. 12–15 in Bezug auf Inhalt, Aufbau sowie Argumentationsstruktur

17 Korrektur einer Inhaltsangabe

(fehlerhafte) Zusammenfassung des Inhalts	Erläuterung der Fehler
Im Anschluss daran fasst der Autor in den Zeilen 16 bis 41 die Argumente für und wider gegenderte Sprache zusammen. Die Gegner des Genderns berufen sich auf folgende Argumente:	
Erstens kann von einer Benachteiligung der Frau durch das generische Maskulinum keine Rede sein,	indirekte Zitate durch Konjunktiv markieren
da das Genus nichts mit dem Sexus zu tun hat.	eigenständig formulieren
Gendergerechte Sprachnormierung führe zu Verstößen gegen die Grammatik. Außerdem litten die Eleganz und Freiheit der Sprache.	fehlende Verdeutlichung des gedanklich-logischen Zusammenhangs
Gegen diese Argumentation wenden die „Gerechtigkeitshersteller" (Z. 30) ein, dass das grammatische Geschlecht die Vorstellung vom natürlichen Geschlecht beeinflusst.	eigenständig formulieren
~~All das kann nachgelesen werden in zwei aktuellen Büchern, die folgende Titel tragen: „Die Teufelin steckt im Detail" sowie „Warum wir politisch korrekte Sprache brauchen".~~	Inhalte von Z. 34–41 nicht erfasst/auf das Wesentliche beschränken

Mögliche Überarbeitung

Im Anschluss daran fasst der Autor in den Zeilen 16 bis 41 die Argumente für und wider gegenderte Sprache zusammen. Erstens könne aus Sicht der Gender-Gegner von einer Benachteiligung der Frau durch das generische Maskulinum keine Rede sein, da es keinen Bezug zum natürlichen Geschlecht habe. Gendergerechte Sprachnormierung führe **ferner** zu Verstößen gegen die Grammatik. Außerdem litten die Eleganz und Freiheit der Sprache.

Gegen diese Argumentation wenden Gender-Befürworter ein, dass das grammatische Geschlecht die Vorstellung vom natürlichen Geschlecht beeinflusst. Darüber hinaus rechtfertige die Gleichstellung der Geschlechter nicht nur Veränderungen des grammatischen Systems, sondern auch Abstriche in ästhetischer Hinsicht. Anhand eines Beispiels verdeutlicht der Autor, dass auch sprachgeschichtliche Überlegungen in die Debatte einfließen.

18 Korrektur fehlerhafter Zitate

a

Der Autor ist auf dem neuesten Stand der Forschung. Er dokumentiert dies durch ausführliche Wiedergabe von Expertenmeinung und verwendet entsprechend häufig den Konjunktiv. „Studierende seien nicht dasselbe wie Studenten“ (Z. 27 f.).	**Fehler:** Textbeleg nicht in den Satzbau integriert

Verbesserung: *[… Konjunktiv.] Ein Beispiel findet sich unter anderem in Z. 27 f., wo es heißt: „Studierende seien nicht dasselbe wie Studenten.“*

b

Der Autor ist Experte auf dem Gebiet der Sprachwissenschaft, was er durch Verwendung von Fachbegriffen wie Genus oder Sexus zeigt.	**Fehler:** Zitate weder markiert noch belegt

Verbesserung: *[…] wie „Genus“ (Z. 20) oder „Sexus“ (Z. 21) zeigt.*

c

Anhand zahlreicher Zitate z. B. Z. 48 – 52 aus der Fachliteratur demonstriert der Autor die eigene Expertenschaft.	**Fehler:** indirektes und direktes Zitat nicht unterschieden

Verbesserung: *Anhand zahlreicher Zitate (vgl. z. B. Z. 48–52) aus der Fachliteratur […]*

d

Umgangssprache platziert der Autor bei der Wiedergabe der Gegenposition so, dass die Argumente der Gegenseite unüberlegt bzw. naiv erscheinen. Deren Anhänger sind der Ansicht, dass ästhetische Fragen nur eine untergeordnete Rolle spielen, „wenn's ums große Menschheitsganze geht“ (Z. 35 f.).	**Fehler:** Wiedergabe von fremder Meinungsäußerung nicht gekennzeichnet durch Konjunktiv oder sprachliche Wendungen wie „laut …“ oder „… zufolge“.

Verbesserung: *[…] Deren Anhänger seien der Ansicht […].*
Alternativ: Dem Autor zufolge sind deren Anhänger der Ansicht […].

19 Der Autor ist auf dem neuesten Stand der Forschung. Er dokumentiert dies durch ausführliche Wiedergabe von Expertenmeinung und verwendet entsprechend häufig Konjunktiv (vgl. Z. 18–36). Ebenso geschickt, wie der Autor die eigene Expertise demonstriert, stellt er die Gegenseite infrage. Denn Umgangssprache platziert der Autor bei der Wiedergabe der Gegenposition so, dass die Argumente der Gegenseite naiv erscheinen. Heine findet die Gegenposition aber nicht nur unüberlegt, sondern auch gefährlich für die Schönheit der deutschen Sprache. Ihm zufolge sind Anhänger des Genderns der Ansicht, dass ästhetische Fragen nur eine untergeordnete Rolle spielen, „wenn's ums große Menschheitsganze geht" (Z. 35 f.). Zur Warnung vor den möglichen Folgen des Genderns für die deutsche Sprache gebraucht der Autor die Metapher vom „Schimmelteppich aus Korrektheitssignalen" (Z. 94).

Schritt 6: Zu einem Text Stellung nehmen

20 Bestandteile eines Arguments

Argument	Bestandteil des Arguments
Unbestritten ist, dass das Verhältnis von Männern und Frauen weit mehr von Rollenbildern bestimmt wird als durch besondere sprachliche Ausdrucksformen.	Behauptung
Das liegt unter anderem daran, dass die Debatte, inwiefern Gleichheit zwischen Männern und Frauen sprachlich realisiert werden kann, relativ abstrakt geführt wird. Demgegenüber werden Rollenmuster von frühester Kindheit an übernommen und wirken sich daher viel nachhaltiger auf das Leben von Frauen und Männern aus als Diskussionen über bestimmte sprachliche Regelungen.	Begründung
So wird bereits seit mehreren Jahrzehnten versucht, Frauen durch verschiedene Verfahren stärker in der Sprache abzubilden. Getragen sind diese Versuche von der Überzeugung, dass das Deutsche eine Männersprache ist (vgl. Z. 49). Im gleichen Zeitraum aber, in denen verschiedene Formen für geschlechtergerechtes Formulieren aufkamen, wurden nur schleppend Fortschritte in Bezug auf die Verwirklichung von Geschlechtergerechtigkeit erzielt. Bis heute sind beispielsweise deutliche Unterschiede in Bezug auf die Gehälter von Männern und Frauen festzustellen.	Beispiel
Wenn sich also die Gleichheit von Mann und Frau auch in der gesellschaftlichen Wirklichkeit widerspiegeln soll, muss sich an erster Stelle etwas an den sozialen Verhältnissen ändern. Hier ist die Politik gefordert und nicht die Sprachwissenschaft.	Folgerung

21 Bewertung von Bestandteilen eines Arguments

- **a** Beitrag zu einer insgesamt gerechteren Gesellschaft – nicht nur für Frauen, sondern für alle – angesichts der wirklichkeitsprägenden Kraft der Sprache (nach Wilhelm von Humboldt) ☐
- **b** stärkere Auswirkungen von Rollenbildern im Vergleich zum Einfluss von Sprache ☒
- **c** diskriminierte Frauen auch in Ländern mit Sprachen ohne Genus, z. B. Englisch oder Türkisch ☒
- **d** Verstoß gegen die sprachliche Ästhetik und grammatische Strukturen (z. B. „Kund*innen") ☐

Begründung für bzw. gegen das Aufgreifen der Überlegungen in der Argumentation:

- **a** nur bedingte Eignung als Begründung aufgrund bloß vagen Bezugs zur These; denkbar als Folgerung beim Argument „mehr Chancengleichheit" (z. B. durch direkte Anrede von Frauen in Stellenanzeigen)
- **b** geeignete Überlegung, um die Eignung von Sprache als wirksames Instrument zur Verwirklichung von Geschlechtergerechtigkeit infrage zu stellen
- **c** geeignete Überlegung, um ein Beispiel für die Behauptung zu nennen, die Sprache habe einen geringeren Einfluss auf die Verwirklichung von Geschlechtergerechtigkeit als Rollenbilder
- **d** ungeeignete Überlegung, da die Themafrage nicht auf eine umfassende Erörterung der Vor- und Nachteile geschlechtergerechter Sprache abzielt

22 Ergänzung von Formulierungshilfen

Funktion	Formulierung
Reihung und Steigerung	*des Weiteren ist zu beachten; nicht zuletzt*
Begründungszusammenhänge	*daher; deshalb*
Auswirkungen	*als Konsequenz ergibt sich; in der Folge*
Einschränkungen und Einwände	*es ist jedoch nicht außer Acht zu lassen; allerdings*
Überleitung zur Gegenposition	*Während Kritiker betonen, ..., heben die Befürworter hervor, ...; Auf der anderen Seite darf jedoch nicht übersehen werden*
Abschluss	*Es bleibt also festzuhalten; Aus dem Für und Wider zur Frage ... ergibt sich*

23 Korrektur einer Argumentation

(fehlerhafte) Argumentation	Erläuterung der Fehler
Immer neue Formen zur Abbildung des Gleichheitsprinzips zwischen den Geschlechtern stiften eher Verwirrung, als dass sie das Ziel, Männer und Frauen in der Sprache gleichermaßen zu repräsentieren, befördern.	genauer ausführen: Behauptung durch Begründung und Beispiel(e) entfalten
Es drohen Trotzreflexe in der Bevölkerung anstelle des erhofften gesellschaftlichen Bewusstseinswandels. Was kommt nach Sternchen und Gap? Noch ein weiteres Zeichen und die ersten Bücher werden brennen!	Übertreibung, mangelnde Sachlichkeit

Mögliche Überarbeitung
Immer neue Formen zur Abbildung des Gleichheitsprinzips zwischen den Geschlechtern stiften eher Verwirrung, als dass sie das Ziel, Männer und Frauen in der Sprache gleichermaßen zu repräsentieren, befördern. Schließlich gibt es viele verschiedene Möglichkeiten, geschlechtssensibel zu formulieren: vom Gendersternchen (Student*innen) und Binnen-I (StudentInnen) über den Gender-Gap (Student_Innen) bis hin zu neutralen Formen wie „Studierende" oder Paarformen. Je nach Kontext erscheint mal die eine, mal die andere Variante sinnvoller. Nicht umsonst soll der Rat für deutsche Rechtschreibung Regeln für geschlechtergerechte Sprache finden. Gendern will gelernt sein.

Das kostet Nerven und führt schnell zu Überforderung. Infolgedessen drohen Trotzreflexe in der Bevölkerung anstelle des erhofften gesellschaftlichen Bewusstseinswandels.

24 Aufbau der Synthese

1 – **2** – 3	Zwar kann geschlechtergerechte Sprache einen kleinen Beitrag leisten, das Prinzip der Gleichheit zwischen Männern und Frauen stärker ins allgemeine Bewusstsein zu rufen. Die Wirksamkeit dieses Sprachgebrauchs ist jedoch begrenzt, da diese Art zu reden bzw. zu schreiben in vielen Kommunikationssituationen umständlich und unpassend erscheint. Viel stärker wird unser Denken und Handeln von der sozialen Wirklichkeit geprägt. Daher überwiegen die Auswirkungen von Rollenbildern den Einfluss von Sprache.
1 – 2 – **3**	Deshalb sollte die Gleichstellung der Frau meiner Meinung nach nicht über die Einführung geschlechtergerechter Sprache angestrebt werden, sondern ist vielmehr in der Realität durch entsprechende Gesetze durchzusetzen.
1 – 2 – 3	Aus dem Für und Wider zur Frage, ob Sprache ein geeignetes Mittel zur Förderung der Geschlechtergerechtigkeit ist, ergibt sich ein gemischter Befund.

25 Ausformuliertes Aufsatzbeispiel

Einleitung
Einstiegsgedanke, Basisinformationen zum Text, Aufgabenstellung

„Frauen und Männer sind gleichberechtigt". So will es das Grundgesetz. Aber jeder weiß: Zwischen Verfassungstheorie und Verfassungswirklichkeit klafft eine Lücke. Um die Gleichstellung der Geschlechter zu fördern, wollen einige den Gebrauch der Sprache ändern. Anlässlich der Vertagung einer Entscheidung durch den Rat für deutsche Rechtschreibung setzt sich auch Matthias Heine in seinem Kommentar „Warum die Gendersternchen-Debatte so deprimierend ist" mit der Frage nach der Notwendigkeit einer geschlechtergerechten Sprache auseinander. In dem Text, der am

8. Juni 2018 in der Tageszeitung „Die Welt“ erschienen ist, fasst der Autor gegensätzliche wissenschaftliche Positionen zusammen und übt schließlich Kritik an der Argumentation der Gender-Befürworter. Die Ausführungen Heines werden im Folgenden im Blick auf Inhalt und Aufbau sowie deren sprachliche Gestaltung erschlossen, ehe eine Stellungnahme zur Forderung nach geschlechtergerechter Sprache erfolgt.

Hauptteil
Analyse von Inhalt und Aufbau

Der Autor bezweifelt, dass die Verwendung einer gendergerechten Sprache der richtige Weg ist, um die Gleichstellung der Frauen voranzubringen. Um Geschlechtergerechtigkeit herzustellen, müsse man vielmehr bei der Bewusstseinsbildung durch geeignete weibliche Rollenvorbilder in Männerdomänen ansetzen. Argumentativ entwickelt der Autor diese Position in mehreren Schritten.

erster Sinnabschnitt

Im Rahmen der Einleitung (Z. 1–11) vergleicht der Autor die aktuelle Debatte über gendergerechte Sprache mit dem Glaubensstreit vergangener Zeiten. Seines Erachtens werden unsere Nachfahren einmal ebenso irritiert von der Diskussion um das generische Maskulinum sein wie wir heute von den Glaubensstreitigkeiten der Reformation. Auf diese Weise weckt der Autor nicht nur das Interesse der Leserschaft, sondern stellt auch die Diskussion über geschlechtergerechte Sprache infrage. Entsprechend begrüßt Heine die Entscheidung des Rates für deutsche Rechtschreibung, die Empfehlung für gendergerechtes Schreiben zu vertagen (Z. 12–15).

zweiter Sinnabschnitt

Im Anschluss daran fasst der Autor die Argumente für und wider gegenderte Sprache zusammen (Z. 16–41). Erstens könne aus Sicht der Gender-Gegner von einer Benachteiligung von Frauen durch das generische Maskulinum keine Rede sein, da dieses keinen Bezug zum natürlichen Geschlecht habe. Gendergerechte Sprachnormierung führe ferner zu Verstößen gegen die Grammatik. Außerdem litten die Eleganz und Freiheit der Sprache. Gegen diese Argumentation wenden Gender-Befürworter ein, das grammatische Geschlecht beeinflusse die Vorstellung vom natürlichen Geschlecht. Darüber hinaus rechtfertige die Gleichstellung der Geschlechter nicht nur Veränderungen des grammatischen Systems, sondern auch Abstriche in ästhetischer Hinsicht. Anhand eines Beispiels verdeutlicht der Autor, dass auch sprachgeschichtliche Überlegungen in die Debatte einfließen.

dritter Sinnabschnitt

Darauf folgt ein Blick in die Werke der führenden Sprachwissenschaftler und -wissenschaftlerinnen (Z. 42–65). Dabei zeigt der Autor nicht nur, dass die Haltung zur Frage der Notwendigkeit gendergerechter Sprache alters- und geschlechtsunabhängig ist. Er demonstriert auch die Widersprüchlichkeit der Debatte. Letzteres führt der Autor auf den geisteswissenschaftlichen Charakter der Linguistik zurück (Z. 66–71). In diesem Zusammenhang äußert er außerdem grundsätzliche Zweifel an der Bedeutung der Debatte, indem er auf die Prägekraft von sozialen Rollen verweist.

vierter Sinnabschnitt

Dies mündet in den Vorwurf des kritiklosen Festhaltens an der Humboldt-Maxime von der Beeinflussung des Denkens durch unsere Sprache und die Forderung des Autors nach praktischer Gleichstellung von Frauen im Gegensatz zur bloß sprachlichen Berücksichtigung (Z. 72–78). Der Autor verschärft seine Kritik noch, indem er den unkritischen Gebrauch des Terminus „generisches Maskulinum" problematisiert (Z. 79–84).

fünfter Sinnabschnitt

Abschließend diskreditiert der Autor das Engagement zugunsten politisch korrekter Sprache als Ausdruck von Ignoranz und fehlendem Verständnis für künstlerische Ausdrucksformen und die Schönheit der Sprache (Z. 85–94).

Analyse der sprachlichen Gestaltung
Steigerung der Überzeugungskraft

Die **Überzeugungskraft** der Argumentation wird gestützt durch Mittel der sprachlichen Gestaltung. Am Beginn des Kommentars fällt der Gebrauch des kollektiven **„Wir"** („unsere Debatten", Z. 1 f.; „wir", Z. 4) oder des Indefinitpronomens **„man"** (Z. 9) auf. Dadurch wird der Eindruck erweckt, die folgenden Ausführungen wären **allgemeingültig**. Daneben ist der Text gekennzeichnet durch eine **hohe Dichte an Fachinformationen**, die der Autor seinen Leserinnen und Lesern vermittelt und wodurch er für sich selbst in Anspruch nimmt, auf dem neuesten Stand der Forschung zu sein. Er dokumentiert dies durch ausführliche **Wiedergabe von Expertenmeinungen** (vgl. z. B. Z. 37–52) und durch Verwendung von Fachbegriffen aus dem Bereich der Linguistik (z. B. „Genus", Z. 20; „Sexus", Z. 21; „Indogermanisch[ ]", Z. 39, „generisches Maskulinum", Z. 80). Zudem gibt sich Heine zunächst als neutraler Beobachter der Diskussion, indem er unterschiedliche Standpunkte in der Frage des geschlechtergerechten Formulierens konsequent im **Konjunktiv** formuliert (vgl. Z. 18–36). Die Argumente auf beiden Seiten fasst er in aller Kürze zusammen und reiht sie in überwiegend **parataktischem Stil** aneinander (vgl. Z. 25–28 und Z. 34 ff.). Indem der Autor unterschiedliche Positionen wie ein Referent zusammenfasst, gewinnt der Kommentar insgesamt an Überzeugungskraft.

Präzisierung der eigenen Position

Dennoch lässt der Autor keinen Zweifel an seinem persönlichen Standpunkt in der Gender-Debatte. Hierzu wählt er vor allem Mittel der Zuspitzung und Kontrastierung. So thematisiert Heine bereits zu Beginn seiner Ausführungen die aus seiner Sicht bestehende Fragwürdigkeit bei der Diskussion um gendergerechte Sprache. Seiner Meinung nach ist Spott eine adäquate Reaktion, wie er durch die **Steigerung** „belächeln" / „lachen" (Z. 3 f./9) deutlich macht. Heines ablehnende Haltung kommt auch zum Ausdruck, wenn er „Glaubensbehauptungen" (Z. 10) und „Wissenschaften" (Z. 11) einander **antithetisch gegenüberstellt**, wodurch er die Rationalität der Debatte in Zweifel zieht. Diese Ansicht zeigt sich auch darin, dass der Autor dem Rat für deutsche Rechtschreibung „Ratlosigkeit" (Z. 12) attestiert. Dieses **ironische Wortspiel** zielt weniger auf die Infragestellung des Rechtschreiberats, sondern macht vielmehr deutlich, dass auch anerkannte Institutionen von der Vehemenz, mit der die Diskussion um das Gendern geführt wird, überfordert sind.

Abgrenzung von der Gegenseite

Insbesondere an der Argumentation der Gender-Befürworter übt der Autor scharfe Kritik, die sich auf sprachlicher Ebene durch Mittel der Abgrenzung manifestiert. Anhänger des Genderns bezeichnet der Kommentator **ironisch** als „Gerechtigkeitshersteller" (Z. 30). Indirekt wirft er seinen Gegnern damit Naivität vor, denn Gerechtigkeit lässt sich seiner Ansicht nach nicht so einfach „herstellen" wie ein beliebiges Konsumprodukt. Daneben erhebt Heine den Vorwurf, Anhänger der Gegenposition würden zu hohen Wert auf die Ergebnisse von „Psychotests" (Z. 68) legen. Die **pejorative Verwendung des Begriffs** macht deutlich, dass der Autor wenig von psychologischen Studien bei einer primär sprachwissenschaftlichen Frage hält. Daneben seien die Befürworter des Genderns getrieben von einer „German

Linguistic Angst“ (Z. 73). Durch diesen **Neologismus** schürt Heine Zweifel an der Rationalität seiner Gegner. Die Abgrenzung von der Gegenseite mündet am Ende des Kommentars schließlich in scharfe **Polemik**. Um auf die Gefahren des Genderns für die deutsche Sprache hinzuweisen, verwendet der Autor die **Metapher** vom die Schönheit der Sprache erstickenden „Schimmelteppich aus Korrektheitssignalen“ (Z. 94). Durch dieses eindrückliche Bild steigert er nicht nur die Anschaulichkeit seiner Warnung, sondern vereinnahmt die Leserinnen und Leser auch emotional für seine ablehnende Haltung, da Schimmel eindeutig negativ konnotiert ist.

Stellungnahme
Aufgreifen der Themafrage

Aus der sprachlichen Form des Textes geht deutlich hervor, dass Heines Ziel darin besteht, die Meinung der Leserinnen und Leser zu beeinflussen. Sie sollen von der Fragwürdigkeit des Genderns überzeugt werden. Denn Heine bezweifelt, dass gendergerechte Sprache die Gleichstellung der Frau entscheidend fördere. Er meint: „Wenn […] Kinder sich unter Astronauten auch Frauen vorstellen sollen, müssten mehr Astronautinnen ins All geschickt werden, statt sie sprachlich hervorzuheben“ (Z. 75 ff.). Der Autor bestreitet also nicht die noch bestehende Ungleichheit zwischen Männern und Frauen, die sich vor allem auch im Berufsleben zeigt. So weist er darauf hin, dass die Raumfahrt nach wie vor eine Männerdomäne ist. Aber damit sich im Denken der Menschen und letztlich auch an realen Verhältnissen etwas ändert, sind nach Meinung des Autors konkrete Maßnahmen zur Veränderung der sozialen Wirklichkeit erforderlich und nicht Eingriffe in die Sprache. Daher stellt sich die **Frage, ob Sprache nur einen geringen Einfluss auf die Verwirklichung von Geschlechtergerechtigkeit** hat.

Pro-Argument

Zunächst ist nicht von der Hand zu weisen, dass **Rollenvorbilder entscheidend** für die Gleichstellung der Frau sind. Heines Sichtweise, dass diese das Verhältnis von Männern und Frauen nachhaltiger prägen als sprachliche Ausdrucksformen, ist daher nachvollziehbar. Seine Argumentation gewinnt angesichts der Tatsache, dass die Debatte, inwiefern Gleichheit zwischen Männern und Frauen sprachlich realisiert werden kann, relativ abstrakt geführt wird, an Überzeugungskraft. Demgegenüber werden Rollenmuster von frühester Kindheit an übernommen und wirken sich daher viel nachhaltiger auf das Leben von Frauen und Männern aus als Diskussionen über bestimmte sprachliche Regelungen. So wird bereits seit mehreren Jahrzehnten versucht, Frauen durch verschiedene Verfahren stärker in der Sprache abzubilden. Getragen sind diese Versuche von der Annahme, dass das Deutsche eine Männersprache ist (vgl. Z. 48 f.). Im gleichen Zeitraum aber, in denen verschiedene Formen für geschlechtergerechtes Formulieren aufkamen, wurden nur schleppend Fortschritte in Bezug auf die Verwirklichung von Geschlechtergerechtigkeit erzielt. Bis heute sind beispielsweise deutliche Unterschiede in Bezug auf die Gehälter von Männern und Frauen festzustellen. Wenn sich also die Gleichheit von Mann und Frau auch in der gesellschaftlichen Wirklichkeit widerspiegeln soll, muss sich etwas an den sozialen Verhältnissen ändern. Hier ist die Politik gefordert und nicht die Sprachwissenschaft.

Kontra-Argument

Es darf jedoch nicht übersehen werden, dass auch die **Sprache** neben konkreten politischen Maßnahmen ein entscheidendes **Instrument zur Verwirklichung von Geschlechtergerechtigkeit** ist. So setzt gendergerechte Sprache der Benachteiligung von Frauen durch das generische Maskulinum ein Ende. Auswirkungen des Genus auf das Sexus sind wissenschaftlich erwiesen. Dies belegt auch das folgende Gedankenexperiment: Wer drei Fußballspieler, Schauspieler oder Politiker aufzählen soll, der nennt mit höherer Wahrscheinlichkeit Männer- als Frauennamen. Frauen mögen beim generischen Maskulinum zwar mitgemeint sein, aber sie werden nicht immer mitgedacht. Bedeutsam wird diese unbewusste Diskriminierung von Frauen bei der Besetzung von Stellen, wenn Angebote intuitiv eher an Männer adressiert sind. Man kann beispielsweise davon ausgehen, dass sich Frauen weniger angesprochen fühlen, wenn bei einer Stellenanzeige nur nach einem Ingenieur – und nicht auch nach einer Ingenieurin – gesucht wird. Insgesamt leistet gendergerechte Sprache einen grundlegenden Beitrag zu einer gerechteren Gesellschaft. Unser Sprachgebrauch hat immer eine gesellschaftliche Dimension. Nicht umsonst sind wir alarmiert von der Verrohung der Sprache – sei es im Netz, auf dem Schulhof oder im Parlament. Denn Sprache prägt die Weltsicht. Daraus folgt: Geschlechtergerechte Sprache ist eine einfache Möglichkeit, auf ein gutes Miteinander in unserer Gesellschaft hinzuwirken, weil sie niemanden diskriminiert.

Synthese

Wenn aus dem Für und Wider des Beitrags gendergerechter Sprache zur Verwirklichung von Geschlechtergerechtigkeit ein Schluss gezogen werden soll, überwiegen aus meiner Sicht die Chancen. Zwar ist der Einfluss sprachlicher Gepflogenheiten verglichen mit den Auswirkungen von Rollenbildern auf das Verhältnis zwischen Männern und Frauen eher gering. Doch dies bedeutet nicht, dass der Beitrag gendergerechter Sprache zu vernachlässigen wäre. Der Diskriminierung von Frauen kann durch geschlechtergerechte Sprache wirksam begegnet werden, wie Studien zu Auswirkungen des Genus auf die Vorstellung vom Sexus zeigen. Außerdem fördert geschlechtergerechte Sprache nicht nur die Gleichstellung der Frauen, sondern aufgrund der wirklichkeitsprägenden Kraft von Sprache den Zusammenhalt in unserer Gesellschaft insgesamt. Deshalb gilt: Wer Grundwerte wie die Gleichheit der Geschlechter ernst nimmt, tut gut daran, diese auch sprachlich vorzuleben.

Schluss
Appell

Abschließend ist zu sagen: Lange genug wurde die Gleichstellung der Geschlechter als reines Problem der Frauen verstanden. Heute sollten wir umdenken und einsehen, dass es für alle von Vorteil ist, wenn Frauen endlich dieselben Möglichkeiten bekommen wie Männer. Denn in einer gleichberechtigten Gesellschaft wird niemand mehr aufgrund seines Geschlechts diskriminiert. Gleichberechtigung ist für alle gut – deswegen sollten wir sie gemeinsam anstreben.

Test: Prüfungsaufgabe zum Thema „Pessimismus"

Einleitung
Einstiegsgedanke, Basisinformationen zum Text, Aufgabenstellung

Halb voll oder halb leer? Die Interpretation des Füllzustandes eines Glases ist eine Frage der Lebenseinstellung. Für den Optimisten ist das Glas halb voll. Der Pessimist dagegen neigt zu der Sicht, dass es zur Hälfte leer ist. Er sieht schwarz. Laut Bernhard Pörksen ist diese Perspektive symptomatisch für die deutsche Gesellschaft. In seinem Kommentar „Genug der Apokalypse", der in der Wochenzeitung „Die Zeit" am 11. Oktober 2018 erschienen ist, problematisiert er die seines Erachtens weit verbreitete Schwarzmalerei und warnt vor der damit einhergehenden Mutlosigkeit. Der Autor hält Warnungen vor dem Zerfall der Demokratie, der Debattenkultur oder vor der totalen Manipulation im digitalen Raum nicht nur für überzogen, sondern auch für schädlich. Solche Hiobsbotschaften würden nicht weiterhelfen, sondern den Glauben an Veränderung erschüttern und die Tatkraft lähmen. Deshalb sei es allerhöchste Zeit für einen neuen Bildungsoptimismus. Der vorliegende Text wird im Folgenden in Bezug auf den argumentativen Aufbau sowie die sprachliche Gestaltung erschlossen, ehe eine Stellungnahme zu Pörksens Gesellschaftsdiagnose erfolgt.

Hauptteil
Analyse von Inhalt und Aufbau

erster Sinnabschnitt

Bernhard Pörksen entwickelt seine Position in mehreren Schritten. Zum Einstieg in die Thematik verweist der Verfasser auf Heraklits Prinzip vom stetigen Wandel, wonach alles irgendwann ins Gegenteil umschlage. Daran anknüpfend formuliert der Verfasser seine Kernthese, die darin besteht, dass die Kritik an gegenwärtigen Verhältnissen jedes Maß und Ziel verloren habe und nicht länger konstruktiv, sondern destruktiv sei. Er präzisiert seine These dahingehend, dass er die Verantwortlichen für die Verbreitung einer endzeitlichen Stimmung im Land benennt. An dieser Stimmungsmache würden sich neben Rechtspopulisten auch Vertreter des Bildungsbürgertums beteiligen (Z. 1–22).

zweiter Sinnabschnitt

Im Anschluss erläutert Pörksen, in welchen Bereichen sich eine zunehmend fatalistische Haltung besonders bemerkbar mache (Z. 23–54). Zunächst nimmt der Autor hierfür jene Prognosen in den Blick, die eine besonders desillusionierende Wirkung entfalten: die Polit-, Kommunikations- und Digitaldystopie. Erstere besteht in der Warnung vor einem Rückfall in den Faschismus und schüre die Angst vor dem Ende der Demokratie. Zweiteres betrifft die Furcht vor dem Verfall der Debattenkultur, sodass ein wirklicher Austausch nicht mehr möglich sei. Dazu komme zum Dritten die Angst vor Desinformation und Manipulation im Zeitalter der Digitalisierung. Nachdem der Verfasser die drei Bereiche, in denen Untergangsszenarien besonders verbreitet sind, schlagwortartig genannt hat, veranschaulicht er anhand mehrerer Beispiele, wie sich diese pessimistische Haltung im öffentlichen Diskurs seiner Ansicht nach bemerkbar macht. Dazu führt er verschiedene Zitate aus Romanen, Magazinen und Zeitungen an.

dritter Sinnabschnitt

Im Anschluss an seine Gegenwartsanalyse nimmt Pörksen eine Bewertung der Lage vor (Z. 55–81). Zwar räumt er ein, dass es durchaus Anlass zur Kritik gebe und dass eine Dramatisierung der Lage in gewissen Fällen hilfreich sein könne, doch dürfe dabei nicht das Kernproblem übersehen werden. Dieses besteht seiner Meinung nach darin, dass ein anhaltender Pessimismus zu Resignation führt und die Gestaltungskraft des Menschen gänzlich ausblendet. Letztlich, so die weitere Kritik des Autors, würden die genannten Dystopien von einem deterministischen Welt- und Menschenbild zeugen, das seit der Aufklärung als überwunden galt. Gleichzeitig entlarve die mangelnde Gegenwehr der Mehrheitsbevölkerung auch ihre Fantasielosigkeit in Bezug auf den Umgang mit gesellschaftspolitischen Herausforderungen.

vierter Sinnabschnitt

Abschließend appelliert der Autor an Parteien, Verantwortliche in den Medien und alle demokratischen Kräfte, der von ihm diagnostizierten Resignation entgegenzuwirken und mehr Optimismus zu befördern (Z. 82–99). So müssten die Parteien die Vermittlung ihrer politischen Konzepte verbessern, Medienschaffende durch ungeschönte Erfolgsgeschichten Zuversicht verbreiten und Anhänger der Demokratie mitdenken und Zukunft mutig gestalten.

Analyse der sprachlichen Gestaltung
pointierte Darstellung

Inhalt und Aufbau des Textes werden durch geeignete sprachliche Gestaltungsmittel gestützt. Im Rahmen seiner **Gegenwartsanalyse** kommt es Pörksen darauf an, die pessimistische Haltung seiner Zeitgenossen im Hinblick auf Zukunftsfragen herauszustellen. Auf sprachlicher Ebene zeigt sich dies durch **Mittel der Präzisierung und Zuspitzung**, die darauf abzielen, die gesellschaftliche Lage möglichst pointiert zu beschreiben. Passend zum Verweis auf Heraklits philosophisches Prinzip der Enantiodromie, der den Ausgangspunkt der Ausführungen des Autors bildet, finden sich an mehreren Stellen im Text **Antithesen**, z. B. in Z. 51 f., wo es heißt: „Aus Euphorie ist Ernüchterung geworden" (vgl. auch die Antithesen vom Guten und Schlechten in Z. 1 f. oder vom Gegeneinander und Miteinander in Z. 39 f.). Insgesamt zeichnet der Verfasser ein düsteres Bild vom gegenwärtigen Zustand der Gesellschaft, die durch zahlreiche besorgniserregende Phänomene tief verunsichert sei, wie Pörksen durch folgende **Anapher** in Verbindung mit einer **Aufzählung** verdeutlicht: „Man hat heute einfach Angst. Angst vor dem Zerfall der Gesellschaft, dem Ende von Respekt und Rationalität. Angst vor der Auflösung von Wahrheit, der Fake-News-Schwemme und dem Diskursinfarkt in einer Welt der Hassattacken und Verschwörungstheorien" (Z. 44 ff.). Ferner spricht der Autor unter Verwendung einer **Personifikation** von der Regentschaft des Totalpessimismus (vgl. Z. 15), wodurch er das Überhandnehmen von Befürchtungen betont. Das der Gesellschaft zugeschriebene Gefühl der Ohnmacht unterstreicht Pörksen zusätzlich durch die Gegenüberstellung der diagnostizierten „geistigen Selbstentmachtung" (Z. 76) mit „Mächte[n] des Untergangs" (Z. 74) im **Plural**. Deren Bedrohlichkeit wird noch gesteigert, indem sie nicht näher bestimmt werden. Seines Erachtens macht sich in allen Teilen der Gesellschaft eine Endzeitstimmung breit, was er durch gehäufte Verwendung von **Begriffen aus dem Bereich der Apokalyptik** demonstriert, aber auch inszeniert. Zu nennen sind beispielsweise Begriffe wie „Apokalypse" (Titel) oder „Prophezeiungen" (Z. 23) sowie verschiedenste Kompositionen mit dem Wort „Dystopie" (vgl. z. B. Z. 23).

emphatischer, teils hyperbolischer Ausdruck

Kennzeichnend für den Text sind daneben **ausdrucksstarke Begriffe und Wendungen**, die die **Kritik** an der Verbreitung einer pessimistischen Grundeinstellung bekräftigen. Dass diese Atmosphäre die gesamte Gesellschaft erfasst habe, unterstreicht der Autor durch die **Hyperbel** vom „Überbietungswettbewerb apokalyptischer Warnungen" (Z. 20 f.). Durch übertriebene Formulierungen signalisiert Pörksen, wie überzogen die derzeitigen Warnungen vor negativen Entwicklungen im Bereich von Politik, Kommunikation und Digitalisierung ihm zufolge sind. Gravierend ist seines Erachtens, dass alle gesellschaftlichen Gruppen in eine kollektive Resignation einstimmen. Dies verdeutlicht Pörksen z. B. anhand der Aufzählung von Zitaten aus einschlägigen Medien (vgl. Z. 32–37). Dass der Autor ihr Engagement kritisch sieht, zeigen die **Alliteration** „Duell der Dystopiker" (Z. 21 f.) und der negativ konnotierte Neologismus „Apokalypsegeilheit" (Z. 60). Mit dieser Wortwahl zieht Pörksen die Motivlage hinter den betreffenden Zeitdiagnosen in Zweifel und unterstellt ihren Urhebern Egozentrik und Sensationslust.

strukturierende Stilfiguren

Nicht zuletzt möchte Pörksen der Vorstellung von der Undurchsichtigkeit der gegenwärtigen Verhältnisse und dem Niedergang der Gesellschaft ein **Konzept gegenüberstellen**, das die **Gestaltungskraft des Menschen** in den Mittelpunkt rückt. In sprachlich-argumentativer Hinsicht macht sich dieses Bemühen in der **Klarheit seiner Darstellung** bemerkbar. In diesem Zusammenhang ist besonders das Mittel der **Dreierfigur** hervorzuheben, auf das der Autor bevorzugt zur Gliederung seiner Ausführungen zurückgereift. So bespricht er „erstens die Polit-Dystopie [...]; zweitens die Kommunikations-Dystopie [...]; drittens die Digital-Dystopie" (Z. 23–26) und bietet im Rahmen des Schlussappells drei Lösungen an, die nach demselben Schema aufgezählt werden (vgl. Z. 85–97). Auf sprachlicher Ebene spiegelt sich dieses Prinzip in der Form wider, dass der Autor Aufzählungen als **Trikolon** anordnet (vgl. u. a. Z. 1 ff., 16 f., 29, 45 f.). Während Pörksen der Gegenseite also Sensationslust und damit Irrationalität unterstellt, nimmt er für seine Diagnose eine klare Konzeption in Anspruch. Diese Leistung wirkt noch größer angesichts von Pörksens Klage darüber, dass die ratlose Mitte „der populistischen Polarisierung [...] keine programmatische Polarisierung entgegensetzt" (Z. 79 f.). Mit dieser **Alliteration**, die durch **Antithese** noch verstärkt wird, bringt Pörksen das aus seiner Sicht bestehende Problem auf den Punkt: Die Menschen greifen populistische Aussagen unreflektiert auf und stimmen in die Pauschalkritik der politischen und gesellschaftlichen Verhältnisse ein, anstatt ein Gegenprogramm zu entwerfen.

Stellungnahme
Aufgreifen der Themafrage

Aus der sprachlichen Form des Textes geht deutlich hervor, dass Pörksens Ziel darin besteht, die Leserinnen und Leser wachzurütteln. Seiner Meinung lasse sich derzeit „das Umkippen sinnvoll erscheinender Warnungen in einen Totalpessimismus beobachten – die Flucht in den Fatalismus" (Z. 6–9). So sei die Dystopie inzwischen zum Mainstream geworden und mit ihr die Vorstellung von der Unvermeidbarkeit der Zukunft. Dies wirft die Frage auf, inwiefern diese Gegenwartsdiagnose zutreffend ist. **Hat unsere Gesellschaft tatsächlich den Glauben an die Gestaltungsfähigkeit des Menschen verloren?**

Pro-Argument

Einerseits hat Pörksen recht mit seiner Einschätzung der gesellschaftlichen Stimmung. Dass die Welt schlecht und verkommen ist, ist eine Ansicht, die nicht nur von notorischen Pessimisten, sondern von einem beachtlichen Teil der gesellschaftlichen Mitte geteilt wird. Grund hierfür sind **negative Entwicklungen**, die sich in rasantem Tempo, auf globaler Ebene und in mehreren Bereichen gleichzeitig vollziehen. Dadurch kann es leicht dazu kommen, dass sich die Gesellschaft, aber auch jeder Einzelne, überfordert fühlt. Durch den Klimawandel hervorgerufene Naturkatastrophen, autoritäre Politiker und schwer einschätzbare Technologien wirken auf viele Menschen wie die bedrohlichen Boten einer kommenden Zeit, die nichts Gutes bereithalten kann. Daher überrascht es nicht, dass Katastrophenszenarien omnipräsent sind – sei es in Form kulturkritischer Abhandlungen wie beispielsweise dem von Juli Zeh verfassten Roman „Leere Herzen", der mit apokalyptischen Ängsten spielt (vgl. Z. 42 f.), oder dystopischer Science-Fiction-Filme wie „Die Tribute von Panem". Das Gefühl, in einer Art Endzeit zu leben, bleibt nicht ohne Folgen für die Lebenseinstellung vieler Zeitgenossen: Wer nur noch die Vorboten einer Katastrophe vor Augen hat, dessen Perspektive bzw. Denken wird eingeschränkt und dem erscheint der vor Augen geführte Untergang daher zunehmend als unvermeidlich und nicht mehr als eine Möglichkeit unter vielen.

Kontra-Argument

Ohne Zweifel leben wir in unruhigen Zeiten. Umso wichtiger ist es aber für die Menschen, sich Gedanken darüber zu machen, was alles schiefgehen könnte, um für den schlimmsten Fall vorauszuplanen. Warnungen und die Auseinandersetzung mit Katastrophenszenarien sind daher, anders als Pörksen glaubt, nicht zwangsläufig Ausdruck einer Weltuntergangsstimmung, sondern vielmehr **Ausdruck der Suche nach einem Ausweg**. Ein Beispiel dafür sind die weltweiten Klima-Proteste nach Greta Thunberg. Diese Bewegung ist getragen von der Annahme, dass nur noch wenig Zeit bleibt, um den Ausstoß schädlicher Klimagase zu reduzieren. Auch die Aktivistinnen und Aktivisten von *Fridays for Future* zeichnen auf ihren Demonstrationen ein düsteres Bild vom Zustand der Welt. Aber dies entspringt keinem Fatalismus, sondern dem Wunsch nach einer lebenswerten Zukunft und dem festen Willen, eine Veränderung in Richtung Nachhaltigkeit herbeizuführen. Es ist nämlich so, dass Warnungen allein oft nicht ausreichen, um bestimmte Fehlentwicklungen zu korrigieren. In einer etablierten Ordnung führen oftmals auch Trägheit, Scheu vor Veränderungen und das Streben nach Machterhalt dazu, dass wichtige Reformen vertagt werden. Gerade dann muss der Ruf nach Veränderungen lautstark und falls nötig in Form apokalyptischer Visionen zu Gehör gebracht werden.

Synthese

Zusammenfassend ist deshalb zu sagen: In unserer Gesellschaft sind Untergangsszenarien zwar weit verbreitet. Aber diese deuten nicht notwendigerweise auf Pessimismus oder gar Fatalismus hin, sondern sind vielmehr ein Symptom unserer Zeit mit all ihren Herausforderungen und ein Versuch, diese Erfahrung zu bewältigen. Pörksens These, dass derzeit eine Flucht in den Fatalismus stattfinde, ist daher aus meiner Sicht nicht zuzustimmen. Denn gerade die mit Unheilsprognosen verbundene Verunsicherung ist eine wesentliche Voraussetzung dafür, gegenwärtige Verhältnisse infrage zu stellen und Reformen anzugehen.

Schluss
Krisen als Chance

„Wir können den Wind nicht ändern, aber die Segel anders setzen." – Diese alte Weisheit stammt von Aristoteles, der schon im 4. Jahrhundert vor Christus wusste: Wenn wir aus Krisen lernen, dann können sie uns weiterbringen. Nehmen wir z. B. die Fähigkeit, zum Schutz vor Kälte ein Feuer zu machen. Dies zeigt: Probleme waren seit jeher der Motor für die Entwicklung von Lösungen. Wieso sollte dies im 21. Jahrhundert anders sein?

Übungsaufgabe zum Thema „Bücher lesen“

Schritt 1: Die Aufgabenstellung erfassen

26 **Teilaufgabe a** fordert dazu auf, die **wesentlichen Aussagen** von Claudia Mäder aus dem vorliegenden Text herauszuarbeiten. Dies erfordert eine sachliche, nüchterne Wiedergabe der zentralen Thesen der Autorin und des Argumentationsgangs, und zwar in eigenen Worten, sodass das Textverständnis deutlich wird.

Teilaufgabe b verlangt eine textgebundene Erörterung, d. h. **die kritische Auseinandersetzung mit der Position der Autorin**. Als Erstes muss also geklärt werden: Wie beantwortet die Autorin die Frage nach der Bedeutung des Lesens für die Persönlichkeitsentwicklung? Im Anschluss ist darzulegen, **welche Argumente für die Sicht der Autorin sprechen und welche dagegen**. Da man „textbezogen“ erörtern soll, sind **die im Ausgangstext enthaltenen Überlegungen aufzugreifen**. Dies gelingt beispielsweise dadurch, dass man auf Schwächen in der Argumentation der Autorin hinweist oder Gegenargumente berücksichtigt. Insgesamt muss aber eine eigenständige Argumentation entwickelt werden. Am Ende soll ein differenziertes Urteil erfolgen, in dem man die genannten Argumente knapp zusammenfasst und die eigene Position herausstellt.

27 Es geht um Claudia **Mäders Infragestellung**, dass sich die **Lektüre fiktionaler Literatur positiv auf die Persönlichkeitsentwicklung bzw. Charakterbildung auswirkt**. Diese Meinung soll **kritisch hinterfragt** werden, indem die jeweiligen **Pro- und Kontra-Argumente** dialektisch (gegenüberstellend) dargestellt werden.

Schritt 2: Den Text zusammenfassen

28 **Schüler A** zerlegt den Text in **größere Sinneinheiten**. Dies zwingt ihn zur **Beschränkung auf das Wesentliche**.

Schüler B geht im Vergleich zu Schüler A **kleinschrittiger** vor. Durch diese Arbeitsweise stellt er sicher, dass er alle relevanten Informationen berücksichtigt. Vorsicht ist aber bezüglich der geforderten Beschränkung auf das Wesentliche geboten. Die Gliederung in Sinnabschnitte sollte deshalb nicht zu kleinteilig sein. Sonst gelingt es kaum, größere Sinneinheiten deutlich zu machen und die Struktur des Textes offenzulegen.

29 Verbesserung der Zusammenfassung einzelner Sinnabschnitte

Fehlerbeispiel	Verbesserung
Z. 1–6: Lektüre einer Untersuchung von Maryanne Wolf zum Lesen	Szenischer Einstieg ins Thema durch Verweis auf die Lektüre einer Untersuchung von Maryanne Wolf zum Lesen

Hinweis zum Fehler: Wiedergabe des Inhalts von Z. 1–6 ohne Berücksichtigung des gedanklichen Aufbaus

Fehlerbeispiel	Verbesserung
Z. 7–27: Leistungen der Kulturtechnik Lesen: Förderung der Sozialkompetenz	Zusammenfassung von Wolfs Thesen: Lesen als Kulturtechnik, Verbesserung des Menschen durch Schulung seiner Empathiefähigkeit, schwindende Lesekompetenz als Folge der Digitalisierung

Hinweis zum Fehler: lückenhafte Wiedergabe des Inhalts von Z. 27; unpräzise Einordnung in den Gang der Argumentation

30 Zusammenfassung der Sinnabschnitte

- Z. 1–27: siehe Lösung zu Aufgabe 29
- Z. 28–58: Indirekte Infragestellung der Studie durch Vergleich mit früheren Ängsten und Hoffnungen in Bezug auf Funktionen des Lesens
- Z. 59–72: Vorbereitung des Haupteinwandes gegen Wolfs These von der menschenverbessernden Wirkung des Bücherlesens: Verweis auf weit verbreitetes Lesen zur Unterhaltung und Zerstreuung seit dem 19. Jahrhundert
- Z. 73–84: Direkte Kritik der Studie durch Verweis darauf, dass die Karl-May-Begeisterung in Bezug auf die Förderung der Empathiefähigkeit im 20. Jahrhundert wirkungslos geblieben ist; Bezweiflung der Überlegenheit des Buches gegenüber dem Film
- Z. 85–92: Appell, die Kulturtechnik Lesen anzuerkennen, aber auch Warnung vor einer Überhöhung des Lesens

31 Untersuchung der Argumentationsstruktur

Kernaussagen	Funktion	gedanklich-logischer Zusammenhang
„Bücher machen uns […] nicht besser." (Titel)	These	
Empathische Fähigkeiten werden durch die Lektüre belletristischer Werke geschult (vgl. Z. 26 f.).	Gegenthese	
Bei den meisten Büchern dominiert die Unterhaltungsfunktion (vgl. Z. 59–66).	Begründung	
Die Unterdrückung anderer Menschen im Zeitalter des Kolonialismus und die Karl-May-Begeisterung der Deutschen fallen in die gleiche Zeit (vgl. Z. 78 f.).	Beispiel (zur Entkräftung der Gegenthese)	
„Gut möglich, dass belletristische Werke […] Perspektivwechsel ermöglichen – mehr Sensibilität gegenüber dem Fremden muss daraus draußen in der Welt leider längst nicht resultieren." (Z. 79 ff.)	Folgerung	

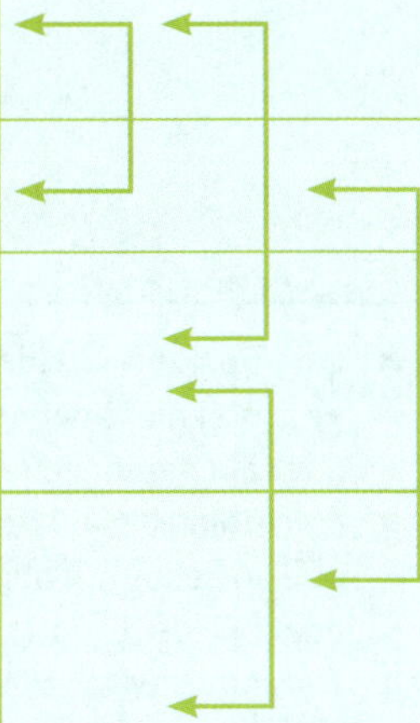

32 Die Autorin **informiert** über ein aktuelles Ereignis (= Erscheinen einer neuen Studie) und **kommentiert** dieses mit dem Ziel, die **Meinung der Leser zu beeinflussen**.

33 Mäders Beitrag ist eindeutig ein meinungsbildender Text. Dass die Autorin den Text nicht assoziativ aufgebaut, sondern logisch durchstrukturiert hat, spricht gegen das Vorliegen eines Essays. Ebenso wenig handelt es sich um eine Glosse, denn trotz der ironischen Passagen bleibt die sprachliche Gestaltung sachlich. All das deutet auf die Textsorte **Kommentar** hin. Daneben kann man Mäders Text auch als **Rezension** bezeichnen, da die Autorin ein anderes Buch kommentiert.

Schritt 3: Stoff für die Stellungnahme sammeln

34 Die Überzeugungskraft von Mäders Einwand hinkt. Zwar gelingt es der Autorin, Zweifel an dem Gedanken zu schüren, Bücher könnten Empathie besser fördern als andere Medien. Aber da sie eine Begründung schuldig bleibt, kann ihre Behauptung nicht verfangen. Auf den naheliegenden Einwand, dass Filme, Serien und Podcasts oberflächlich konsumiert werden, geht die Autorin nicht ein.

35 Stoffsammlung

Pro	Kontra
▪ gute Bücher vs. schlechte Bücher → Lesen nicht per se eine Bereicherung oder ein persönlicher Gewinn ▪ Empathiefähigkeit durchaus ambivalent (z. B. in Bezug auf manipulativen Einsatz oder bei Identifikation mit dem Schurken) ▪ Trennung zwischen Literatur und Wirklichkeit → Lektüreerfahrung vs. Verhalten im Alltag ▪ Unterhaltungsfunktion im Vordergrund ▪ neue Medien als geeigneteres Mittel zur Stärkung der Sozialnatur	▪ bezogen auf soziale Fähigkeiten: Stärkung der Empathiefähigkeit durch Konfrontation der Leser mit unterschiedlichen Verhaltensmustern und -modellen als Beitrag zur Persönlichkeitsentwicklung ▪ bezogen auf den Bildungsaspekt: Förderung der geistigen und ästhetischen Bildung ▪ bezogen auf die Gesellschaft: Förderung der Pluralitäts- und Demokratiefähigkeit durch Perspektivenübernahme beim Lesen

36 Individuelle Lösungen in Abhängigkeit von den eigenen Leseerfahrungen

Schritt 4: Den Stoff ordnen

37 Mindmap zur Themafrage

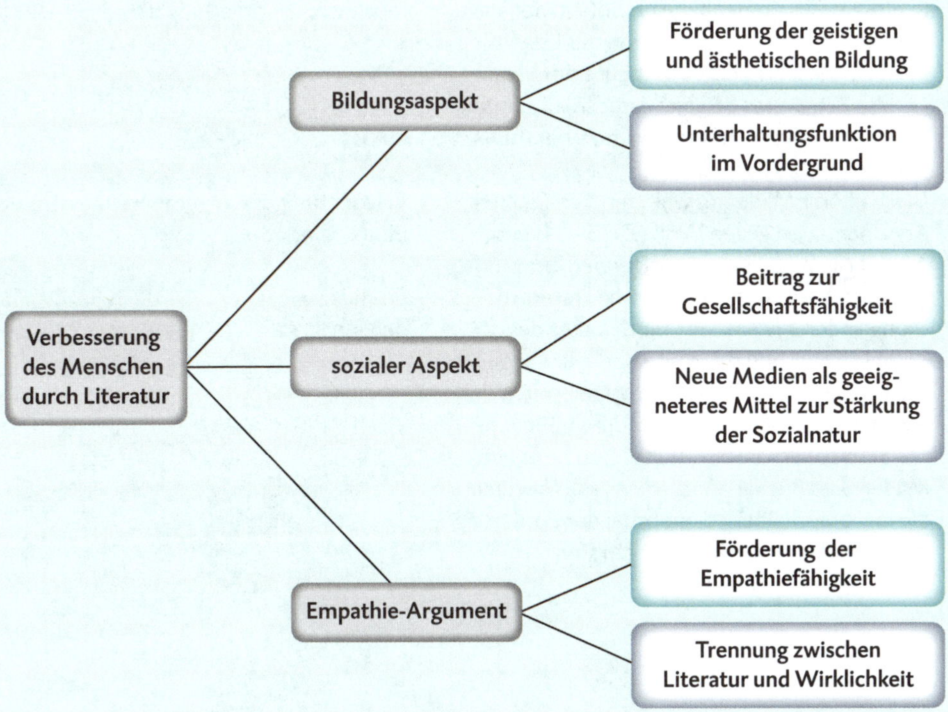

Schritt 5: Den Text schreiben

38 In ihrer am **25. Mai 2019** in der Tageszeitung **„Neue Zürcher Zeitung"** veröffentlichten **Rezension „Bücher machen uns reicher, aber nicht besser"** hinterfragt **Claudia Mäder** die von der amerikanischen Leseforscherin Maryanne Wolf behauptete positive **Wirkung des Bücherlesens auf das Sozialverhalten des Menschen** kritisch.

39 sprachliche Untersuchung einer Inhaltsangabe (siehe linke Spalte)

40 Analyse des gedanklich-logischen Aufbaus (siehe rechte Spalte)

Inhaltsangabe (Auszug)	**gedanklich-logischer Zusammenhang**
In diesem Zusammenhang betont Mäder, dass die reine Unterhaltungsfunktion der Literatur seit dem 19. Jahrhundert bis heute dominiert (Z. 59 –72). Bestes Beispiel dafür sei die Popularität der Werke von Karl May im 20. Jahrhundert.	inhaltliche Erschließung von Z. 59–72
Diese nimmt Mäder im weiteren Verlauf ihrer Argumentation gegen Wolf (Z. 73–84) zum Ausgangspunkt, wenn sie folgenden Einwand formuliert:	Beleuchtung der Argumentationsstrategie hinter Z. 73–84
Die Tatsache, dass die Unterdrückung anderer Menschen im Zeitalter des Kolonialismus und die breite Karl-May-Begeisterung in die gleiche Zeit fallen, widerspricht der Annahme, der Mensch werde durch Bücherlesen automatisch besser. Außerdem bezweifelt Mäder, dass Bücher anderen neueren Medien, die der Unterhaltung dienen, bei der Förderung der Empathiefähigkeit überlegen sind.	Erschließung von Z. 73–84 in Bezug auf den Inhalt

41 Korrektur eine Inhaltsangabe

Auszug aus einer Inhaltsangabe (mit Fehlern!)	Art des Fehlers
Der Einstieg ins Thema erfolgt szenisch (Z. 1–6).	Inhalt von Z. 1–6 genauer ausführen
Im Anschluss daran fasst Mäder die wichtigsten Standpunkte einer Leserforscherin zusammen (Z. 7–27), wonach sich Lesen nicht auf eine Kulturtechnik beschränke. Lesen habe vielmehr das Potenzial, uns zu einem besseren Menschen zu machen.	eigenständig formulieren
Der Rückgang des Bücherlesens bei jungen Menschen im Zuge des steigenden digitalen Medienkonsums stellt daher eine Gefahr für die gesamte Gesellschaft dar.	indirekte Rede durch Konjunktiv markieren
Dann zieht Mäder eine Parallele zwischen Wolfs Forschungsergebnissen und historischen Beispielen von Skepsis gegenüber neuen Medien und verweist darüber hinaus auf gängige Erwartungen in Bezug auf die Leistungen der Kulturtechnik Lesen (Z. 28–58).	gedanklich-logischer Zusammenhang wird nicht deutlich Inhalt von Z. 28–58 nicht vollständig erfasst: Welche Leistungen?

Mögliche Überarbeitung
Der Einstieg ins Thema erfolgt szenisch, indem die Autorin auf die Lektüre eines Buches von Maryanne Wolf zum Lesen verweist (Z. 1–6). Im Anschluss daran fasst Mäder die wichtigsten Standpunkte der Leseforscherin zusammen (Z. 7–28), wonach sich Lesen nicht auf eine Kulturtechnik beschränke, die zivilisatorischen Fortschritt ermögliche, sondern sich auch auf die Förderung der Sozialkompetenz erstrecke. Lesen verbessere die empathischen Fähigkeiten des Menschen und trage auf diese Weise zu Persönlichkeitsentwicklung bei. Der Rückgang des Bücherlesens bei jungen Menschen im Zuge des steigenden digitalen Medienkonsums stelle daher eine Gefahr für die gesamte Gesellschaft dar.

Ohne die Position von Wolf direkt zu kritisieren, schürt Mäder im Folgenden Zweifel an deren Stichhaltigkeit (Z. 28–58). Dazu zieht sie eine Parallele zwischen Wolfs Forschungsergebnissen und historischen Beispielen, die belegen sollen, dass neue Medien immer schon Skepsis hervorgerufen haben. Sie verweist aber nicht nur auf Ängste, sondern auch auf gängige Erwartungen in Bezug auf die Leistungen der Kulturtechnik Lesen: von der Hoffnung auf Bildung und politischer Partizipation des bürgerlichen Publikums im Zeitalter der Aufklärung bis zum Glauben an die menschenverbessernde Wirkung hoher Literatur zur Zeit der Weimarer Klassik.

42 weitere Formulierungshilfen

- Zustimmung
  Es ist redlich, dass …; in Übereinstimmung mit …
- Abgrenzung
  Im Gegensatz zu; Einzuwenden ist …
- Erweiterung / Ergänzung
  XY übersieht jedoch; Zu ergänzen ist …
- Zugeständnis
  Es ist einzuräumen, dass …; zugegebenermaßen

43 Untersuchung der Hinführung zur Erörterung

Beginn der Erörterung	Funktion
Mäder hat zweifelsohne Recht mit ihrer Feststellung, dass das Lesen eine „einmalige Kulturtechnik“ (Z. 90) ist. Lesen bildet und erschließt einem die Welt, Lesen erweitert den geistigen Horizont und beflügelt die Fantasie, Lesen kann sogar glücklich machen. Dass Lesen darüber hinaus eine menschenverbessernde Kraft hat, schließt Mäder aus. Für sie gilt: „Bücher machen uns […] nicht besser“ (Titel).	Überleitung von der vorausgegangenen Zusammenfassung zur folgenden textgebundenen Erörterung durch Verweis auf eine zentrale Behauptung bzw. die Position der Autorin

44 Untersuchung der Argumentationsstruktur

Die Rezeption literarischer Texte fördert sowohl die geistige als auch die ästhetische Bildung. Wer sich mit Literatur aus verschiedenen Epochen beschäftigt, taucht in die kulturelle Tradition eines Landes ein und entwickelt ein Gespür für die Fragen und Probleme, die vor Jahrzehnten oder auch vor Jahrhunderten besonders drängend waren. So geben die Gesellschaftsromane Theodor Fontanes einen lebhaften Einblick in die bürgerlichen Konventionen des 19. Jahrhunderts. Neben einer Erweiterung des geistigen Horizonts schult die Beschäftigung mit Literatur auch die ästhetische Wahrnehmung. Sprache wird nicht allein als bloßes Kommunikationsmittel verstanden, sondern wird selbst zum Gegenstand der Betrachtung. Gerade literarische Texte, die über den alltäglichen Sprachgebrauch hinausgehen, schärfen den Blick für die besondere Ausdruckskraft und die eigene

Schönheit, die die Sprache entfalten kann. Wer beispielsweise romantische Gedichte von Eichendorff oder Brentano gelesen hat, weiß, wie bestimmte Gestaltungsmittel eingesetzt werden, um auch mit einfachen Worten komplexe Gefühle wie Einsamkeit oder Sehnsucht zu beschreiben. Diesen Bildungsaspekt klammert auch Claudia Mäder nicht aus, wenn sie auf Schillers Konzept verweist, wonach „der Kontakt mit guter Kunst das gesamte menschliche Wesen zu Höherem führen" (Z. 53 f.) kann. Im Gegensatz zum Ende des 18. bzw. dem Beginn des 19. Jahrhunderts ist diese Form der Bildung aber nicht mehr nur einer geistigen Elite vorbehalten, sondern durch die feste Verankerung des Literaturunterrichts in den Deutschlehrplänen allen jungen Menschen zugänglich.

45 Korrektur eines Arguments

Argument (mit Fehlern)	Art des Fehlers
Die Annahme, dass häufiges Lesen zu einem besseren Verhalten führt, ist zu hinterfragen. Denn die allgemeine Erfahrung bestätigt, dass diejenigen, die mehr als andere lesen, nicht zwangsläufig hilfsbereiter sind.	ausführlicher und stärker in Auseinandersetzung mit dem zugrunde liegenden Text argumentieren, um zu überzeugen
„Gut möglich, dass belletristische Werke […] Perspektivwechsel ermöglichen – mehr Sensibilität gegenüber dem Fremden muss daraus […] nicht resultieren." (Z. 79 ff.) Das liegt daran, dass eigene Erfahrungen, persönliche Vorbilder aus dem direkten sozialen Umfeld, aber auch gesellschaftliche Entwicklungen einen viel stärkeren Einfluss auf die Wertevorstellungen des Einzelnen haben als Bücher.	Zusammenhang zwischen Zitat und Begründung herstellen; außerdem kennzeichnen, dass hier eine Auseinandersetzung mit einem Argument der Autorin erfolgt

Mögliche Überarbeitung

Die Annahme, dass häufiges Lesen zu einem besseren Verhalten führt, ist zu hinterfragen. Zwar ist nicht von der Hand zu weisen, dass die Empathiefähigkeit, also das Vermögen, sich in andere hineinzuversetzen, durch Lesen gefördert wird. Die Trennung zwischen der fiktionalen Welt der Bücher und der eigenen Lebensrealität führt jedoch dazu, dass wir uns zwar mit literarischen Figuren identifizieren, Mitgefühl und Verständnis aber nicht zwangsläufig auch gegenüber realen Personen zeigen. Mäder bringt diese Überlegung folgendermaßen auf den Punkt: „Gut möglich, dass belletristische Werke [...] Perspektivwechsel ermöglichen – mehr Sensibilität gegenüber dem Fremden muss daraus [...] nicht resultieren" (Z. 79 ff.). Das liegt daran, dass eigene Erfahrungen, persönliche Vorbilder aus dem direkten sozialen Umfeld, aber auch gesellschaftliche Entwicklungen einen viel stärkeren Einfluss auf die Wertevorstellungen des Einzelnen haben als Bücher.

46 Bewertung der Synthese

Die Synthese ist nicht gelungen. Zwar ist sie knapp gehalten und macht den Standpunkt der Verfasserin deutlich. Aber die Synthese beschränkt sich auf einen Aspekt, statt die wesentlichen Ergebnisse noch einmal zusammenfassend darzulegen.

47 Ausformuliertes Aufsatzbeispiel

Einleitung
Basisinformationen zum Text

In ihrem am 25. 05. 2019 in der Tageszeitung „Neue Zürcher Zeitung" veröffentlichten Rezension „Bücher machen uns reicher, aber nicht besser" hinterfragt Claudia Mäder die von der amerikanischen Leseforscherin Maryanne Wolf behauptete positive Wirkung des Bücherlesens auf das Sozialverhalten eines Menschen kritisch.

Hauptteil
Analyse von Inhalt und Aufbau

erster und zweiter Sinnabschnitt

Der Einstieg ins Thema erfolgt szenisch, indem die Autorin auf die Lektüre eines Buches von Maryanne Wolf zum Lesen verweist (Z. 1–6). Im Anschluss daran fasst Mäder die wichtigsten Standpunkte der Leseforscherin zusammen (Z. 7–27), wonach sich Lesen nicht auf eine Kulturtechnik beschränke, die zivilisatorischen Fortschritt ermögliche, sondern sich auch auf die Förderung der Sozialkompetenz erstrecke. Lesen verbessere die empathischen Fähigkeiten des Menschen und trage auf diese Weise zur Persönlichkeitsentwicklung bei. Der Rückgang des Bücherlesens bei jungen Menschen im Zuge des steigenden digitalen Medienkonsums stelle daher eine Gefahr für die gesamte Gesellschaft dar.

Ohne die Position von Wolf direkt zu kritisieren, schürt Mäder im Folgenden Zweifel an deren Stichhaltigkeit (Z. 28–39). Dazu zieht sie eine Parallele zwischen Wolfs Forschungsergebnissen und historischen Beispielen von Skepsis gegenüber dem geschriebenen Wort seit Platon. Sie verweist aber nicht nur auf Ängste, sondern auch auf gängige Erwartungen in Bezug auf die Leistungen der Kulturtechnik Lesen (vgl. Z. 40–58): von der Hoffnung auf Bildung und politische Partizipation des bürgerlichen Publikums im Zeitalter der Aufklärung bis zum Glauben an die menschenverbessernde Wirkung hoher Literatur zur Zeit der Weimarer Klassik. *dritter Sinnabschnitt*

In diesem Zusammenhang betont Mäder, dass ungeachtet dessen die reine Unterhaltungsfunktion der Literatur seit dem 19. Jahrhundert bis heute dominiert (Z. 59–72). Bestes Beispiel dafür sei die Popularität der Werke von Karl May im 20. Jahrhundert. *vierter Sinnabschnitt*

Diese nimmt Mäder im weiteren Verlauf ihrer Argumentation gegen Wolf (Z. 73–84) zum Ausgangspunkt, wenn sie folgenden Einwand vorbringt: Die Tatsache, dass die Unterdrückung anderer Menschen im Zeitalter des Kolonialismus und die breite Karl-May-Begeisterung in die gleiche Zeit fallen, widerspricht der Annahme, der Mensch werde durch Bücherlesen automatisch besser. Außerdem bezweifelt Mäder, dass Bücher anderen neueren Medien, die der Unterhaltung dienen, bei der Förderung der Empathiefähigkeit überlegen sind. *fünfter Sinnabschnitt*

Abschließend warnt die Autorin davor, Büchern eine menschenverbessernde Kraft zuzuschreiben und sie auf diese Weise zu verklären. Es gelte, den Wert der Kulturtechnik Lesen nicht durch eine überzogene Erwartungshaltung in Bezug auf ihre Leistungen zu schmälern (Z. 85–92). *sechster Sinnabschnitt*

Erörterung
Hinführung

Mäder hat zweifelsohne Recht mit ihrer Feststellung, dass das Lesen eine „einmalige Kulturtechnik“ (Z. 90) ist. Lesen bildet und erschließt einem die Welt, Lesen beflügelt die Fantasie, Lesen kann sogar glücklich machen. **Dass Lesen darüber hinaus eine menschenverbessernde Kraft hat, schließt Mäder aus.** Für sie gilt: „Bücher machen uns […] nicht besser“ (Titel).

Kontra-Argument 1

Aus den Ausführungen der Autorin geht hervor, dass sie eine Besserung des Menschen vor allem darin sieht, wenn er sich anderen zuwendet. Diese Fokussierung auf den sozialen Aspekt ist jedoch zu hinterfragen. Auch das Streben, sich persönlich weiterzuentwickeln, Fähigkeiten zu schulen oder sich Wissen anzueignen, trägt dazu bei, ein besserer Mensch zu werden. Die Literatur eröffnet ganz besondere Chancen in diesem Bereich der Persönlichkeitsentwicklung. **Die Rezeption literarischer Texte fördert sowohl die geistige als auch die ästhetische Bildung.** Wer sich mit Literatur aus verschiedenen Epochen beschäftigt, taucht in die **kulturelle Tradition** eines Landes ein und entwickelt ein **Gespür für die Fragen und Probleme, die vor Jahrzehnten oder auch vor Jahrhunderten besonders drängend waren**. So geben die Gesellschaftsromane Theodor Fontanes einen lebhaften Einblick in die bürgerlichen Konventionen des 19. Jahrhunderts. Neben einer Erweiterung des geistigen Horizonts schult die Beschäftigung mit Literatur auch die **ästhetische Wahrnehmung**. Sprache wird nicht allein als bloßes Kommunikationsmittel verstanden, sondern wird selbst zum Gegenstand der Betrachtung. Gerade literarische Texte, die über den alltäglichen Sprachgebrauch hinausgehen, schärfen den **Blick für die besondere Ausdruckskraft und die eigene Schönheit, die die Sprache entfalten kann**. Wer beispielsweise romantische Gedichte von Eichendorff oder Brentano gelesen hat, weiß, wie bestimmte Gestaltungsmittel eingesetzt werden, um auch mit einfachen Worten komplexe Gefühle wie Einsamkeit oder Sehnsucht zu beschreiben. Das Lesen dieser Art von Texten, unabhängig davon, aus welcher Epoche sie stammen oder welcher Gattung sie zuzuordnen sind, macht sensibler für die Feinheiten der Sprache. Die Auseinandersetzung mit Literatur hilft also, den geistigen Horizont zu erweitern und ein ästhetisches Gespür für Sprache zu entwickeln. Diesen Bildungsaspekt klammert auch Claudia Mäder nicht aus, wenn sie auf Schillers Konzept verweist, wonach „**der Kontakt mit guter Kunst das gesamte menschliche Wesen zu Höherem führen**" (Z. 53 f.) kann. Im Gegensatz zum Ende des 18. bzw. dem Beginn des 19. Jahrhunderts ist diese Form der Bildung aber nicht mehr nur einer geistigen Elite vorbehalten, sondern durch die feste Verankerung des Literaturunterrichts in den Deutschlehrplänen allen jungen Menschen zugänglich.

Andererseits darf nicht übersehen werden, dass das Lesen fiktionaler Literatur im Allgemeinen nicht als Mittel betrachtet wird, um sich persönlich zu bilden. Wer den Bildungsaspekt in den Vordergrund rückt, blendet nämlich aus, dass **Bücher häufig in erster Linie zu Unterhaltungszwecken gelesen** werden. Ein Blick auf das gegenwärtige Leseverhalten macht deutlich, dass Bücher vorwiegend rezipiert werden, um sich vom Alltag abzulenken, sich die Zeit in öffentlichen Verkehrsmitteln zu vertreiben oder als Urlaubslektüre für Entspannung zu sorgen. Diese Beispiele verdeutlichen: **Im Vordergrund steht der Lesegenuss**, nicht die persönliche Bildung. Claudia Mäder untermauert diese Feststellung anhand historischer Fakten. So verweist die Autorin darauf, dass sich die literarische Produktion im 19. Jahrhundert zu 99 Prozent auf Trivial- und Populärwerke beschränkte, während die sogenannte **hohe Literatur bezogen auf den gesamten Buchmarkt lediglich ein Prozent ausmachte** (vgl. Z. 62 ff.). Zudem erklärt sie, dass die komplexen Romane Anfang des 20. Jahrhunderts in einem Nischenmarkt verschwanden (vgl. Z. 67–70). Die Tatsache, dass sich gegenwärtig in literarischer Hinsicht **eher anspruchslose Kriminal- und Liebesromane** großer Beliebtheit erfreuen, legt nahe, dass sich bis heute an diesem Umstand nichts geändert hat. Fiktionale Literatur wird vorwiegend zu Unterhaltungs-, nicht zu Bildungszwecken rezipiert. *Pro-Argument 1*

Die Frage, ob uns Bücher zu besseren Menschen machen, darf jedoch nicht auf den Bildungsaspekt reduziert werden. Die Beschäftigung mit fiktionaler Literatur berührt auch den sozialen Bereich. Hier ist anzuführen, dass **Lesen einen Beitrag dazu leistet, den Einzelnen gesellschaftsfähig zu machen**. Die Autorin verdeutlicht dies durch einen historischen Rückblick, auch wenn sie sich grundsätzlich gegen eine Überhöhung des Lesens ausspricht. So ermöglichte die Entstehung eines literarischen Markts im 18. Jahrhundert den lesekundigen Bürgerinnen und Bürgern dieser Zeit, „**am öffentlichen Gemeinwesen teilzuhaben** und sich darin dank geschultem Sprach- und Denkvermögen eigenständig zu artikulieren“ (Z. 45 f.). Auch in der Gegenwart eröffnet *Kontra-Argument 2* die Beschäftigung mit Literatur Chancen für das Gemeinwesen. Indem wir in die Lebenswelten fiktiver Personen eintauchen, können wir unsere eigenen **Vorurteile und Stereotype aufbrechen**. Nicht nur für das einzelne Individuum ist das wichtig, sondern auch für die pluralistische Gesellschaft insgesamt. Denn in einer Demokratie sollten andere Perspektiven verstanden werden. Wer sich beispielsweise mit der Hauptfigur Leyla in Feridun Zaimoglus gleichnamigem Roman beschäftigt, kann die Herausforderungen, die sich einer türkischen Einwanderin in Deutschland stellen, besser erahnen. Die Erweiterung des geistigen Horizonts durch das Lesen fördert die Bereitschaft, Personen, die einem fremd sind, mit **mehr Verständnis und Aufgeschlossenheit** zu begegnen. Diese Haltung trägt zu einem friedlichen Miteinander bei und ist **essenziell „fürs Funktionieren der demokratischen Gesellschaft“** (Z. 48).

Pro-Argument 2

Wie bei dem bereits diskutierten Bildungsaspekt ist an dieser Stelle jedoch kritisch zu prüfen, ob die grundsätzliche Überlegung, der Mensch werde durch das Bücherlesen gesellschaftsfähiger und damit besser, der Wirklichkeit gerecht wird. Der Gedanke drängt sich auf, dass **andere Medien viel geeigneter** sind, um das soziale Miteinander zu fördern und sich positiv auf die Sozialnatur des Einzelnen auszuwirken. So ermöglichen es **neue Medien wie Instagram, Facebook oder YouTube, Inhalte nicht nur zu rezipieren, sondern auch zu produzieren**. Persönliche Beiträge können ins Netz gestellt und mit anderen geteilt werden. Heute sind es vor allem diese Medien, die die Möglichkeit eröffnen, **sich „eigenständig zu artikulieren“** (Z. 46) Es ist zwar nicht zu leugnen, dass digitale Plattformen auch der Selbstinszenierung dienen, aber es gibt ebenfalls unzählige Beispiele dafür, dass **diese Medien auch eingesetzt werden, um anderen zu helfen**. Wer beispielsweise versucht, sich eine Krawatte zu binden, einen neuen Bremsbelag am Fahrrad zu montieren oder eine Lasagne zuzubereiten, kann sich entsprechende Videos im Internet ansehen. Durch Liken oder Hinterlassen eines Kommentars können wiederum andere auf die Nützlichkeit des Beitrags hingewiesen werden. Die Möglichkeit, in einen solchen **Austausch** zu treten, gibt es beim klassischen Buch nicht. Damit ist nicht ausgeschlossen, dass Bücher uns besser, also gesellschaftsfähiger machen, aber es ist zu überlegen, ob andere Medien heutzutage nicht eher dazu geeignet sind. Eine Abwertung neuer Medien zugunsten des klassischen Buches, verbunden mit der Klage über eine Änderung der Lesegewohnheiten (vgl. Z. 20–24), ist vor diesem Hintergrund jedenfalls kritisch zu betrachten.

Kontra-Argument 3

Nicht zuletzt ist ein Aspekt zu erörtern, der eng mit dem Gedanken eines besseren sozialen Miteinanders durch das Lesen von Büchern zusammenhängt. Als Hauptargument für den positiven Einfluss des Lesens auf die menschliche Natur wird häufig die **empathiefördernde Wirkung** genannt, die damit verbunden ist. Empathie bezeichnet die Fähigkeit, sich in einen anderen Menschen hineinzuversetzen und die Welt gedanklich und auch emotional aus dessen Sicht wahrzunehmen. Die Leseforscherin Maryanne Wolf betont, dass die **Rezeption fiktionaler Literatur diese Fähigkeit stärkt**. „Bücher [...] machen mit den Gedanken und Gefühlen fremder Menschen vertraut. Wer sich auf die Lektüren und deren Figuren einlässt, stärkt [...] seine Empathiefähigkeit" (Z. 25 ff.). Die allgemeine Erfahrung bestätigt diesen Befund. Wir versetzen uns beim Lesen in andere Menschen und bringen unser eigenes Dasein in Beziehung mit deren Lebensentwürfen, Wertvorstellungen und Normen. Die **Identifikation mit literarischen Figuren** und die Reflexion literarischer Weltdeutung fördert zweifellos die Persönlichkeitsentwicklung. Das Angebot, beim Lesen literarischer Texte **andere Perspektiven zu übernehmen**, wird selbst dann wahrgenommen, wenn die in den Texten beschriebene Lebenswirklichkeit denkbar weit von der eigenen Realität entfernt ist. Man denke beispielsweise an Kafkas Erzählung „Die Verwandlung", in der die Hauptfigur eines Morgens aufwacht und feststellen muss, ein Käfer zu sein. Dennoch entwickeln die Leserinnen und Leser für dieses Wesen Mitgefühl, wenn es von seinen Familienangehörigen zunehmend ausgegrenzt und vernachlässigt wird. Dieses **Mitgefühl** für andere, das durch die Beschäftigung mit fiktionaler Literatur gefördert wird, **schützt vor Gleichgültigkeit** und macht uns zu besseren Menschen.

Pro-Argument 3

Sind diejenigen, die häufig ein Buch in die Hand nehmen, also die empathischeren Menschen? Oder ist es nicht viel naheliegender, dass bei diesem Zusammenhang Ursache und Wirkung vertauscht werden? Denkbar ist, dass empathische Menschen stärker dazu tendieren, zu lesen, und von Haus aus die einfühlsameren Menschen sind. Viel wichtiger ist aber die **Frage, ob bzw. inwiefern sich die Lektüreerfahrung im Alltag auswirkt**. Begegnen wir Personen derselben Gruppe wie im Buch schließlich auch im wahren Leben verständnisvoll, offen und tolerant? Mit anderen Worten: Können wir das Gelesene auf die Realität übertragen? Mäder bleibt diesbezüglich zu Recht skeptisch: „Gut möglich, dass belletristische Werke [...] Perspektivwechsel ermöglichen – mehr Sensibilität gegenüber dem Fremden muss daraus [...] nicht resultieren" (Z. 79 ff.). Das liegt daran, dass **eigene Erfahrungen, persönliche Vorbilder** aus dem direkten sozialen Umfeld, aber auch gesellschaftliche Entwicklungen einen **viel stärkeren Einfluss auf die Wertvorstellungen des Einzelnen** haben als Bücher. Die Autorin gibt in diesem Zusammenhang zu bedenken, dass die Bücher Karl Mays, die bereits zu Beginn des 20. Jahrhunderts sehr erfolgreich waren und eine Freundschaft über kulturelle Grenzen hinweg vor Augen führen, **keinesfalls mehr Offenheit** zur Folge hatten; andernfalls hätte es mehr kritische Stimmen gegen die kolonialen Bestrebungen in dieser Zeit geben müssen (vgl. Z. 72–82). Es ist offensichtlich so, dass **Literatur vielfach als eigene Sphäre wahrgenommen** wird, die mit dem tatsächlichen Leben relativ wenig zu tun hat. Das ist vor allem darauf zurückzuführen, dass das Lesen eine Tätigkeit ist, die allein vollzogen wird und ohne soziale Interaktion auskommt. Wer liest, zieht sich in die Welt der Bücher zurück und **blendet die Wirklichkeit für eine gewisse Zeit aus**. Empathie bleibt daher allenfalls auf literarische Figuren beschränkt und wirkt sich im realen Leben häufig nicht darauf aus, wie man anderen Menschen gegenübersteht.

Schluss
Synthese

Aus dem Für und Wider zur Frage, ob das Lesen fiktionaler Literatur dazu führt, ein besserer Mensch zu werden, muss ein gemischter Befund gezogen werden. Lässt man allein den Bildungsaspekt gelten, kann man diese Frage durchaus bejahen, denn Lesen ist in geistiger Hinsicht gewinnbringend und fördert auch die ästhetische Wahrnehmung. Je nachdem, was zu welchem Zweck gelesen wird, ist der Bildungseffekt selbstverständlich mehr oder weniger groß. Entscheidend ist aber der soziale Aspekt, der bei der Frage nach der Besserung des Menschen im Vordergrund steht. Zwar bringt das Lesen ohne Zweifel positive Effekte mit sich, wie den Abbau von Vorurteilen oder die Förderung der Empathie. Diese wirken sich nach meinem Dafürhalten aber nicht so stark aus, wie häufig angenommen. Denn aufgrund der Trennung zwischen Fiktion und eigener Lebensrealität ist es überwiegend nicht der Fall, dass das Lesen von Büchern auch zu einer Verhaltensänderung führt. Hinzu kommt, dass neue Medien im Alltag vieler Menschen, vor allem bei Jugendlichen, eine viel bedeutendere Rolle spielen als das klassische Buch. Daher möchte ich mich abschließend der Meinung von Claudia Mäder anschließen, wonach die Beschäftigung mit fiktionaler Literatur nicht überhöht werden darf, indem das Buch als Mittel zur Besserung des Menschen betrachtet wird.

Test: Prüfungsaufgabe zum Thema „Internetkommunikation“

Einleitung
Basisinformationen zum Text

In ihrem 2015 in der Wochenzeitung „Die ZEIT“ erschienenen Kommentar „Wo sind die Zwischentöne hin?“ kritisiert Cosima Schmitt die Art und Weise, wie Menschen digital miteinander kommunizieren. Die Autorin ist der Ansicht, dass sich die zwischenmenschliche Verständigung durch den Einsatz digitaler Kommunikationsmittel negativ verändert. Davon zeuge u. a. der inflationäre Gebrauch von Emojis. Deshalb fordert sie, gängige Gesprächskonventionen auch im Netz zu beachten.

Hauptteil
Analyse und Aufbau des Textes
erster Sinnabschnitt

Argumentativ entwickelt Schmitt diese Position in mehreren Schritten. Die Hinführung zum Thema erfolgt am Beispiel übertriebener Gefühlsäußerungen beim Onlinehandel und in sozialen Netzwerken (Z. 1–13). Diese Reaktionen seien kennzeichnend für die undifferenzierte Kommunikation im Netz und die Affinität der User zur Hysterie – sei es in Form von positiven oder negativen Äußerungen.

zweiter Sinnabschnitt

Daraufhin führt die Autorin unter Rückgriff auf persönliche Erfahrungen mögliche Gründe für das Verhalten der Nutzer an (Z. 14–43). So wirke sich Euphorie positiv auf das eigene Selbstbild aus und beim Internethandel erweise sich Übertreibung als strategisch günstig. Ebenso ließen sich negative Emotionen wie Neid und Desinteresse am Mitmenschen hinter gespielter Begeisterung geschickt verbergen. Hinzu komme der Wunsch, durch Übertreibung entweder ein Gruppengefühl zu erzeugen oder sich von der Menge abzusetzen. Auch dies führe dazu, dass Ausrufezeichen und Smileys zum Gefühlsausdruck im Netz Konjunktur haben.

dritter Sinnabschnitt

Im Anschluss an diesen Erklärungsversuch beklagt die Verfasserin die geringe Authentizität in der Onlinekommunikation. Außerdem problematisiert sie das Kommunikationsverhalten im Internet, indem sie virtuelle Begeisterung und digitale Empörung in Form von Shitstorms als zwei Seiten einer Medaille darstellt. Beide Reaktionen seien darauf zurückzuführen, dass Verhaltensregeln im Netz missachtet werden (Z. 44–64).

vierter Sinnabschnitt

Ihre Diagnose für die aufgezeigte Veränderung der zwischenmenschlichen Verständigung im Zuge der Digitalisierung lautet

Überforderung (Z. 65–74). Dies betreffe sowohl die Nutzer, die erst im direkten Kontakt die Wirkung der Kommunikation korrekt einschätzen könnten, als auch die digitalen Kommunikationsmittel, die der Komplexität der Welt durch Like-Buttons etc. kaum gerecht werden.

fünfter Sinnabschnitt

Vor diesem Hintergrund fordert die Autorin abschließend, die gängigen kommunikativen Konventionen auch in der virtuellen Welt einzuhalten (Z. 75–84).

Erörterung
Hinführung

Nach Meinung der Meinung der Autorin führt **Netzkommunikation hinsichtlich der zwischenmenschlichen Verständigung zu einer Verarmung**. Was für bzw. gegen diese Position spricht, soll im Folgenden geklärt werden.

Pro-Argument 1

Zunächst ist nicht von der Hand zu weisen, dass sich in vielen digitalen Kommunikationskanälen die Tendenz zur Übertreibung und Zuspitzung bemerkbar macht, wodurch **Nuancierungen in der Sprache verloren gehen**. Es sind vor allem zwei Faktoren, die maßgeblich zu diesem Phänomen beitragen: Zum einen hat man als Internetnutzer die Möglichkeit, **anonym** zu bleiben. Zum anderen ist das Internet ein **Massenmedium**, weshalb man im digitalen Raum nur eine bzw. einer unter vielen ist. **Um als Individuum stärker wahrgenommen zu werden, neigen manche Internetnutzer deshalb dazu, maßlos zu übertreiben.** Dies veranschaulicht Cosima Schmitt anhand der Tatsache, dass beim Austausch von Nachrichten **am häufigsten das Smiley verwendet** wird, „das sich vor Lachen kaum halten kann und Freudentränen vergießt" (Z. 13). Zu Recht weist die Autorin darauf hin, dass dieser Überschwang in der Netzkommunikation nicht nur zutage tritt, wenn es um den Ausdruck von Zustimmung geht, sondern auch bei Beiträgen, die Ablehnung signalisieren. **Übertriebene Reaktionen auf das Fehlverhalten anderer** umschreibt sie mit folgenden Worten: „Ein unbedachtes Eingeständnis, schon bricht der **Shitstorm** los." (Z. 56 f.) Zwar darf Schmitts Behauptung, diejenigen, die Hassrede im Internet verbreiteten, seien „wahrscheinlich dieselben Leute, die bei anderer Gelegenheit mit ihrer Begeisterung um sich werfen" (Z. 58 f.), bezweifelt werden. Aber ihre Kritik daran, dass Verhältnismäßigkeit, Differenzierung und Nüchternheit in der Netzkommunikation abhandengekommen sind, ist durchaus berechtigt.

Pro-Argument 2 Hinzu kommt, dass bestimmte Kommunikationsformen im Netz dazu beitragen können, einen **oberflächlichen Umgang** miteinander zu pflegen. Das liegt unter anderem am **hohen Tempo beim Austausch von Nachrichten**. Im Vordergrund steht vielfach das Bedürfnis, sich über digitale Kanäle nahezu in Echtzeit zu verständigen. Häufig werden daher keine langen Textbeiträge formuliert, sondern **relativ kurze Aussagen, die durch Zeichen und Symbole angereichert werden**. Auch wenn Schmitt auf überspitzte Weise beklagt, „manche Posts [enthielten] inzwischen mehr Ausrufezeichen als Buchstaben" (Z. 48 f.), ist Folgendes nicht von der Hand zu weisen: Bei Nachrichten, die über Messenger-Dienste versendet werden, tritt nicht selten der Inhalt hinter die Form zurück. Das heißt, dass der **Aussagegehalt von Textnachrichten eher gering** ist, während die Art und Weise, wie diese Aussagen in der computervermittelten Kommunikation präsentiert werden, in den Vordergrund rückt. Blumenstrauß, Kuchen und Sektglas – diese Bilder werden beispielsweise gerne zum Geburtstag verschickt. Oftmals dienen sie als **Ersatz für griffig formulierte, persönliche Wünsche**. Das Beispiel zeigt: Der Verzicht auf Komplexität in Nachrichten, die in digitaler Form versendet werden, führt zu einer **inhaltlichen Verflachung der Kommunikation**. Zudem besteht die Gefahr, das aus dem Blick zu verlieren, was Freunde und Bekannte wirklich beschäftigt, wenn, wie Cosima Schmitt betont, „nur noch das hysterischste Smiley wahrgenommen wird" (Z. 49 f.).

Pro-Argument 3 In der Netzkommunikation macht sich jedoch nicht nur die Tendenz zur Oberflächlichkeit bemerkbar. Eng damit zusammen hängt auch, dass die **zwischenmenschliche Verständigung teilweise unehrlich** ist. Eine Ursache hierfür ist darin zu sehen, dass die Kommunikationsteilnehmer trotz unzähliger Möglichkeiten der digitalen Vernetzung letztlich **aus großer Distanz miteinander in Kontakt treten**. Der Umstand, nicht von Angesicht zu Angesicht miteinander zu sprechen, eröffnet die Chance, sich im Netz so zu präsentieren, wie man gesehen werden möchte. Das **Bestreben, sich selbst in ein möglichst positives Licht zu rücken**, manifestiert sich in den Bildern, die auf sozialen Netzwerken wie Facebook oder Instagram miteinander geteilt werden. Darauf sind Personen zu sehen, deren Leben sich durch eine perfekte Mischung aus Liebesglück, beruflichem Erfolg, Abenteuer und Genuss auszuzeichnen scheint (vgl. Z. 21 f.).

Daher überrascht es nicht, dass „Hanna Krasnova, Social-Media-Forscherin an der Berliner Humboldt-Universität, **[Neid] als eine Grundstimmung der Facebook-Nutzer** ausgemacht hat [...]“ (Z. 23 ff.). Es ist nicht schwer, **dieses Gefühl** durch Klicken des Like-Buttons oder durch Kommentare wie „Toll!“, „Wunderschön!“ oder „Genieß es!“ **zu verbergen**. Die Distanz, die beim Austausch über digitale Kanäle im Vergleich zu Face-to-Face-Kommunikation besteht, geht also einher mit einem **Verlust an Authentizität und Ehrlichkeit**. Als Folge stehen sich Kommunikationsteilnehmer im Netz eher skeptisch gegenüber, da sie mit Beschönigung, Verzerrung der Tatsachen, ausweichendem Verhalten oder Ähnlichem rechnen müssen.

Es sprechen also mehrere Argumente für die Überzeugung der Autorin, die Netzkommunikation sei der zwischenmenschlichen Verständigung abträglich. Dabei darf jedoch nicht übersehen werden, dass es auch gewichtige Argumente gibt, die gegen diese Position anzuführen sind.

Überleitung zur Gegenseite

Zunächst ist zu betonen, dass durchaus **unterschiedliche Register gezogen werden, wenn Personen in digitaler Form miteinander kommunizieren**. Man denke beispielsweise an berufliche E-Mails, die den Ansprüchen der jeweiligen Profession genügen müssen. Smileys, unpräzise Formulierungen oder emotional aufgeladene Bemerkungen sind im beruflichen Kontext in der Regel deplatziert. Daneben ist auch an soziale Netzwerke wie Xing oder LinkedIn zu denken, in denen neue Geschäftskontakte geknüpft werden. Wer einen guten Eindruck hinterlassen möchte, muss sich sachlich und klar artikulieren können. Deutlich wird: **Auch im digitalen Raum müssen die Mitglieder einer Sprachgemeinschaft nuancieren und differenzieren können**, um den verschiedenen kommunikativen Situationen und Zielen gerecht zu werden. Mit der fortschreitenden Digitalisierung werden die Ansprüche, die sprachlichen Äußerungen dem jeweiligen Kontext anzupassen, weiter steigen. So werden etwa **behördliche Schreiben oder Mitteilungen** von bestimmten Dienstleistern zunehmend digital zugestellt und erfordern von den Adressaten, **in sachlich-nüchterner Form darauf zu reagieren**. Die These der Autorin, der Austausch im Netz sei undifferenziert und von Übertreibungen gekennzeichnet, ist deshalb **nur haltbar, wenn man sich wie sie auf wenige Bereiche der virtuellen Welt**, etwa auf soziale Plattformen

Kontra-Argument 1

wie Facebook (vgl. Z. 24, 70 ff.) oder auf „Eltern- oder Haustierforen" (Z. 30), **beschränkt**.

Kontra-Argument 2 Ferner muss geprüft werden, inwieweit die Darstellung der Autorin zutreffend ist, wonach die Kommunikation im Netz unehrlich, übertrieben und wenig authentisch sei. Wie gezeigt wurde, können der Wunsch nach Aufmerksamkeit und das Bedürfnis, sich in ein möglichst positives Licht zu rücken, dazu führen, dass bei der Verständigung in digitaler Form Maß und Mitte verloren gehen und reale Gegebenheiten im Netz verzerrt dargestellt werden. **Die Gegenüberstellung einer weitgehend nüchternen und sachlichen Kommunikation in der analogen Welt und der maßlosen Übertreibung in der digitalen Welt ist jedoch zu hinterfragen.** Man denke beispielsweise an Radiomoderationen, in denen die besten Hits aller Zeiten von übertrieben gut gelaunten Sprecherinnen und Sprechern angekündigt werden, oder an Werbespots, die einen länglichen Keks als die längste Praline der Welt anpreisen. Daran zeigt sich, dass man **Übertreibungen nicht nur im Internet ausgesetzt ist, sondern auch in anderen Medien**. Umgekehrt findet man **im Netz auch Meinungsäußerungen und Beiträge, die sich durch Reflexion, Anspruch und Ausgewogenheit auszeichnen**. Dazu zählen nicht nur die digitalen Angebote des öffentlich-rechtlichen Rundfunks, sondern auch Wortmeldungen von Einzelpersonen. Erinnert sei an den Blog „Arbeit und Struktur" von Wolfgang Herrndorf, in dem der Autor einen Einblick in seine Gefühlswelt vom Zeitpunkt der Diagnose seines Hirntumors bis hin zu seinem Suizid gewährt. Im Internet tun sich also durchaus Räume auf, sich differenziert, einfühlsam und authentisch zu äußern.

Kontra-Argument 3 Am wichtigsten ist jedoch, dass die **Netzkommunikation die Möglichkeit eröffnet, sich nicht nur auf einer Sach-, sondern auch auf einer Beziehungsebene zu verständigen**. Dies ist eine wesentliche Voraussetzung für die Differenzierung von Aussagen. In Face-to-Face-Situationen ist es möglich, aus der Intonation sowie aus Gestik und Mimik Rückschlüsse auf das Empfinden des Gesprächspartners zu ziehen. Bei computervermittelter Kommunikation, die vorwiegend in schriftlicher Form stattfindet, fehlen diese para- und nonverbalen Signale. Als Ersatz hierfür kann man beim Austausch in digitaler Form **auf bestimmte Zeichen und Symbole zurückgreifen, die Auf-**

schluss darüber geben, wie eine Aussage gemeint ist und welche Emotionen damit verbunden sind. Es macht einen Unterschied, ob die Mitteilung „Du bist eiskalt" mit einem zwinkernden Smiley versehen ist oder nicht. Im ersten Fall weiß der Empfänger, dass die Aussage scherzhaft wirken soll. Im zweiten Fall könnte sie als Vorwurf gemeint sein. Zweifellos ist es zutreffend, dass im Netz manchmal exzessiv von der Möglichkeit Gebrauch gemacht wird, Gefühle – sowohl negative als auch positive – durch bestimmte Zeichen zu betonen. Allerdings werden sie nicht „wahllos verteilt" (Z. 8), wie die Autorin meint, sondern gezielt eingesetzt. Denn in vielen Kommunikationssituationen ist es nötig, nicht allein Sachinformationen zu geben, sondern auch einen **Austausch im zwischenmenschlichen Bereich** zu ermöglichen. Smileys und Emojis, Abkürzungen, Zeichen und Symbole dienen diesem Zweck und tragen auf diese Weise dazu bei, **Aussagen zu nuancieren** und „Zwischentöne" (Z. 18) in die digitale Kommunikation einzubringen.

Schluss
Synthese

Abschließend ist also festzuhalten, dass es sowohl Argumente für als auch gegen die Position von Cosima Schmitt gibt. Auf der einen Seite trägt es zu einer Verarmung der zwischenmenschlichen Verständigung bei, wenn die Kommunikation in sozialen Medien von Übertreibungen geprägt ist und Aussagen nicht mehr ausreichend differenziert werden. Daneben besteht die Gefahr, dass der gegenseitige Austausch über digitale Kanäle auf oberflächliche und unehrliche Weise erfolgt. Auf der anderen Seite ist nicht außer Acht zu lassen, dass es durchaus Bereiche in der Netzkommunikation gibt, bei denen es darauf ankommt, sich gewählt und sachlich-nüchtern auszudrücken. Zudem zeichnen sich manche Beiträge und Meinungsäußerungen durch ein hohes Reflexionsniveau und sprachliche Komplexität aus. Grundsätzlich ist darüber hinaus zu bedenken, dass einfache Zeichen wie Smileys eine große Wirkung entfalten können, indem sie helfen, das Geschriebene emotional aufzuladen. Gerade darin liegt aus meiner Sicht der entscheidende Punkt. Im Bereich der Netzkommunikation wurden sprachliche Codes entwickelt, um emotionale „Zwischentöne" in den Austausch mit anderen einzubringen. Auch wenn das direkte Gespräch von Angesicht zu Angesicht durch nichts zu ersetzen ist, kann am Ende folgendes Resümee gezogen werden: Zwischenmenschliche Verständigung muss nicht darunter leiden, wenn wir digital miteinander kommunizieren. Es kommt nur darauf an, die zur Verfügung stehenden Mittel bei dieser Art der Kommunikation recht zu gebrauchen.

Übungsaufgabe zum Thema „Leichte Sprache“

Schritt 1: Die Aufgabenstellung erfassen

48 Ich soll ein informierendes Schreiben verfassen, das an die Mitglieder der Schulkonferenz adressiert ist und das diesem Gremium als Grundlage dient, über den Vorschlag des Deutschkurses zu diskutieren.

49 Individuelle Lösungen beim Nachdenken über das Thema „Leichte Sprache“. Denkbar wären u. a. folgende Aspekte:

- Menschen mit Rechtschreib- und Leseschwierigkeiten
- Deutsch als Fremd- oder Zweitsprache
- Sprachvarietäten: Ethnolekte, Dialekte
- Sprachwandel

50 Die Aufgabenstellung verlangt, sich aus einem gegebenen Anlass (Thema „Sprachvarietäten im Deutschunterricht“) mit einem besonderen Anliegen (Vorschlag des Deutschkurses) an bestimmte Adressaten (Mitglieder der Schulkonferenz) zu wenden. Das zu erstellende Schreiben sollte also Elemente eines Briefs enthalten (Betreff, Anrede). Zwischenüberschriften tragen zur Gliederung des Schreibens bei und erleichtern das Textverständnis.

51 Das Informationsschreiben soll die Mitglieder der Schulkonferenz in die Lage versetzen, über den Vorschlag des Deutschkurses zu diskutieren. Hierzu muss erläutert werden, was man unter Leichter Sprache versteht und welche Gründe dafürsprechen, Texte dieser Art auf der Schulhomepage zur Verfügung zu stellen.

52 Adressatenbezug / Zielgruppe: Lehrkräfte, Eltern sowie Schülerinnen und Schüler; vermutlich die Mehrheit ohne spezielle Vorkenntnisse zum Thema „Leichte Sprache"

Folgen: Die Informationen müssen gut verständlich dargelegt werden. Dabei sind auch die unterschiedlichen inhaltlichen und sprachlichen Kompetenzen zu berücksichtigen. Da man sich mit dem Schreiben nicht nur an Gleichaltrige, sondern auch an Autoritätspersonen der Schule richtet, ist eine förmliche Anrede angemessen.

53 Ergebnisse zur Untersuchung der Aufgabenstellung im Überblick

Aufgabenstellung erfassen

Thema:
- Texte in Leichter Sprache
- auch als Angebot auf der Schulhomepage

Schreibziel:
- das Konzept der Leichten Sprache erläutern
- vom Vorschlag des Deutschkurses überzeugen

Textsorte:
- informierendes Schreiben an die Schulkonferenz

Adressaten:
- Mitglieder der Schulkonferenz
- Schülerinnen und Schüler, Eltern, Lehrerinnen und Lehrer

Schritt 2: Informationen entnehmen

54 Individuelle Lösungen bei der ersten Auseinandersetzung mit den Materialien

55 Überblick über Textsorten und Quellen der Materialien

Material	Textsorte und Quelle
M 1	Auszug aus einer Fachzeitschrift; bpb (Bundeszentrale für politische Bildung)
M 2	Auszug aus einer Fachzeitschrift; bpb (Bundeszentrale für politische Bildung)
M 3	Interview; NZZ (Neue Zürcher Zeitung)
M 4	Abbildungen zu den Regeln für Texte in Leichter Sprache; www.leichte-sprache.de
M 5	Statistik in tabellarischer Form; Leo-Studie 2018
M 6	Auszug aus einem Gesetzestext (UN-BRK)

56 Abstracts zu den Materialien M 1–M 6

Abstract zu Material 1: „Leichte und Einfache Sprache – Versuch einer Definition"

- Leichte Sprache hat im Sinne der UN Behindertenrechtskonvention das Ziel, Menschen mit Leseschwierigkeiten die Teilhabe an Gesellschaft und Politik zu ermöglichen.
- Leichte Sprache folgt bestimmten Regeln, um sprachliche Komplexität zu reduzieren. So sollen kurze Hauptsätze verwendet werden, während Nebensätze, schwierige Wörter und detailreiche Fotos zu vermeiden sind. Nach Satzabschnitten werden Absätze gemacht.
- Die Begriffe Leichte und Einfache Sprache werden oft synonym verwendet, unterscheiden sich jedoch. Einfache Sprache ist durch einen komplexeren Sprachstil gekennzeichnet und folgt keinem Regelwerk.
- Von Texten in Leichter Sprache profitieren nicht nur Menschen mit Lese- und Rechtschreibeschwäche, mit Behinderung oder mit geringen Deutschkenntnissen, sondern auch alle Personen, die einem Text in kurzer Zeit die wichtigsten Informationen entnehmen wollen.

Abstract zu Material 2: „Leichte Sprache – Ein Schlüssel zu ‚Enthinderung' und Inklusion"

- Leichte Sprache kann auf dem Weg zur „Enthinderung" dazu beitragen, dass Menschen mit Behinderung eine wirksame Teilhabe an der Gesellschaft erhalten und ihre Rechte voll ausüben können. Insofern entspricht sie den Zielsetzungen der UN-Behindertenrechtskonvention.
- Der Staat ist dazu verpflichtet, die Rechte von Menschen mit Behinderung zu gewährleisten und einen gesellschaftlichen Wandel zu organisieren. Ein Mittel hierfür ist Leichte Sprache, die im Gegensatz zu schwerer Sprache wie ein Schlüssel die Tür zum Verständnis öffnet.
- Leichte Sprache stellt aber auch für weitere Personengruppen wie Menschen mit eingeschränkten Deutschkenntnissen oder Deutsch als Fremdsprache ein Angebot dar, sich Zugänge zu gesellschaftlichen Bereichen zu verschaffen.
- Behördliche Formulare, medizinische Mitteilungen, Beipackzettel bei Medikamenten oder Gebrauchsanweisungen sind oftmals in einer schwer verständlichen Sprache verfasst, was für viele Menschen eine unüberwindbare Hürde darstellt. Leichte Sprache kann hier Grenzen auflösen.

Abstract zu Material 3: „Schlimmer als Realsatire"

- Leichte Sprache ist sinnvoll bei einzelnen Lernschwächen, sollte jedoch nur in Ausnahmefällen verwendet werden, da die enge Beziehung zwischen sprachlichem Ausdruck und beschriebenem Gegenstand nicht einfach aufzulösen ist.
- Selbst bei vereinfachten Texten können diese nicht von allen verstanden werden. Zudem ändert sich durch Leichte Sprache das Wesen der Texte.
- Auch ist es nicht nur die Sprache, die Menschen mit Handicap den Zugang zum öffentlichen Leben ermöglicht.
- Vielmehr führen die Übersetzungen in Leichte Sprache die Leserinnen und Leser in die Irre, da Texte auf diese Weise inhaltsleer werden oder zu Missverständnissen führen.
- Sprache sollte nicht an einen bestimmten Erkenntnisstand angepasst werden, da dies im Kern bildungsfeindlich ist.
- Verringert man die Anforderungen bei den Schlüsselkompetenzen Lesen und Schreiben z. B. in Schule und Universität, führt das zu einer Abwertung der sprachlichen Bildung und zur Unterhöhlung der Bildungssysteme.
- Texte in Leichter Sprache wirken oft wie Parodien und nehmen Menschen mit Behinderung die Würde.

Abstract zu Material 4: „Regeln für die Abfassung von Texten in Leichter Sprache"

- Zu den wichtigsten Regeln für die Abfassung von Texten in Leichter Sprache gehört es, einfache und bekannte Wörter zu benutzen, auf Fach- und Fremdwörter zu verzichten sowie Konjunktiv und Genitiv zu vermeiden.

Abstract zu Material 5: „Funktionaler Analphabetismus und fehlerhaftes Schreiben in der deutsch sprechenden erwachsenen Bevölkerung"

- Von funktionalem Analphabetismus spricht man, wenn die schriftsprachlichen Kompetenzen von Erwachsenen nicht ausreichen, um gesellschaftlichen Anforderungen zu entsprechen.
- Die Erhebung aus dem Jahr 2018 zeigt, dass bei Ausprägung verschiedener Level 12,1 % bzw. 6,2 Mio. Menschen vom funktionalen Analphabetismus betroffen sind.
- Bemerkenswert ist, dass 8,1 % der Erwachsenen in Deutschland (4,2 Millionen Menschen) zwar in der Lage sind, kurze Sätze zu verstehen, an längeren Texten jedoch scheitern.

Abstract zu Material 6: „Auszug aus der UN-Behindertenrechtskonvention (UN-BRK)"

- Bei dem Übereinkommen über Rechte von Menschen mit Behinderung geht es in Artikel 4 um das Ziel der Vertragsstaaten, die Menschenrechte und Grundfreiheiten aller Menschen ohne jede Diskriminierung zu gewährleisten.
- Staatliche Behörden und öffentliche Einrichtungen sollen auf die Umsetzung dieses Ziels hinwirken.
- Artikel 9 sichert Menschen mit Behinderung eine unabhängige Lebensführung zu. Die Teilhabe am öffentlichen Leben muss gewährleistet sein, was auch den Zugang zu Information und Kommunikation voraussetzt.

Schritt 3: Einen Schreibplan erstellen

57 Individuelle Lösungen bei Ergänzungen zum eigenen Vorwissen. Denkbar wären z. B. folgende Aspekte:

Deutschunterricht	Thema „Leichte Sprache“; Einflüsse von Varietätenvielfalt auf die Standardsprache; Ethnolekte z. B. durch Migranten, die die Zweitsprache unter dem Einfluss der eigenen Muttersprache verändern; Sprachwandel durch kulturelle Vielfalt; Einfluss der Medien
eigene Erfahrungen	Konfrontation mit der zeitlosen Klage vom Verfall sprachlicher Kompetenzen; Erfahrungen mit Lese-Rechtschreib-Schwäche (entweder durch eigene Betroffenheit oder durch Mitschülerinnen und Mitschüler); Kontakt zu Personen, die Deutsch als Zweitsprache erlernt haben

58 Mögliche Ergebnisse bei der Auseinandersetzung mit der Themenstellung

Themenstellung: Schreiben, das für Texte in Leichter Sprache auf der Schulhomepage wirbt

Abstracts als Informationsgrundlage
- Gründe für die Verwendung von Texten in Leichter Sprache
- Regeln zur Abfassung solcher Texte
- Angebot für viele Personengruppen

eigenes Wissen ergänzen
- Texte in Leichter Sprache immer häufiger anzutreffen (z. B. auf Internetseiten von Nachrichtensendern)
- Sprache als Mittel für einen sensiblen Umgang mit anderen Menschen

Erwartungen der Leserschaft berücksichtigen
- Bezug des Themas zur Schule
- Informationen zum Thema „Leichte Sprache“
- Empfehlung

Stilistische Anforderungen der Textsorte beachten
- informierend und sachlich
- Gliederung mittels Zwischenüberschriften
- Fachbegriffe, aber trotzdem auf Verständlichkeit achten

59 Gliederungskonzept

Gliederung	Inhalt	Formulierungsmöglichkeiten
Einleitung	■ Anlass des Schreibens nennen	Anlässlich einer Unterrichtseinheit zum Thema …
Hauptteil		
Definition von Leichter Sprache	■ Leichte Sprache – Adressaten, Ziel, Mittel	Unter Leichter Sprache versteht man …
Regeln zum Verfassen von Texten in Leichter Sprache	■ Reduzierung von sprachlicher Komplexität auf Satz- und Wortebene sowie durch eine einfache optische Gestaltung von Texten	Es ist klar geregelt, wie …
Kritik am Konzept der Leichten Sprache	■ Gefährdung des Bildungsanspruchs ■ drohende Sinnentleerung von Texten	Dennoch gibt es auch Einwände gegen …
Schluss		
Gründe für die Umsetzung des Vorschlags	■ Umsetzung der UN-BRK-Beschlüsse ■ ein Zeichen für Inklusion setzen (funktionaler Analphabetismus) ■ ein Angebot für Schülereltern mit geringen Deutschkenntnissen schaffen	Es sprechen allerdings mehrere Gründe für …

Schritt 4: Den Text schreiben

60 Ausformuliertes Aufsatzbeispiel

Texte in Leichter Sprache auf unserer Schulhomepage

Sehr geehrte Mitglieder der Schulkonferenz,
unser Deutschkurs hat sich mit dem Thema „Sprachvarietäten“ befasst und ist zu dem Entschluss gekommen, dass wir im Sinne einer inklusiven und offenen Gesellschaft wichtige Texte auf unserer Schulhomepage in Leichter Sprache anbieten sollten. Wenn beispielsweise unser Schulprofil, Merk-

blätter oder auch Rundbriefe in Leichter Sprache verfasst sind, erhalten verschiedene Personengruppen einen leichteren Zugang zu Informationen, die die Schule betreffen.

Bezug zu M 1, M 2: Erläuterung von Leichter Sprache

Doch was ist Leichte Sprache überhaupt?

Texte in Leichter Sprache richten sich an Menschen mit Leseschwierigkeiten oder geringen Deutschkenntnissen sowie an Menschen mit Behinderung. Um diesen Personengruppen das Verständnis von Texten zu erleichtern, sollen Inhalte in möglichst einfachen und klaren Worten wiedergegeben werden. Ziel ist es, allen Menschen die volle Teilhabe an Gesellschaft und Politik zu ermöglichen, indem sprachliche Hürden abgebaut werden. Dieses Ziel verfolgt auch die UN-Behindertenrechtskonvention. Einfache und Leichte Sprache unterscheiden sich vor allem dadurch, dass Letztere ganz bestimmten Regeln folgt. Häufig werden beide Begriffe jedoch synonym verwendet.

Bezug zu M 1, M 4: Regeln für das Verfassen von Texten in Leichter Sprache

Leichte Sprache – so wird sie gebildet

Wie man Inhalte in Leichter Sprache darstellt, ist klar geregelt. Auf bildlicher Ebene ist auf ein möglichst übersichtliches Layout zu achten. So sollen einfache Abbildungen und eine schnörkellose Schrift die Konzentration auf das Wesentliche erleichtern. Auf der Textebene gelten unter anderem folgende Grundsätze: Es sollten möglichst nur kurze Hauptsätze verwendet, Nebensätze sowie schwierige Wörter wie Fachbegriffe oder Fremdwörter vermieden, Absätze nach jedem Satzabschnitt gemacht und komplexere grammatische Strukturen wie Konjunktiv und Genitiv umgangen werden.

Die folgenden Beispiele zeigen, wie eine Übertragung einzelner Begriffe in Leichte Sprache aussehen könnte:

schlecht		**gut**
genehmigen	→	erlauben
Workshop	→	Arbeits-Gruppe
Morgen könnte es regnen.	→	Morgen regnet es vielleicht.
Das Haus des Lehrers	→	Das Haus vom Lehrer

Bezug zu M 3: Einwände gegen Leichte Sprache

Kritik am Konzept der Leichten Sprache

Der Bildungsexperte Rainer Bremer kritisiert das Konzept der Leichten Sprache als bildungsfeindlich. Vernachlässige man die Schlüsselkompetenzen des Lesens und Schreibens zum Beispiel in Schule und Universität, zerstöre man Bildungssysteme von innen heraus, und zwar infolge der Abwertung von sprachlicher Bildung. Zudem führe eine sprachliche Reduzierung dazu, dass Texte beinahe inhaltsleer daherkämen. Rainer Bremer räumt aber auch ein, dass es bei einzelnen Lernschwächen durchaus sinnvoll ist, Leichte Sprache zu gebrauchen. Und daher ist es lohnenswert, über unseren Vorschlag „vom" Deutschkurs nachzudenken.

Gründe für Texte in Leichter Sprache als zusätzliches Angebot auf unserer Schulhomepage

Bezug zu M 6: Erfüllen der UN-BRK

Unserer Ansicht nach sprechen mehrere Gründe dafür, Texte in Leichter Sprache als Zusatzangebot auf unserer Homepage zur Verfügung zu stellen. Zum einen kommen wir damit rechtlichen Bestimmungen nach. Die 2006 verabschiedete UN-Behindertenrechtskonvention (UN-BRK) hält fest, dass allen Menschen die volle Teilhabe an Gesellschaft und Politik zu ermöglichen ist. Das heißt auch, Menschen mit geringen Deutschkenntnissen oder mit Leseschwierigkeiten Informationen zugänglich zu machen. Nach Artikel 4 der UN-BRK sind alle staatlichen Behörden und öffentlichen Einrichtungen dazu verpflichtet, die vereinbarten Ziele umzusetzen – also auch unsere Schule.

Bezug zu M 5: Überwindung sprachlicher Barrieren

Zum anderen setzen wir damit ein gesellschaftliches Zeichen für Inklusion. Eine Erhebung aus dem Jahr 2018 zeigt, dass 6,2 Millionen Menschen, also etwa 12 Prozent der erwachsenen Bevölkerung, unter funktionalem Analphabetismus leiden. Von funktionalem Analphabetismus spricht man, wenn die schriftsprachlichen Kompetenzen von Erwachsenen nicht ausreichen, um gesellschaftlichen Anforderungen zu entsprechen. Durch Texte in Leichter Sprache auf unserer Schulhomepage zeigen wir, dass wir an diese Personengruppe denken und ihr helfen wollen. Zudem profitieren auch Menschen, deren Muttersprache nicht Deutsch ist, von einfach gehaltenen Texten. Hier ist in erster Linie an die Schülereltern zu denken, die noch nicht lange in Deutschland leben. Bei manchen dieser Eltern sind die Deutschkenntnisse noch so gering, dass komplexere Texte ein Problem darstellen. Darüber hinaus könnte das Zusatzangebot auch für Eltern mit Handicap, z. B. einer Hörbehinderung, eine Hilfe darstellen.

Mit dem Angebot von Texten in Leichter Sprache leistet unsere Schule also einen Beitrag zu einer „enthinderten“ und inklusiven Gesellschaft. Wir hoffen daher, dass unser Vorschlag in der nächsten Sitzung der Schulkonferenz Gehör findet.

Schritt 5: Den Text schreiben

61 Individuelle Überarbeitung des Aufsatzes mithilfe der Checkliste

Prüfungsaufgabe zum Thema „Inklusive Sprache“

Aktion „respektvolle Sprache“ an unserer Schule

Die Macht von Sprache und Worten – Nachdenken darüber, was wir sagen
Die Möglichkeit, mit Worten einen Menschen zu verletzen, kennen wir alle! Oft gehen wir mit Sprache, mit Worten, mit Beleidigungen, mit Vorurteilen achtlos um, ohne uns Gedanken darüber zu machen, wie unsere Äußerungen beim Gegenüber wirklich ankommen bzw. welche Folgen sie haben können. Das gilt im Alltagsleben genauso wie in der Schule.

Bezug zu M 4: *Begriffserläuterung*

Inklusion – was ist das überhaupt?
„Inklusion“ ist in diesem Zusammenhang ein häufig gebrauchter Begriff. Was bedeutet er jedoch überhaupt? Eine betroffene Mutter eines autistischen Sohnes versteht Inklusion sehr umfassend. Sie fordert eine vollständige und uneingeschränkte Teilhabe von Menschen mit Behinderung an der Gesellschaft, unabhängig z. B. vom Alter oder Geschlecht der Betroffenen.

Bezug zu M 1, M 5: *Fortschritte bei der Inklusion*

Inklusion und Schule
Die UN-Behindertenrechtskonvention von 2006 sichert Kindern und Jugendlichen mit Handicap oder Förderbedarf ein Recht auf Teilnahme am gemeinsamen Schulleben zu. Seitdem zeigt die Statistik, dass immer mehr Kinder und Jugendliche mit

Förderbedarf reguläre Schulen besuchen. In Bremen wurden im Schuljahr 2018/19 sogar 88,5 % der Schülerinnen und Schüler mit Förderbedarf inklusiv unterrichtet. Ein Blick zurück zeigt, dass zwischen den Schuljahren 2008/09 und 2018/19 in allen Bundesländern Fortschritte bei der Inklusion erzielt wurden. In diesen zehn Jahren erhöhten sich beispielsweise die Inklusionsanteile in Hamburg und Niedersachsen um über 50 %. Die meisten von uns haben also inzwischen sicher eine Mitschülerin oder einen Mitschüler mit Handicap. Gerade im schulischen Umfeld kommt unserer Sprache eine besondere Bedeutung zu. Denn Sprache und Wörter können sehr wohl Gefühle verletzen, ausgrenzen und diskriminieren!

Bewusstsein für eine nicht-diskriminierende Sprache schaffen

Bezug zu M 3: Formen von Diskriminierung in der Sprache

Oft sind es ganz bewusst ausgesprochene Beleidigungen, Stigmatisierungen, Schimpfwörter oder „coole" Sprüche, mit denen durchaus die Absicht verfolgt wird, das Gegenüber abzuwerten und zu diskreditieren. Begriffe wie „Spasti", „Behindi" o. Ä. sollten wir generell mit einem „Das geht ja gar nicht" als unakzeptabel zurückweisen.

Es geht darüber hinaus aber auch um eine versteckte, vorurteilsbehaftete, diskriminierende Sprache, die in vielen Köpfen unbewusst noch verankert ist. Denn auch die Sprache selbst verändert sich: Ausdrucksweisen wie „der/die Behinderte" oder „Aktion Sorgenkind" waren sicherlich niemals diskriminierend oder mit verletzender Absicht gemeint. Sie können sich im Laufe der Zeit jedoch ins Gegenteil verkehren, da sie einfach nicht mehr zeitgemäß erscheinen.

Bezug zu M 2: inklusive Sprache an Schulen

Sprache hat eine große Macht: Sie prägt unser Weltbild. Dies betrifft v. a. junge Kinder sowie Schülerinnen und Schüler, deren Identität noch nicht so gefestigt ist. Deshalb sollte man in Bildungseinrichtungen besonders auf eine inklusive Sprache achten.

Barrierefreiheit in den Köpfen

Die neue Schulpraxis mit ihren verstärkten Bemühungen um Inklusion erfordert Feingefühl beim Umgang im gemeinsamen Schulalltag, auch beim Thema „Sprache". Wir, die Schülerinnen und Schüler, lernen und leben zusammen und verbringen einen erheblichen Teil des Tages miteinander. Insofern müssen hier in Schulen eine respektvolle Sprache, ein respektvoller Umgang selbstverständlich werden und sein!

Sprache allein kann sicherlich nicht die gesellschaftlichen Verhältnisse in Bezug auf die Benachteiligung vieler Schülerinnen und Schüler mit Handicap und Förderbedarf vollständig verändern. Eine respektvolle und nicht-diskriminierende Sprache als Teil einer „barrierefreien Sprachkultur" kann jedoch die Situation erleichtern helfen.

Bezug zu M 3: Rücksichtnahme durch Sprache

Folgen und Folgerungen für unseren Sprachgebrauch
Folgen und Wirkungen einer unreflektierten Sprache, auch in Schulen, sind sicherlich sehr unterschiedlich und vom Einzelfall abhängig. Doch es muss jedem klar sein, dass eine abwertende und diskriminierende Sprache keinem Kind und Jugendlichen guttut. Eine Idee wäre sicherlich, dass man auch Kinder und Jugendliche mit Behinderung in den Schulen mit einbezieht, um einen möglichst fairen, inklusiven Sprachgebrauch zu erzielen. Dabei soll man nichts schönreden, aber man braucht sich auch nicht krampfhaft neue Euphemismen zu überlegen: Im Zweifelsfall sollten die Betroffenen selbst entscheiden, was sie für angemessen halten und wie sie genannt werden sollen.

Chancen für eine respektvolle Sprache an unserer Schule
Für unsere Schule eröffnet die Inklusion vielleicht die Chance, nicht nur über unseren Sprachgebrauch im Schulalltag nachzudenken, sondern uns vielmehr gemeinsam im täglichen Miteinander um eine respektvolle Sprache zu bemühen. Eine nicht-diskriminierende und nicht-verletzende Sprache muss dabei unser gemeinsamer Anspruch sein!

Bezug zu M 4

Richard von Weizsäcker hat einmal gesagt: „Was im Vorhinein nicht ausgegrenzt wird, muss hinterher auch nicht eingegliedert werden!" Dies trifft sicherlich auch auf unseren Sprachgebrauch zu.

Bezug zu M 2

Habe Mut, respektvoll zu sprechen! Denn Worte können im Herzen wehtun.

Übungsaufgabe zum Thema „Wahlplakate“

Schritt 1: Die Aufgabenstellung erfassen

62 Ich soll in einem Leserbrief die Frage erörtern, ob es heutzutage noch sinnvoll ist, mittels Straßenplakaten Wahlkampf zu führen. Dabei muss ich die vorgegebenen Materialien beachten.

63 Anforderungen an einen Leserbrief

- ablehnende oder zustimmende Reaktion zu einem Thema/Artikel/anderen Leserbrief (Bezug muss ersichtlich werden)
- persönliche Meinung muss deutlich werden
- Einsatz rhetorischer Mittel; v. a. geeignet: rhetorische Frage, Hyperbel
- Kürze erhöht Wahrscheinlichkeit, dass der Brief abgedruckt wird

64 Das Ergebnis meiner Arbeit soll ein Leserbrief sein, in dem …

- ich die Leserinnen und Leser überzeuge, dass Wahlplakate altmodisch sind und abgeschafft werden müssen. ☐
- ich die Vor- und Nachteile von Wahlplakaten abwäge und meine eigene Position zu dem Thema schlüssig darlege. ☒
- ich ausführlich beschreibe, wie ein gutes Wahlplakat gestaltet sein sollte. ☐

65 Überlegungen zur Adressatengruppe

Fragen bezüglich der Adressatengruppe	Die Leserinnen und Leser der Lokalzeitung
a Ist die Adressatengruppe eher einheitlich oder spreche ich sehr unterschiedliche Adressaten an?	Sehr uneinheitlich, sie entspricht weitgehend der allgemeinen Bevölkerungsstruktur.
b Richte ich mich an ein bestimmtes Geschlecht?	Nein, obwohl etwas mehr Männer die Lokalzeitung lesen.
c Welche Altersstruktur hat die Adressatengruppe?	Älter als 16 Jahre; besonders häufige Verbreitung bei einer Leserschaft ab ca. 30 Jahren.
d Welche Vorbildung besitzt die Adressatengruppe?	Vom Hauptschul- bis zum Hochschulabschluss; die meisten Hochschulabsolventen lesen eine Lokalzeitung.
e Wende ich mich an bestimmte Berufsgruppen?	Nein.
f Welche Erfahrung haben vermutlich die Leserinnen/Leser meiner Lokalzeitung mit dem Thema „Wahlplakate – zeitgemäß?"?	■ Die meisten Leserinnen und Leser haben schon mehrere Wahlkämpfe erlebt. ■ Ob sie allerdings über die Sinnhaftigkeit der Plakatierung nachgedacht haben, ist eher unwahrscheinlich.
g Zu welcher Meinung neigt vermutlich ein Großteil der Leserinnen/Leser vor der Lektüre meines Leserbriefs?	■ Einem Großteil wird das Thema eher gleichgültig sein. ■ Ein Teil der Leserschaft wird der Plakatierung eher kritisch gegenüberstehen. ■ Kritisch eingestellte Leserinnen und Leser werden eher den Leserbrief lesen.

66 **a** Adressatengruppe: Gerechnet werden muss mit einer sehr unterschiedlichen, aber eher älteren Leserschaft, die wahrscheinlich recht kritisch gegenüber der Plakatierung im Wahlkampf eingestellt ist.

b Konsequenzen: Evtl. sind stark verfestigte Einstellungen bei den Leserinnen und Leser bezüglich der Ablehnung von Wahlplakaten vorhanden. Der Leserbrief soll daneben auch Jugendliche, v. a. Erst- und Neuwähler, ansprechen.

67 Erkenntnisse zur Aufgabenstellung – Zusammenfassung

Aufgabenstellung erfassen

Thema:
Wahlplakate noch zeitgemäß?

Schreibziel:
Erörterung und eigene Positionierung

Textsorte:
Leserbrief

Adressaten:
eher ältere Erwachsene

Schritt 2: Informationen entnehmen

68 **Legende:**

!	Wichtiges	!!	Sehr Wichtiges	?	Unklares
⊕	Pro-Argument	⊖	Kontra-Argument		
◯	Quelle	(grün markiert)	Schlüsselbegriffe		

Material 1

Bundestagswahl –

Zeitgemäße Wahlwerbung am Straßenrand?

[…] „In Deutschland spielt das Wahlplakat noch immer eine große Rolle“, sagt Coordt von Mannstein, Professor für Visuelle Kommunikation und Inhaber einer Werbeagentur, die schon mehrere FDP-Wahlplakate entwarf. *Experte*

Effizientes Werbemittel mit großer Reichweite

„Das Plakat ist das öffentlichste Werbemittel, welches vor allem in Ballungszentren innerhalb kürzester Zeit Millionen von Wählern erreichen kann“, sagt der Werbefachmann im Interview mit der DW. ⊕!

⊕ In Deutschland gibt es nur wenige Auflagen für die Parteien in puncto Plakatwerbung. Die Parteien haben gegenüber Unternehmen sogar den Vorteil, dass ihnen Städte und Kommunen vor Wahlen exklusiv Flächen für Werbung zur Verfügung stellen. Zahlen müssen sie dafür nichts. Einzige Auflagen: Die Plakate dürfen den Verkehr nicht beinträchtigen und das Plakatieren an Bäumen wird nicht gern gesehen. Es gibt auch keinen Schlüssel, wie viel Prozent der Fläche Partei A oder Partei B zusteht, bestätigt die Stadt Bonn auf Nachfrage. Das Rennen um die begehrtesten Plätze ist völlig offen. Hier entscheidet also oft, wer am meisten freiwillige Wahlhelfer aufbieten kann, um die Plakate anzubringen und wer zuerst an Ort und Stelle ist. Auch Alexander Schimansky, Marketing-Professor an der ⊕ ! ISM Dortmund, sieht vor allem die geringen Kosten als Vorteil des Plakats: „Es ist das günstige Massenmedium. Der Druck ist ⊕ ! einfach, selbst die kleinen Parteien können ihre Plakate mittlerweile selber drucken und verteilen."

Präsenz auf allen Kanälen

In einem Wahlkampf in der heutigen Zeit kommt es vor allem auf die Kombination aus verschiedenen Medien an: Online, Plakate, Printanzeigen, TV-Werbung und persönliche Wahlkampfauftritte. Keine Partei könne es sich erlauben, einen der Kanäle zu vernachlässigen, sagt der Hamburger PR-Berater Wolfgang Raike. Im Internet erreiche man beispielsweise viele ältere Stammwähler nicht und über Printanzeigen nicht mehr die Jungen, die sich keine Tageszeitung mehr kaufen. „Selbst die internetaffine Piratenpartei gibt zwei Drittel ihres Wahlkampfbudgets für Plakate aus", sagt Werbefachmann Coordt von Mannstein. Das Plakat scheint da noch das effizienteste ⊕ !! Medium zu sein. Irgendwann wird zwangsläufig jeder Wähler einen dieser Werbeträger sehen. Aus der Mode ist das Plakat also noch lange nicht.

Ob es die Erfolgsformel für das perfekte Wahlplakat gibt? Einig sind sich die Experten, dass in jedem Fall ein Foto auf das Poster gehört. Heute werde eben viel mehr über Bilder kommuniziert, so von Mannstein im Gespräch mit der Deutschen Welle. Durch Bilder könne sich der Wähler eben ein „Bild" von einer Person oder einer Partei machen. Das Foto sollte möglichst ein positives, sympathisches Erscheinungsbild haben und dazu einen prägnanten Text, der noch nicht einmal ein vollständiger Satz sein muss. Möglichst mit einer klaren Aussage: „Für Gerechtigkeit", sagt Alexander Schimansky oder „für die Familie". […]

Kriterien für ein gutes Plakat

Auch der Einsatz von Bildbearbeitung und Fotoretuschierung sei mit Bedacht zu gebrauchen. „Plakate müssen authentisch sein. In einem Wahlkampf muss der Bürger seinen Politiker authentisch erleben", sagt von Mannstein. „Da können auch ruhig einmal ein paar Falten zu sehen sein", ergänzt PR-Mann Raike. Die Menschen würden Politiker nicht wegen ihrer jugendlichen Frische wählen, sondern wegen ihrer politischen Erfahrung. Ein paar Falten dienen dann als Beweis für ausreichend Lebenserfahrung.

?

Verzicht auf Politikerfotos

Besonderheiten letzter Wahlkampf (irrelevant)

Doch der Trend geht in diesem Wahlkampf offenbar sowieso in eine andere Richtung. Ob retuschiert oder nicht: Die Parteien verzichten weitgehend auf Porträts ihrer Politiker. Die CDU setzt stattdessen stark auf „Heile-Welt-Bilder", die Familien in positiven und sympathischen Lebenssituationen zeigen. Kanzlerin Angela Merkel soll erst später im Wahlkampf auf den Plakaten ihrer Partei auftauchen.

Auch die SPD plakatiert Menschen in ihrem Alltag, lässt aber Motive drucken, auf denen beispielsweise Probleme von alleinerziehenden Müttern zu sehen sind oder Familien, die mit steigenden Mieten zu kämpfen haben. „Die Grünen setzen hingegen stark auf die Farbe Grün und sprechen auch den Wähler mit ihrem Spruch: ‚Und Du?' an. Dazu verweisen sie auf das Internet, das ist schon sehr gelungen", sagt Christoph Moss.

Alle Plakate teilen jedoch das gleiche Schicksal: Sie werden im Herbst im Altpapier landen. Denn spätestens am Tag nach der Bundestagswahl am 22. September dürfen die Städte nicht mehr mit Wahlplakaten zugepflastert sein. Die Parteien müssen ihre Werbung unverzüglich entfernen, ansonsten droht ihnen eine Ordnungsstrafe.

Quelle: Arne Lichtenberg, Deutsche Welle, DW.DE vom 15.08.2013

Material 2

Flut von Plakaten

Ballung von „Köpfen"

wenig aussagekräftig

Quelle: ullstein bild – CARO/Marius Schwarz (links); picture alliance/dpa (rechts/unten)

Material 3

STUTTGARTER-NACHRICHTEN.DE

Wahlplakat-Analyse

Unterbewusst Gefühle wecken

Stuttgart – Wahlkämpfer im Endspurt: Die Spitzenkandidaten fahren jeden Tag etliche Kilometer durchs Land. Von einer Wahlkampfveranstaltung zur nächsten. Doch egal wohin sie kommen, sie sind schon da. Überall lächeln sie sich selbst von den Plakatwänden an. Dabei geht es den Wahlkämpfern wohl nicht anders als ihrem Wahlvolk. Sie schenken ihrem Konterfei auf den Wahlplakaten vermutlich keine allzu große Aufmerksamkeit. „Unsere Untersuchungen haben ergeben, dass die Wahlplakate durchschnittlich nur etwa 1,5 bis zwei Sekunden betrachtet werden", sagt Jan Kercher, Kommunikationswissenschaftler an der Universität Hohenheim. ! ⊖

Unterbewusstsein spielt große Rolle

Dennoch sind die Plakate ein wirkungsvolles Mittel im Kampf um die Wählergunst. „Kein anderes Mittel in der Wahlkampagne erzielt eine so große Reichweite wie die Plakate", sagt Jan Kercher. Kein Wähler kann sich dagegen wehren. Doch was bringt diese plakative Dauerpräsenz am Straßenrand? In der von Jan Kercher geleiteten Studie der Universität Hohenheim wurden jüngst 419 Bürger zu den Plakaten der fünf großen Parteien befragt. Viele der Befragten seien davon überzeugt, erzählt Kercher, dass die Plakate keinerlei Wirkung auf ihr Wahlverhalten hätten. Doch da täuschen sie sich, meint der Kommunikationswissenschaftler. Bei Wahlplakaten spielt das Unterbewusstsein eine große Rolle. Die Plakate wecken Emotionen, auch wenn der Betrachter ihre Wirkung nicht unbedingt bewusst wahrnehme, sagt Kercher. Zwar räumt er ein, „dass Plakate es nicht schaffen werden, aus einem CDU-Wähler einen SPD-Wähler zu machen". Darauf seien Plakatkampagnen aber auch nicht ausgerichtet. Sie zielen viel mehr darauf ab, die eigenen Anhänger zu mobilisieren. Darüber hinaus buhlen die Parteien mit den Plakaten um die Gunst unentschlossener Wähler und versuchen, im selben politischen Lager zu wildern. Also aus einem FDP-Anhänger einen CDU-Wähler zu machen oder aus einem SPD- einen Grünen-Wähler.

Randnotizen:

⊕ (große Reichweite)

⊖ Möglicher Einwand

⊕ widerlegt !!

⊕

⊖

! Ziele

Kriterien für gutes Plakat

Schulnoten für die Wahlplakate

Und wie erreichen sie das? Mit guten Plakaten. Doch was macht ein Wahlkampfplakat zu einem guten Wahlkampfplakat? „Zunächst einmal muss das Plakat zum Hingucken anregen“, sagt Kercher. Das erreicht man mit einem guten Fotomotiv, am besten eines, das Menschen zeigt. Der Blick des Betrachters sollte im nächsten Schritt auf die Botschaft gelenkt werden. Wobei der Slogan zum Bildmotiv passen und verständlich sein sollte. Generell gilt: „So kurz wie möglich.“ Schließlich müssen 1,5 bis zwei Sekunden ausreichen, um die Botschaft zu vermitteln. Zudem sollte das Plakat auch noch so gestaltet sein, dass der Betrachter es der jeweiligen Partei zuordnen kann, auch ohne das Partei-Logo wahrzunehmen. Denn häufig werde dieses Logo gar nicht beachtet.

Quelle: Marko Belser, Stuttgarter Nachrichten vom 22.03.2011, http://www.stuttgarter-nachrichten.de/inhalt.wahlplakat-analyse-unterbewusst-gefuehle-wecken.fd3bb404-5bf5-42a1-8ce3-5d62e9935ef1.html

Material 4

adhibeo. Der Wissenschaftsblog der Hochschule Fresenius

Trotz Social Media: „Wahlplakate werden auch künftig eine große Bedeutung haben“

Expertin

Um auf Stimmenfang zu gehen, setzen die Parteien auch in diesem Wahlkampf wieder auf ein altbewährtes Mittel: das Wahlplakat. Hunderttausende von ihnen hängen derzeit an Laternenmasten oder Bäumen im ganzen Land. Doch welche Wirkung erzielen Wahlplakate eigentlich beim Betrachter? Und sind sie in Zeiten des Internets überhaupt noch nützlich, um Wahlentscheidungen zu beeinflussen? Prof. Dr. Wera Aretz, Studiendekanin für Wirtschaftspsychologie an der Hochschule Fresenius Köln, gibt Antworten auf diese Fragen.

Evtl. Zitat für Einleitung verwendbar?

adhibeo: Frau Prof. Aretz, Loriot hat einmal gesagt: „Der beste Platz für den Politiker ist das Wahlplakat. Dort ist er tragbar, geräuschlos und leicht zu entfernen.“ Neben seiner satirischen Botschaft transportiert das Zitat eine wichtige Information: Ein Wahlplakat spricht nur den visuellen Kanal des Rezipienten an. Kann man auf diese Weise wirklich Wahlentscheidungen beeinflussen?

Wera Aretz: Das visuelle System hat eine sehr große Bedeutung für die werbliche Kommunikation. Allerdings ist der Einfluss von Wahlplakaten auf die Wahlentscheidung nur schwer zu ermitteln. Wahlberechtigte sind ja insbesondere unmittelbar vor der Wahl mit ganz verschiedenen Faktoren konfrontiert, die einen Einfluss auf ihre Entscheidung ausüben können: den Wahlplakaten, der Berichterstattung in den Massenmedien, Informationsständen einzelner Parteien und direkten Gesprächen mit Parteivertreten, Gesprächen mit Freunden und Verwandten und nicht zuletzt einer eigenen politischen Haltung und emotionalen Bindung zu einer Partei. Wahlplakate sind also nicht die einzige Einflussquelle einer politischen Entscheidung. ⊕ ⊖ ⊖

Dennoch geben die Parteien Millionen für dieses Wahlkampfmittel aus. Was genau soll und kann politische Kommunikation durch Wahlplakate erreichen?

Auf der Seite der Partei geht es oftmals darum, Wählerstimmen zu maximieren und sich möglichst prägnant, eindeutig, positiv und im Vergleich zu den anderen Parteien trennscharf darzustellen und zu positionieren. Untersuchungen zeigen, dass die politische Kommunikation hierbei grundsätzlich drei Wirkungen erzielen kann: Erstens, den Wähler verstärken, zweitens, den Wähler aktivieren und drittens, beim Wähler eine Meinungsänderung auszulösen. **!** *Ziele* **!**

[...] Mit dem Begriff der Verstärkung ist zunächst gemeint, dass durch die Wahlplakate die grundsätzliche Entscheidung des Wählers bestärkt werden kann, er so Sicherheit und Orientierung erlangt, was ihn zur Wahl mobilisieren kann und dadurch auch eine Abwanderung zu einer anderen Partei verhindert wird. ⊕

Wenn jemand also ein Plakat seiner Partei sieht, mit der er sich identifizieren kann, kann ein Verstärkungseffekt eintreten und er geht zur Wahl, um „seine" Partei zu wählen. Auf der andren Seite können Wahlplakate auch dazu beitragen, noch nicht eindeutige Vorentscheidungen bei dem Wähler zu aktivieren und eine latente politische Meinung in eine deutliche Stimmabsicht umzuwandeln. Hierbei fällt der Wahlkampfkommunikation insbesondere die Aufgabe zu, Aufmerksamkeit und Interesse des Wählers zu wecken und ihn zu binden. Diesem Aspekte kommt heutzutage durch die allgemeine Wahlmüdigkeit eine besondere Bedeutung zu. Viele Wähler sind noch indifferent, ob und welche Partei sie wählen sollen. Wahlplakate können hier also für Klarheit sorgen. ⊕ **!!** ⊕

⊕

Drittens kann Wahlkampfkommunikation zu einer Meinungsänderung führen und den Wähler zu einem Wechsel der bisherigen Wahlentscheidung bewegen. Dieser würde dann eine andere Partei wählen, zu der er bislang eine eher negative Haltung hatte. Diese Wirkung stellt nach bisherigen empirischen Befunden aber wohl eher die Ausnahme dar. !

Egal, welche Ziele man nun mit Hilfe eines Wahlplakates erreichen will: Wie sollte es aus werbepsychologischer Sicht denn gestaltet sein?

Evtl. Zitat für Einleitung verwendbar?

Aus der Werbepsychologie weiß man, dass Werbung seitens der Rezipienten nicht besonders gesucht wird und die durchschnittliche Betrachtungsdauer von großformatiger Außenwerbung nur zwischen zwei und drei Sekunden liegt. Damit ein Wahlplakat in Gänze wahrgenommen werden kann, sollte es begrenzt und reduziert sein: Wenig Text, eindeutige, prägnante Bilder, die eine klare Aussage oder ein eindeutiges Gefühl transportieren und sich in Gestaltung, Farbe, Text von den Plakaten anderer Parteien abheben – diese Aspekte könnte man als Mindestanforderungen definieren. [...]

Wahlplakate spielen im Wahlkampf trotz aller Kritik eine wichtige Rolle. Wird sich daran in Zukunft etwas ändern?

Konkurrenz?

Politische Wahlplakate haben eine lange Tradition. Ihre Bedeutung mag sich allerdings in den letzten Jahren etwas verändert haben – spätestens seit dem Obama-Wahlkampf im Jahre 2008 wissen wir, dass dem Internet und sozialen Netzwerken eine nicht unerhebliche Bedeutung zukommen kann: Der Erfolg der Obama-Kampagne wird vor allem mit dem Einsatz von Social Media zur Wählermobilisierung in Verbindung gebracht. So zeigen auch aktuelle Studien aus Deutschland, dass fast jeder Bundestagsabgeordneten ein Profil bei einem sozialen Netzwerk hat und digitale Medien für den Wahlkampf genutzt werden. [...]

⊖

Fasst man diese Ergebnisse zusammen, lässt sich sagen, dass soziale Medien eine weitere Möglichkeit bieten, gerade junge Wähler zu informieren und zu mobilisieren. Meiner Meinung nach werden Wahlplakate auch künftig eine große Bedeutung haben. Aus der Medienpsychologie wissen wir: Ein neues Medium löst das alte Medium nicht komplett ab. Lediglich die Funktion der einzelnen Medien verändert sich.

Quelle: adhibeo-Redaktion, 20. 05. 2014, http://www.adhibeo.de/2014/05/20/interview-zum-thema-wahlplakate-zur-europawahl-mit-wera-aretz/; Lizenzgeber: adhibeo. Der Wissenschaftsblog der Hochschule Fresenius

69 Überblick über Textsorten und Quellen der Materialien

Material	Textsorte und Quelle
M 1	journalistischer Text, evtl. Manuskript zu einer Radiosendung, erschienen im Internet; Deutsche Welle
M 2	Fotos; Bildagenturen (ullstein bild und picture alliance)
M 3	Zeitungsartikel; Stuttgarter Nachrichten
M 4	Interview, adhibeo (Wissenschaftsblog der Hochschule Fresenius)
M 5	Karikatur; Berndt A. Skott

70 Überwiegend Pro-Argumente liefern die Materialien: M 1, M 3, M 4

Überwiegend Kontra-Argumente liefern die Materialien: M 2, M 5

71 Alle Texte stammen aus einer seriösen Quelle und berufen sich auf z. T. mehrere Expertinnen und Experten bzw. zitieren diese wörtlich. Die Texte zeichnen sich durch einen sachlichen Stil aus. Die Komplexität der Sätze wie auch die Wortwahl weisen auf eine anspruchsvolle Leserschaft hin.

72 **Abstract zu Material 1: „Bundestagswahl – Zeitgemäße Wahlwerbung am Straßenrand?"**

- Coordt von Mannstein, Kommunikationswissenschaftler und Werbefachmann, betont die Wichtigkeit von Wahlplakaten, da mit ihnen in kurzer Zeit sehr viele Wählerinnen und Wähler erreicht werden können. Für das Plakat spricht, dass die Städte und Gemeinden exklusive Flächen für die Werbung zur Verfügung stellen und dass die Kosten für die Herstellung relativ gering sind, sodass selbst kleinere Parteien diese Art des Wahlkampfs nutzen können.
- Kriterien für ein gutes Wahlplakat sind: sympathisches Erscheinungsbild, prägnanter Text mit einer klaren Aussage. Im aktuellen Wahlkampf ist ein Trend weg von Politiker-Porträts hin zu thematischen Fotos zu bemerken.

Abstract zu Material 2: „Plakate aus dem Wahljahr 2017“

- Foto links und rechts oben: Ballung von Plakaten entlang einer Straße bzw. einer Allee ➡ Gefahr einer Reizüberflutung und/oder Verwirrung der Wählerinnen und Wähler; „Verschandelung der Landschaft“
- Foto unten: Schwarz-weiß-Foto eines Politikers wirkt eher wie Werbung für Bekleidung, allgemeiner und nichtssagender Wahlkampfspruch ➡ mangelnder Informationsgehalt als mögliches Ärgernis

Abstract zu Material 3: „Unterbewusst Gefühle wecken“

- Jan Kercher, Kommunikationswissenschaftler, konnte in seinen Studien nachweisen, dass trotz der kurzen Wahrnehmungszeit von 1,5 bis 2 Sekunden Wahlplakate eine unbewusste Wirkung haben. Die Plakate wecken Emotionen, können so die eigenen Parteianhänger zum Wählen bewegen bzw. unentschlossene Wählerinnen und Wähler von einer bestimmten Partei überzeugen.
- Kriterien für ein gutes Plakat sind: Es regt zum Hingucken an durch ein gutes Motiv, das Menschen zeigt, und einen kurzen Slogan, der zum Bildmotiv passt, wobei die Zuordnung des Plakats zu der jeweiligen Partei wichtig ist.

Abstract zu Material 4: „Trotz Social Media: ‚Wahlplakate werden auch künftig eine große Bedeutung haben‘“

- Laut der Wirtschaftspsychologin Prof. Aretz ist der Einfluss von Wahlplakaten auf die Wahlentscheidung zwar nur schwer zu ermitteln, dennoch werden sie auch zukünftig eine große Bedeutung haben.
- Bei dem Versuch der Parteien, sich von den anderen abzugrenzen, können drei Wirkungen von den Plakaten ausgehen: die Verstärkung, die Aktivierung und die Meinungsänderung (eher die Ausnahme).
- Kriterien für ein gutes Plakat sind: wenig Text, eindeutige, prägnante Bilder, die eine klare Aussage oder ein eindeutiges Gefühl transportieren und sich in Gestaltung, Farbe, Text von den anderen Parteien abheben.

Abstract zu Material 5: Karikatur

- Die Karikatur macht sich lustig über die zu Zeiten der neuen Medien altmodisch erscheinenden Wahlplakate.

Schritt 3: Einen Schreibplan erstellen

73 Eigenes Vorwissen. Denkbar sind beispielsweise folgende Aspekte:

Sind Wahlplakate sinnvoll? – eigenes Vorwissen	
Deutschunterricht	▪ gute Einprägsamkeit von Slogans ▪ Einsatz rhetorischer Mittel erhöht Überzeugungskraft
Kunstunterricht	▪ Bilder/Fotos wecken Emotionen ▪ sprechen Betrachter eher an als Texte
Geschichtsunterricht	▪ z. B. im „Dritten Reich“: manipulativer Einsatz von Bildmaterial ▪ Konsequenz heute: Wahlplakate sollten v. a. den Verstand ansprechen
Politikunterricht	▪ sind für ein demokratisches Zusammenleben von großer Bedeutung
Sonstiges	▪ häufig Ärger über aussagelose Plakate, auf denen z. B. lediglich der Kopf eines unbekannten Politikers zu sehen ist

74 Mögliche Ergebnisse aus der Auseinandersetzung mit der Themenstellung

Themenstellung:
Wahlplakate noch zeitgemäß?

Abstracts als Informationsgrundlage

- Pro- und Kontra-Argumente
- Frage nach einem guten Wahlplakat

eigenes Wissen ergänzen

- Für Demokratie von großer Bedeutung

Erwartungen der Leserschaft berücksichtigen

- eher ältere Leser
- eher skeptisch gegenüber Wahlplakaten
- Abwägung der Vor- und Nachteile/Stellungnahme

stilistische Anforderungen der Textsorte beachten

- Prägnanz und Kürze
- sachlicher Stil
- in der Einleitung Neugier wecken
- im Schlussteil zusammenfassen

75 Tabelle zu Pro- und Kontra-Argumenten

pro Plakatierung	kontra Plakatierung
■ öffentlichstes Werbemittel/effizientestes Medium/große Reichweite in kurzer Zeit ■ wenig Auflagen, Gemeinden stellen Flächen zur Verfügung ■ geringe Kosten ■ selbst von kleineren Parteien nutzbar ■ Wecken unbewusst Emotionen ■ gelungenes Plakat: steigert Aufmerksamkeit; Zuordnung des Plakats zu der jeweiligen Partei wichtig (Abheben von anderen Parteien durch Gestaltung, Farbe, Text)	■ Einfluss von Wahlplakaten auf die Wahlentscheidung nur schwer zu ermitteln ■ Reizüberflutung ■ Verschandelung der Landschaft ■ Gefährdung des Straßenverkehrs ■ Konfusion bzgl. Zuordnung ■ Ärger über fehlende Eindeutigkeit/Botschaft ■ Plakatierung setzt Wahlhelfer voraus

76 Mögliche Ergänzung durch weitere Pro- und Kontra-Argumente

pro Plakatierung	kontra Plakatierung
■ Bildbotschaften eingängig und leicht verständlich ■ Plakate als Chance für kleinere Gruppierungen, die so leichter wahrgenommen werden → wichtig für die Demokratie	■ Gefahr der Manipulation durch Bilder/Fotos ■ Tendenz zur Vereinfachung und Emotionalisierung durch Plakateg

77 Eigene Position: individuelle Festlegung

78 Beispiele für die Einleitung

- Zwar ist die letzte Wahl nun schon seit Monaten vorbei, doch die Politiker-Konterfeis lächeln uns noch immer vom Straßenrand entgegen. Wer hat sich darüber nicht auch schon einmal geärgert? Und wer hat sich nicht schon einmal die Frage gestellt: Braucht es diese Art der Wahlwerbung überhaupt? (aktueller Anlass)
- „Der beste Platz für den Politiker ist das Wahlplakat. Dort ist er tragbar, geräuschlos und leicht zu entfernen." Mit dieser nicht ganz ernst gemeinten Äußerung hat Loriot natürlich nicht unrecht – doch hat das Wahlplakat heute noch eine Bedeutung? (Zitat)
- Letzte Woche wollten meine Freundin und ich abends zum Schwimmen ins Nordbad gehen. An der Eingangstür gab es jedoch lange Gesichter: „Wegen Personalmangels schließen wir ab sofort um 18 Uhr." Gleichzeitig ist die Straße zum Schwimmbad übersät von Wahlplakaten, deren Herstellung sicher nicht billig war. Sind in Zeiten knapper öffentlicher Kassen Wahlplakate überhaupt noch angemessen? (persönliches Erlebnis)

79 Beispiele für den Schluss

- Insgesamt bin ich also der Meinung, dass Wahlplakate immer noch eine Berechtigung haben. An ihrer Bedeutung für die Politik wird sich auch in Zukunft nichts ändern. (Zusammenfassung der eigenen Position)

- Und wenn es dann noch allen Gruppierungen gelingt, zeitnah nach der Wahl die Plakate wieder abzuhängen, sollten Wahlplakate als Ausdruck einer streitbaren Demokratie von den Bürgerinnen und Bürgern größtenteils akzeptiert werden. (Zusammenfassung der eigenen Position und Bezug zur Einleitung)

80 Individuelle Lösungen

81 Mögliche Nummerierung

Rang	Vorteile	Rang	Nachteile
1	■ wenige Auflagen, Gemeinden stellen Flächen zur Verfügung ■ geringe Kosten	1	■ Reizüberflutung ■ Konfusion bzgl. Zuordnung
2	■ öffentlichstes Webemittel/effizientestes Medium/große Reichweite in kurzer Zeit	2	■ Verschandelung der Landschaft ■ Gefährdung des Straßenverkehrs
3	■ selbst von kleineren Parteien nutzbar	3	■ Ärger über fehlende Eindeutigkeit/Botschaft
4	■ wecken unbewusst Emotionen ■ Bildbotschaften eingängig und leicht verständlich	4	■ Einfluss von Wahlplakaten auf die Wahlentscheidung ist nur schwer zu ermitteln
5	■ Plakate als Chance für kleinere Gruppierungen, die so leichter wahrgenommen werden → wichtig für die Demokratie	5	■ Gefahr der Manipulation durch Bilder/Fotos ■ Tendenz zur Vereinfachung und Emotionalisierung durch Plakate

82 Mögliches Gliederungskonzept

Gliederung	Inhalt	Formulierungsmöglichkeiten
Einleitung	■ Beispiel aus dem letzten Wahlkampf	■ *Wer hat sich nicht schon einmal über Wahlplakate geärgert?*
Hauptteil		
Problemaufriss	■ Frage nach Angemessenheit	■ *Sind Wahlplakate heutzutage überhaupt noch sinnvoll?*
Pro-/Kontra-Argumente aufzeigen und abwägen	**Wahlplakate heute** ■ pro: wenig Auflagen, Gemeinden stellen Flächen zur Verfügung; geringe Kosten ■ kontra: Reizüberflutung; Konfusion bzgl. Zuordnung **Bedeutung von Wahlplakaten** ■ pro: öffentlichstes und effizientestes Werbemittel; große Reichweite in kurzer Zeit ■ pro: selbst von kleineren Parteien nutzbar ■ kontra: Verschandelung der Landschaft; Gefährdung des Straßenverkehrs **Psychologie von Wahlplakaten** ■ pro: wecken unbewusst Emotionen; Bildbotschaften sind eingängig und leicht verständlich ■ kontra: Ärger über fehlende Eindeutigkeit/Botschaft; Gefahr der Manipulation durch Bilder/Fotos; Tendenz zur Vereinfachung und Emotionalisierung ■ kontra: Einfluss von Wahlplakaten auf die Wahlentscheidung nur schwer zu ermitteln	■ *Die Erfahrung zeigt, dass …* ■ *Dies wird durch Untersuchungen bestätigt: …* ■ *Zwar (sicherlich, gewiss) besitzt diese Behauptung Gültigkeit, aber (gleichwohl, dennoch, trotzdem …)* ■ *Man darf aber nicht vergessen, …* ■ *Dagegen spricht …* ■ *Jetzt werden sicher einige Leserinnen und Leser einwenden, dass … Aber andererseits …* ■ *Außerdem ist zu erwähnen, dass …*
eigene Schlussfolgerung/evtl. Forderung	■ Plakate als Chance für kleinere Gruppierungen	■ *Man kann zwar …, aber …* ■ *Am wichtigsten ist …*
Schluss	■ Wahlplakate wichtig für unsere Demokratie, allen schlechten Beispielen zum Trotz	■ *Deshalb bin ich der Meinung …*

Schritt 4: Den Text schreiben

83 Aussagen zur Darstellung des Textes

- Verwenden Sie einen lockeren, an der Jugendsprache orientierten Sprachstil, damit die Leserinnen und Leser gut Ihr Alter erkennen können. .... ☐
- Drücken Sie sich klar und verständlich aus. .... ☒
- Gehen Sie von einer eher naiven Leserschaft aus. Erläutern Sie daher ausführlich und allgemein, welche Bedeutung Wahlen für die Demokratie haben. .... ☐
- Ausschließlich am Anfang des Leserbriefs darf Ihre eigene Meinung formuliert werden. .... ☐
- Vermeiden Sie Verallgemeinerungen (Alle Wahlplakate sind schlecht), Übertreibungen (Ohne Wahlplakatierungen droht das Ende der Demokratie in Deutschland) und die Darstellung persönlicher Gefühle (Ich kann den Politiker XY nicht leidenY). ☒

84 Möglicher Lösungstext (Leserbrief)

Einleitung
Bezugnahme, aktueller Anlass

Zur Wahlplakatierung vor der letzten Wahl
Zwar ist die letzte Wahl nun schon seit Monaten vorbei, doch die Politiker-Konterfeis lächeln uns noch immer vom Straßenrand entgegen.

Hauptteil
Bezug zu M 5: Problemaufriss

Wer hat sich darüber nicht auch schon einmal geärgert? Und wer hat sich nicht schon einmal die Frage gestellt: Brauchen wir diese Art der Wahlwerbung in einer digitalen Welt überhaupt?

eigene Position

Ich bin der Meinung, dass die Plakatierung auch im Zeitalter des Internets noch eine wichtige Funktion hat.

Bezug zu M 3, M 4: Mobilisierung der Wählerschaft

Wahlen gehören zu den Grundpfeilern unserer Demokratie. In der Zeit vor der Wahl wollen die Parteien ihre Anhänger mobilisieren, unentschlossene bzw. Wechsel-Wähler gewinnen und – falls möglich – im anderen politischen Lager „wildern“. Dabei helfen Wahlplakate: Sie bestärken die Stammwähler, „ihre" Partei auch weiterhin zu wählen. Unentschlossene Wählerinnen und Wähler können sie dazu motivieren, überhaupt zur Wahl zu gehen, indem sie Aufmerksamkeit erregen – in Zeiten äußerst niedriger Wahlbeteiligung ein wichtiger Aspekt.

Natürlich kann niemand die Botschaften der Parteien auseinanderhalten, wenn Plakatwände zu nahe nebeneinander stehen oder auf einer Wand unterschiedliche Parteien werben. Andererseits ist es aus Sicht der Parteien zu begrüßen, dass die Gemeinden bezüglich der Plakatierung möglichst geringe Auflagen machen und ihnen sogar Stellwände zur Verfügung stellen. So bleiben die Kosten für das Plakatieren gering.

Bezug zu M 1: geringe Kosten

Auch den Ärger über Stellorte, die reizvolle Aussichten verbauen bzw. den Straßenverkehr gefährden, kann ich gut nachvollziehen. Andererseits sollten die Plakate natürlich an Orten aufgestellt werden, an denen sie von möglichst vielen Menschen gesehen werden können. Am Ende einer Sackgasse in einem Vorort haben sie keine Funktion. Nur wenn viele Menschen sie wahrnehmen, können sie zu einer Wahlhilfe werden.

Bezug zu M 2: Plakatierung an Straßen

Jetzt werden einige von Ihnen sicher einwenden, dass die Aussagen auf den Plakaten – zumal man sie in der Regel nur wenige Sekunden betrachtet – manchmal so allgemein und manipulativ sind, dass von einer echten Hilfe keine Rede sein kann. Dem muss ich leider zustimmen. Auch dass der Einfluss von Wahlplakaten auf die Wahlentscheidung höchst umstritten ist, ist richtig und sollte zu einer kritischen Haltung gegenüber diesen Plakaten führen, v. a. wenn Parteien mit ihren Wahlplakaten uns eine heile Welt versprechen oder irrationale Ängste (z. B. gegenüber Fremden) verstärken. Dagegen kann man über den Versuch mancher Politiker und Politikerinnen, mittels Retuschen ihr Erscheinungsbild zu verschönern, nur lächeln.

Bezug zu M 3, M 4: Gefahr der Manipulation

Ja, man kann einiges gegen die Wahlplakatierung vorbringen. Aber man sollte das Kind nicht mit dem Bade ausschütten und eine Plakatierung gar verbieten. Denn auf vielen Wahlplakaten lässt sich sehr wohl erkennen, für welche politische Richtung die Partei steht. Und am wichtigsten in diesem Zusammenhang ist, dass es mittels Wahlplakaten auch kleineren Gruppierungen möglich ist, sich an der Wahl zu beteiligen und ihre Meinung zu verbreiten. Auch wenn es diesen kleinen Gruppen nicht immer

Bezug zu M 4: Profilierung durch Plakate

eigener Gedanke: Chance für kleine Parteien

leichtfällt, das Auf- und Abhängen der vielen Plakate zu organisieren – gäbe es für sie nicht die Möglichkeit, mittels Plakaten auf sich aufmerksam zu machen, so fänden sie bei dem ansonsten sehr teuren Wahlkampf in den Medien kaum eine Möglichkeit, sich zu artikulieren.

Resümee Erinnern wir uns an den letzten Wahlkampf und ziehen wir Bilanz: Es gab sehr schlechte Wahlplakate, die in ihrer Schlichtheit (wenn z. B. nur der Kopf, der Name und die Partei präsentiert wurde) kaum zu überbieten waren; aber man konnte auch gute Plakate finden, die zum Hingucken anregten. Auf ihnen wurde mit wenig Text und eindeutigen, prägnanten Bildern eine klare Aussage oder ein eindeutiges Gefühl transportiert. Meist waren es die kleineren Gruppierung, denen solche auffälligen und aussagestarken Plakate gelangen. Allein um diesen Gruppen auch in Zukunft eine wichtige Möglichkeit zur politischen Artikulation zu geben, muss es die Wahlkampfplakatierung weiterhin geben.

Schluss *Wunschgedanke* Und wenn es dann noch allen Gruppierungen gelingt, zeitnah nach der Wahl die Plakate auch wieder abzuhängen, sollten Wahlplakate als Ausdruck einer streitbaren Demokratie von den Bürgerinnen und Bürgern größtenteils akzeptiert werden. (600 Wörter)

Schritt 5: Den Text schreiben

85 Individuelle Lösungen. Alle Aspekte, bei denen Sie „teilweise", „nein" oder „weiß nicht" angekreuzt haben, sollten Sie überarbeiten und Ihren Lösungstext entsprechend verbessern. Lesen Sie ggf. nochmals im Kapitel „Materialgestütztes Schreiben – Wie geht das?" nach, wenn Sie unsicher sind.

Test: Prüfungsaufgabe zum Thema „Schreiben im digitalen Zeitalter“

Möglicher Lösungstext (Essay)

Untergang des Abendlandes oder neue Kreativität? Schreiben im digitalen Zeitalter

*„booaaa mein dad voll eklich wg schule *stöhn*“.* Da geht es offensichtlich jemandem nicht gut. Er oder sie leidet. So richtig. Und ehrlich: So mancher andere auch! Und zwar wegen solcher sprachlicher „Trümmerlandschaften“, mit denen man sich immer häufiger konfrontiert sieht. Denn ganz gleich, ob hier jemand nur das Beherrschen des zur Zeit angesagten Schreibjargons unter Beweis stellen möchte oder gleichzeitig auch noch sein Unwohlsein der Busenfreundin/dem besten Buddy oder der ganzen Welt mitteilen möchte – das ist zu kaputt!

Einleitung
Bezug zu M 1: Ausgangszitat

Ist es zu normorientiert, wenn man neben dem WAS einer Information auch Wert legt auf das WIE: auf den Stil, die Präzision des Ausdrucks, variable Satzanfänge, sinnerhellende Nebensätze, ausgeschriebene Wörter, die Verwendung von Zeichensetzung und auf korrekte Orthografie?

Hauptteil
Kritik an teilweise unklaren Aussagen

So pointiert wie der Autor von personalmarketing2null muss man übrigens nicht fragen, ob Social Media „dumm“ machen. Er selber beantwortet das ja durchaus differenziert und verneint letztlich die Frage mit Hinweis auf gestiegene Schreib- und Lesefrequenzen.

positiver Effekt gestiegener Medienkompetenz

Aber es darf wohl mit Recht gesagt werden: „Schlau“ machen sie bestimmt nicht, diese Facebook-, Twitter- und Blog-Einträge. Und „kreativ“ und geistreich dürfen ja allerhöchstens die „Erfinder“ neuer Icons und Tags genannt werden – und nicht die User-Horden, die diese übernehmen und tagtäglich millionenfach nachahmen.

Wenn heutzutage ein nicht unerheblicher Anteil von Studierenden, und darunter sogar solche, die Germanistik als Studienfach gewählt haben – davon werden erfahrungsgemäß die meisten später Deutschlehrerinnen und Deutschlehrer –, auf Befragung hin bekennt, durchaus Probleme zu haben mit „Schreiben“ und der „Beherrschung von Rechtschreibung und Grammatik“: Dann

Bezug zu M 4: Sprachdefizite von Studierenden

beweist dies doch, dass jedwede Form von Übung und Festigung der deutschen Schriftsprache von Vorteil und vonnöten ist. Und wo anders als in der Schule gibt es hierfür die beste Anleitung und das präziseste Controlling?

Bezug zu M 1: Zweifel an Ergebnissen einer Sprachuntersuchung

Es gebe keinen nachgewiesenen Kausalzusammenhang zwischen der exponentiell gestiegenen Anzahl an Kurztexten via/mittels Social Media und der Beherrschung normgerechter Schreibsprache – es fällt nicht leicht, diesem Befund der Schweizer Professorin Dürscheid zu glauben. Woher stammen denn die von Frau Dürscheid durchaus bestätigten zunehmenden Defizite bei der Normbeherrschung? Und woher das deutliche Schrumpfen des Wortschatzes vor allem bei Kindern der Unterschicht? Chatten die (noch) mehr? Oder anders?

Bezug zu M 2: Hinweis auf berufliche Relevanz

Es ist nun mal so: Die normgerechte Beherrschung der Sprache, auch der Schriftsprache, wird von Arbeitgebern überwiegend als Einstellungskriterium herangezogen; als verlässlicher Indikator für Lernbereitschaft, Allgemeinwissen, Kompetenzen, Ernsthaftigkeit, ja auch für Intelligenz – und in summa damit für Eignung. Ob berechtigt, bewiesen, ob konservativ oder ungerecht: Hiervon hängen Berufs- und damit Lebenschancen ab. So ähnlich äußert sich ja auch der Verfasser von personalmarketing2null.

Bezug zu M 3: ironische Kritik an Bloginhalten

Erstaunlich, welche weiteren Statements (Argumente kann man das wohl kaum nennen) von den Produzenten dieser Simpel-Infos vorgebracht werden: Die versuchte Beschwichtigung im Blog von Su Franke „Wer es liest, versteht es …“ gelingt nicht wirklich: Was ist es denn, was es da zu verstehen gibt? Gedanklich Tiefgründiges wohl kaum, die Sprache wird ja bewusst flach gehalten, Möglichkeiten differenzierten Formulierens von ihr als „Marketingbla“ abgetan. Wenn jemand die Funktion des Dudens nicht richtig einzuordnen vermag wie Andreas von Gunten in seinem Blog, so darf er nicht erwarten, dass man seinen gedanklichen Absonderungen Glauben schenkt. Gleiches gilt für die Bloggerin im corporate-dialog, die „praktische Hilfen für Schreiberlinge“ vor allem bei Glückwunschkarten empfiehlt (!?). Und es tröstet auch nicht die Anmerkung von Andreas v. Gunten, es mangele ihm trotz seiner sprachlichen Verwüstungen nicht „an Respekt für den Leser“.

Es seien „Zeit“-Probleme und die vorgegebene Maximalanzahl von Zeichen, z. B. 280 bei Twitter, die zwingend eine Reduktion des Sprach- und Zeichenmaterials bedingten. Ach ja!? Keine Eingabemaske schließt sich doch wohl nach einer bestimmten Minutenanzahl, kein Account wird deswegen gelöscht. Es liegt ganz allein an einem selbst als Schreiber, wie viel Schreibmasse man binnen einer bestimmten Zeiteinheit absondern möchte. „Geschwindigkeit" und „Dynamik" würden behindert durch die Anwendung des schriftsprachlich bis dato Üblichen: Ist da jemand vielleicht ein wenig zu langsam, weil ihm bestimmte Kompetenzen fehlen? Und wird hier „Dynamik" verwechselt mit Chaotik? Kreativität etwa mit Anarchie?

Bezug zum Schulunterricht

Was ist z. B. mit aus dem Schulunterricht bekannten Textsorten wie Summary, Précis oder Abstract? Gibt es da nicht ähnliche quantitative Spielregeln, die bei der Textproduktion nicht zu gröbsten Verstößen gegen die Groß- und Kleinschreibung, gegen Interpunktion oder den richtigen Gebrauch von Fällen und Zeitformen führen, wie es beim Bloggen, Chatten und Simsen der Fall ist?

So manchmal drängt sich der Gedanke auf, dass es sich bei einigen Vertretern der freien Schreibe in Blogs o. a. nicht um solche handelt, die nicht wollen, sondern vielmehr um einen Großteil derer, die es einfach nicht können: hoch- und normsprachlich korrekt schreiben. Bei denen „kribbelt" es zwar beim Drauflos-Schreibplaudern, und neben inhaltlich eindeutigen entstünden zwar keine „perfekten Texte", aber eben „blogtaugliche", was bedeutet, dass zwei Fehler je Blog erlaubt sind. Wie nachsichtig! Die individuell praktizierte Rechtschreibung solle „keine Schmerzen verursachen". Weiß der Blogger eigentlich, ab wann und wie schnell es jemandem beim Lesen übel wird? Und: Nimmt die Fehlerzahl nach und nach zu – was dann? Definiert dann irgendein Blogger diesen Wert einfach nach oben? Heißt das dann trotzdem noch „blogtauglich"? Das ist Anarchie! Da definiert dann jeder für sich, was geht und was nicht, bloggt, chattet und simst drauf los nach Herzenslust. Kleinschreibung, Abkürzungen, Icons – wo keine Normen, da keine Grenzen: … *„ey mona* sdnsa ❤ ffab***

Relativierung der Ablehnung/Ausnahme

Kurz vor dem Ende möchte ich eine kleine Bresche schlagen für die ernsthaft Kreativen. Schon immer hat es Sprachspieler gegeben – denken wir nur an die Gedichte von Jandl oder die Erzeugnisse der Konkreten Poesie: Dabei geht es nicht um Vernachlässigungen und Normverstöße, nicht um Vorwände, nicht darum, nicht vorhandene Kompetenzen oder gar Unfähigkeit zu kaschieren. Sondern vielmehr darum, neue Möglichkeiten des Ausdrucks und der Kommunikation auszuloten. Da darf nachgedacht, gestaunt und auch gelacht werden!

Schluss
Fazit/Appell

Möge sich die Einsicht durchsetzen, dass beim Bloggen, Chatten und Simsen das Spielerisch-Kreative als reizvolle intellektuelle Variante moderner Sprach- und Schreibspielerei gelten mag. Dass deswegen aber die Anstrengungen bezogen auf die normbezogene Schriftsprache nicht vernachlässigt werden. Als Einsicht in ein solches differenziertes Umgehen-Können mit Schriftsprache könnte man den eingangs zitierten Satz in abgewandelter Form werten: *„mein dad voll eklich wg schule *stöhn* – abba 👍."*

Bildnachweis

Umschlagbild: Jacob Lund/Alamy Stock Foto
S. 1: © denisismagilov/AdobeStock
S. 3, 4: © jhnry4 (Zettel und Stift), © jean_victor_balin (Pfeil),
© DooFi (Sprechblasen)
S. 5: © SpicyTruffel/Shutterstock
S. 7: © Valentina/AdobeStock
S. 8: © ongkachakon/123rf.com
S. 10: © purzen (Gedankenblase), © cyberscooty (Pro-Kontra),
MIKHAIL GRACHIKOV/123rf (Mindmap)
S. 12: © OpenClipart-Vectors (Sanduhr)
S. 19: © photomaru/123rf
S. 20: © mnsanthoshkumar/123rf.com
S. 21: © picture alliance/dpa | Marijan Murat
S. 32: © fotoyou/Adobe Stock
S. 36: © zeimusu (Ausrufezeichen),
© valentint/123rf.com (Anführungszeichen)
S. 39: © FreeImages.com/LightFieldStudios
S. 43, 62, 65: © zeimusu
S. 44: © dedivan1923/123rf.com
S. 45: © urfingus/123rf.com
S. 47: © CreativeMagic
S. 49: © M.studio/AdobeStock
S. 52: © Soloviova Liudmyla
S. 56: © Piotr Marcinski/AdobeStock
S. 58: © Jennifer Huls/123rf.com
S. 59: © Aleksey/AdobeStock
S. 60: © Bru-nO
S. 66: © ladyann. 123rf.com
S. 67: © noravector/123rf.com

S. 69: © Allstar/UNITED FEATURES
S. 72: © Feodora/Adobe Stock
S. 75: © dragontiger8/123rf.com
S. 80: © 652234
S. 81: © FotoshopTofs
S. 83: © ColiN00B
S. 84: © picture alliance/dpa/dpa-infografik GmbH | dpa-infografik GmbH
S. 85: © Andy Singer (Great Cities), © FreeImages.com/shironosov (Shopping)
S. 91: © Deutscher Bundestag/Achim Melde
S. 95: © zentilia
S. 98: © FreeImages.com/shironosov
S. 101: © Lindsay Foyle/CartoonStock.com
S. 104: © picture alliance/Shotshop | Zerbor
S. 110: © gfkDSGN
S. 116: © swavo
S. 118: © iconicbestiary/123rf.com
S. 123: © Edgar Argo / CartoonStock.com
S. 126, 220: © ullstein bild – snapshot-photography/T.Seeliger (Wahlplakat Laterne), © picture alliance/Geisler-Fotopress | Christoph Hardt/Geisler-Fotopress (Wahlplakate an Allee), © picture alliance/Peter Endig/dpa-Zentralbild/ZB | Peter Endig (Wahlplakat FDP)
S. 130: © Berndt A. Skott
S. 138: © KRiPPS_medien
S. 144: © akhenatonimages/123rf.com
S. 149: © Randy Glasbergen/www.glasbergen.com

PRÜFUNGS-ANGST

STOPP DIE PANIK

Mit der Fußsohlen-Methode

Prüfungen können Angst- und Fluchtsituationen sein. Dein Körper schüttet Adrenalin aus und dämpft das Gefühl in den Füßen. Z. B. beim Weglaufen ist es gut, wenn man die Füße nicht spürt. Eine Prüfung ist aber **keine Gefahrensituation**. Signalisiere deinem Körper, dass du nicht weglaufen musst, und bring das Gefühl in deine Füße zurück:

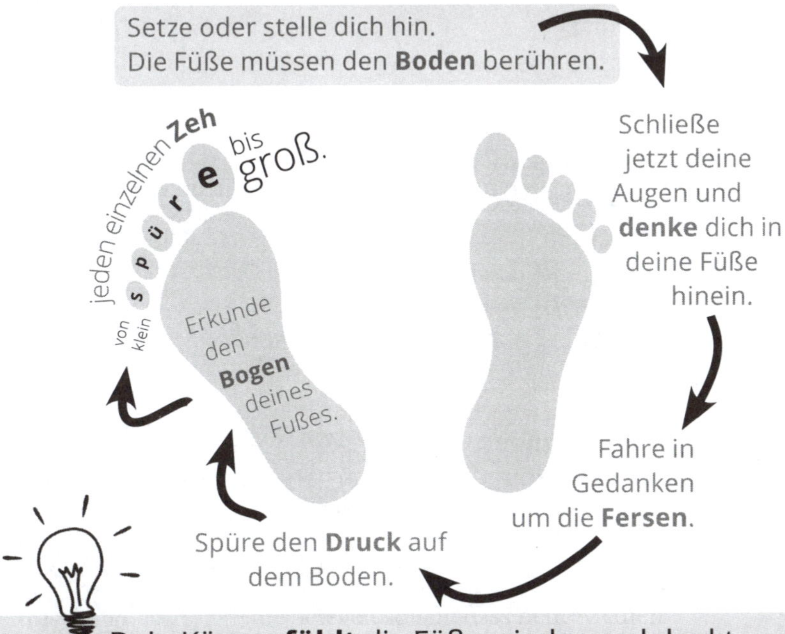

Dein Körper **fühlt** die Füße wieder und denkt, er sei in keiner Panik-Situation, sondern in **Sicherheit**.